村镇发展功能与环境效应

——以江苏省为例

王雅竹　段学军　著

中国环境出版集团·北京

图书在版编目（CIP）数据

村镇发展功能与环境效应：以江苏省为例 / 王雅竹，段学军著 . -- 北京：中国环境出版集团，2025.4

ISBN 978-7-5111-5590-0

Ⅰ. ①村… Ⅱ. ①王… ②段… Ⅲ. ①乡镇—城乡建设—研究—江苏 ②乡镇—环境效应—研究—江苏 Ⅳ. ① F299.21 ② X321.253

中国国家版本馆 CIP 数据核字（2023）第 160694 号

责任编辑 曲 婷
封面设计 彭 杉

出版发行 中国环境出版集团
（100062 北京市东城区广渠门内大街 16 号）
网 址：http：//www.cesp.com.cn.
电子邮箱：bjgl@cesp.com.cn.
联系电话：010-67112765（编辑管理部）
010-67112736（第五分社）
发行热线：010-67125803，010-67113405（传真）

印 刷 北京中献拓方科技发展有限公司
经 销 各地新华书店
版 次 2025 年 4 月第 1 版
印 次 2025 年 4 月第 1 次印刷
开 本 787 × 1092 1/16
印 张 16
字 数 271 千字
定 价 70.00 元

前言

村镇是乡村地域发展的核心，其在外部需求牵引和内部要素碰撞的驱动下，发展类型和主导功能发生巨大的变化和空间重塑，粗放发展经营模式让村镇的环境污染问题多样化和复杂化，“三农”问题日益突出和严峻。随着乡村振兴国家战略的提出，村镇功能演化机理和环境效应成为乡村地理学、环境经济学和人文地理学领域研究和关注的焦点。江苏省的村镇及其所在地域同时肩负着粮食生产和乡村工业发展的重任，其发展模式和路径在全国具有示范引领和经验推广作用。

本书重点从乡镇单元视角，构建村镇发展的“格局—机理—效应”理论分析框架，通过深化村镇地域系统的内涵研究，从空间演变、功能分区、驱动机制、环境效应四个方面，构建村镇发展功能机理及环境效应的理论解析框架。本书揭示了2005—2017年江苏省村镇核心功能要素人口、经济、土地、农业等时空演变特征，基于问卷调查和分析典型村镇的农民生活、农业生产和环境污染特征，归纳江苏省村镇发展功能要素的动态过程和规律；通过建立村镇发展功能识别指标体系和方法，识别江苏省乡镇尺度的村镇经济发展、农产品供给、生态保育、社会保障主导功能，提出江苏省村镇发展功能一级和二级分类方案；研究村镇发展的内生型和外生型影响因素，定量分析了各影响因素对江苏省农业功能型和工业功能型村镇发展的作用机理；辨析江苏省村镇的大气、水、土壤环境质量空间格局特征，结合污染排放的空间差异，定量分析农业发展功能和工业发展功能村镇发展的环境效应。本书开展了江苏省村镇环境质量评价、村镇发展与环境质量关系情景模拟预测研究，最后提出不同功能村镇发展与环境质量耦合及优化调控路径解析。

本书作者作为科研骨干参与国家重点研发计划项目“村镇建设资源环境承载力测算系统开发”（2018YFD1100100），主持国家自然科学基金青年项目“水环境约束下乡村产业转型机理及优化研究——以太湖流域重点乡镇为例”（42101318）、江苏省“双创博士”项目“太湖流域江苏片区乡村产业演化的水污染效应及管制研究”、中国科学院南京地理与湖泊研究所自主部署项目揭榜挂帅类项目“湖泊—流域人地协同综合模拟系统”的课题“基于社会生态系统理论的流域水资源利用与水污染排放清单动态模型”的部分研究成果。本书也是作者博士论文的凝练和总结，有幸得到诸多名师的帮助和指导。

感谢恩师段学军研究员和虞孝感研究员对本书研究工作的点拨、斧正和全方位指导。在本书成稿和项目研究的过程中还得到了中国科学院南京地理与湖泊研究所很多老师的指导和帮助，借此向各位老师表达谢意。此外，感谢江苏省农业农村厅、江苏省统计局、江苏省环境科学研究院以及地市各相关部门领导和工作人员对于村镇调研和数据资料方面的慷慨帮助。

本书写作过程中，参考了很多专家的科研成果和论著，使用了大量数据，书中对相关引用均做了注明，若有遗漏之处，恳请包涵。村镇发展功能的环境效应所涉及的内容繁多、复杂，因作者的时间、能力和水平有限，书中尚有很多内容有待提高和完善，恳请各位学者、专家不吝赐教！

王雅竹
2025 年 4 月
于九华山脚玄武湖畔

目 录

第一章

引言

1.1 选题背景

1.1.1 乡村振兴国家战略的提出，村镇发展功能变化日趋复杂

自2004年以来，国家先后提出城乡统筹发展、新型城镇化、美丽乡村建设等促进村镇发展的战略政策。2018年，中共中央、国务院印发《乡村振兴战略规划（2018—2022年）》和《中共中央　国务院关于实施乡村振兴战略的意见》，提出坚持实施乡村全面振兴战略，挖掘乡村的多种价值和功能。随着城市化和工业化的快速发展，社会对乡村提出更多的服务和产品的需求，村镇从以单一的农业生产功能为主导功能，经过不断调整和演化，向生态、居住、文化、旅游等功能演变，乡村工业的发展让村镇的经济功能增强，因此，村镇的休闲、度假、观光、生态涵养、工业发展等功能应运而生（刘玉等，2013）。但是，村镇多种功能的雷同、混杂，交叉着村镇农业、文化、生态功能退化等“乡村病”问题，使村镇发展功能类型呈现复杂化的演化趋势。

村镇发展功能类型划分是厘清村镇发展复杂性、认识村镇发展空间格局问题的切入点，对于确定村镇的地域特征、明确村镇发展状态和方向极为重要。在不同村镇的发展需求目标和资源环境约束下，村镇的多种功能相互作用、促进和更替，主导功能逐渐明晰和演化。村镇发展的道路和方向会随着村镇功能的变化而日益演化，地域空间功能格局差异决定了乡村发展模式的演化和空间异质性。分析村镇功能类型和空间差异，科学确定村镇的发展方向，实现村镇功能价值最优和最大化，有利于区域统筹协调发展和乡村振兴战略实施（Liu et al.，2016）。

中国的村镇具有不同发展阶段和功能的地域复杂性，受自然和人文要素的共同作用，受村镇地域的外在驱动和内在驱动交互作用，不同时间尺度、不同空间尺度、不同社会经济类型、不同地域功能的村镇在环境承载力约束下的发展演化规律、路径选择、动力机制和环境效应上存在显著差异，村镇发展功能的相关研究成为面向国家战略需求亟待解决的重大科学难题。

1.1.2 村镇发展过程中带来的环境污染问题突出

社会经济发展与环境保护之间的矛盾是永恒的话题。随着村镇经济的发展和功能的变化，农村地区环境污染问题日益凸显。村镇地域承担了容纳大量乡村人口居住、保障粮食安全、维持村镇产业发展等社会经济功能。随着经济的快速发展，村镇的农业种植养殖、初级工业、生态旅游等过程中产生的废水、废气和废渣等污染物快速增加，直接导致地表水、地下水、土壤、大气和生态环境的严重污染（王永生等，2018）。原环境保护部公布的《全国土壤污染状况调查公报》（2014 年）显示，耕地的土壤点位超标率达到 19.4%，其中重度、中度、轻度和轻微的污染点位比例分别是 1.1%、1.8%、2.8% 和 13.7%，主要污染物是镉、镍、砷、铜、汞、铅、滴滴涕和多环芳烃，长江三角洲的土壤污染问题突出。根据生态环境部公布的《2018 中国生态环境状况公报》，中国的农村面源污染普遍，水稻、玉米和小麦三大粮食作物化肥利用率为 37.8%，农药利用率为 38.8%。全国河流水质部分超标，1 613 个水质断面中，劣Ⅴ类、Ⅴ类和Ⅳ类分别占总量的 6.9%、4.5% 和 14.4%。种植业、水产养殖业和禽畜养殖业排放的 COD、氮和磷等污染物量已超过生活源和工业源，排在污染物来源的第一位。中国乡村的生活垃圾量占全国垃圾量的一半有余，约 1.81 万 t。

村镇污染物种类多、数量大，已让村镇的生态系统负荷超载。村镇环境恶化的主要污染源包括农业（农药、化肥）、工业和生活垃圾（含人畜粪便）等（黄季焜等，2010）。其中，相对分散的村镇工业污染尤为突出，由于技术含量低和粗放经营，以及环保监测和执法力度不足，村镇水污染问题更为突出（李新等，2005）。如何破解“乡村工业增长”“村镇服务城市”导致的村镇水土环境污染污损化局面，已成为美丽乡村建设面临的难题。因此，研究协调村镇发展与环境保护的有效模式，对于探索中国村镇可持续发展路径具有实践价值。

1.1.3 村镇发展功能调控成为解决中国“三农”问题的关键

“农村稳则社会安，农民富则国家盛，农业丰则基础强”。“三农”问题关系着现代化建设国家大局和新农村建设的开展，也关系着国家的长治久安

（陈锡文，2005）。第一，中国的农业基础设施薄弱。全国现有耕地 20.2 亿亩[①]中，中低等耕地占 70.5%，优高等仅占 29.5%（刘彦随，2019）。优质耕地减少，耕地退化面积超过 40%。气候多灾，农业生产设施闲置，农业减产和粮食安全风险加大。第二，农民老弱化和贫困化。2015 年全国 1% 的人口抽样调查显示，农村 60 岁以上的老龄人口占比为 18.5%，高于城镇的 14.3%。农村青壮年劳动力流失，人才缺乏，种植粮食的农民年龄偏大。根据建档数据，2016 年，全国有 4 335 万贫困人口。中国的贫困范围广、程度大、数量多（刘彦随，2018）。农民的老弱化和贫困化直接制约着乡村的发展。第三，农村非农化和污损化。快速城镇化耕地流失 300 万亩，超过 1 亿农民失去土地，2.9 亿农民工进城，人地分离难以安居乐业。村镇农业和工业污染排放导致农田、河流污染严重，甚至暴发“癌症村”。因此，“三农”问题的形势依旧很严峻（Long et al.，2016）。

发展滞后的村镇的制约因素是什么，不同功能类型村镇面临哪些问题，实施什么样的路径和政策能实现乡村振兴战略？发展较好的村镇成功的经验有哪些，与周边村镇和城市的互动关系如何，村镇内部要素和外部要素作用过程和规律如何，村镇发展的关键要素和作用关系怎样，不同村镇功能有什么样的驱动因素和作用机理？这些系统研究可以为解决“三农”问题提供较好的路径和方向，并为政策和制度的制定提供重要依据（龙花楼等，2017）。因此，村镇发展及功能的理论内涵、演进规律、驱动机制和环境效应研究，对促进破解“三农”问题，实现农村和农业的可持续发展，具有重要的现实意义。

1.1.4 江苏省村镇研究在全国具有示范性和典型性作用

江苏省位于中国大陆东部沿海地区中心，境内地势平坦辽阔，水文、土壤、气候、生物等各地理要素匹配良好，自然条件优越。江苏省的村镇资源禀赋、社会经济、文化建设等存在梯度变化，南北地带性差异显著，农业、工业发展类型及地域功能差异显著。

江苏省作为全国的农业主产区和粮食出产省，在美丽乡村建设方面取得突出成效，在全国起到示范引领作用。2017 年，江苏省粮食产量达到 3 524 t，

① 1 亩≈1/15 hm^2。

口粮自给。高标准农田占比为59.3%，有效灌溉面积占耕地面积的90.2%，农村承包地流转比例达到60%，农业综合机械化水平达到83%，农民人均可支配收入为1.91万元，“三农”发展技术和物质基础均处于全国领先水平。2017年，江苏省农村通达双车道四级公路比例达到71%，供水入户率为97%，宽带覆盖率达95%，村镇公交开通率为72.4%，生活垃圾处理率达90%，村镇基础设施改善显著（李平星等，2014）。

由于快速地工业化和城市化，江苏省成为中国城乡转型发展的前沿区域。改革开放以来，苏南地区乡村工业发展改变了单一的农业生产功能，成功转型成以乡村工业化为特色的苏南模式，成为乡村经济发展的成功样板（乔伟峰等，2019）。进一步探索新形势背景下的江苏村镇建设实践范式，可以为中国的乡村振兴战略提供新的解释框架和路径借鉴。由于不同的地理位置、自然资源、产业类型、社会文化等巨大的空间差异，江苏省的经济发展南北差异显著，使得村镇地域功能也呈现南北地带性差异，不同功能村镇的乡村振兴路径和模式也有差异（Gong et al.，2019）。江苏的村镇具有经济、社会和自然特征，兼备生活、生产、生态和文化等多重综合地域功能。研究江苏省特点的村镇乡村振兴和可持续发展之路，可为全国村镇起到示范引领和经验推广作用。

1.2 研究意义

1.2.1 理论意义

1.2.1.1 丰富乡村地理学和村镇系统演化理论

乡村地理学是研究乡村地区社会经济地域系统，以及其和环境地域系统的关系，并预测其发展的科学（金其铭，1990）。在外部要素和内部要素及环境的驱动下，村镇地域系统的结构、要素和功能都在转变，村镇发展格局过程和动力机制是村镇转型研究的核心内容，涉及村镇的人文、经济、社会、资源和环境等内容，是乡村地理学的主要研究任务（郭焕成，1988）。

本研究结合地理学的差异性和综合性的学科特征，尤其是乡村地理学的理论与方法，并联系经济学、社会学和环境科学等，基于“格局—过程—机理—效应”的地理学研究范式和“要素—结构—功能”的研究视角，分析村镇发展的区域差异、地域类型和主导功能，分析村镇各要素和系统功能的演化，探明村镇发展的内生力和外援力的作用机理和动力机制。细化不同村镇地域功能的环境效应，结合环境质量的限制条件，模拟未来村镇发展演化的趋势和路径。研究成果涉及村镇系统演化的模式、规律、机理和未来可持续发展路径，能在一定程度上拓展乡村地理学理论和村镇系统演化理论。

1.2.1.2 拓展村镇人地关系系统理论向环境经济学领域延伸

人地关系系统理论是地理学研究的核心（吴传钧，1991），重点研究系统中要素的演化趋势和相互之间的作用机制（陆大道，2002）。村镇人地关系理论的内涵主要包括村镇地域功能性、要素时空变异过程、系统结构性和人地系统协调性。村镇人地关系理论要对经济和人文地理现象的空间格局及变化规律进行研究，也要认识到资源环境系统对其的影响过程和作用限制，同时，要重视人文和自然系统间的相互关系及作用机理（樊杰，2018）。村镇发展功能的环境效应研究是揭示村镇人地系统的要素变化、机制转换、相互协调的综合自然和人文的复杂过程。本书通过构建综合评价的理论框架和技术流程，揭示村镇人类生产生活活动和自然地理环境之间的耦合协调及相关关系。从理论和方法上，运用系统思维和动态视角，探索村镇人地系统要素之间的复杂关系，对人地关系理论和综合集成研究具有一定的积极推进作用。

基于地理学、社会学、经济学、环境科学等学科理论与方法，本书探讨了不同功能类型村镇发展对于环境污染的定量解析和作用机理，准确把握村镇发展过程中环境演变规律，为村镇政府制定环境管理政策和模式路径提供理论和实践依据。村镇发展功能下的环境污染关系及作用机制是环境经济学的重要研究方向和课题。由于村镇污染的散乱、点多面广、难以准确定量考察的特点，环境经济学研究多集中于城市，针对村镇环境经济系统的研究并不多见。不同功能类型的村镇发展的环境效应和作用机制研究，可以促使村镇的人地关系系统理论向环境经济学领域延伸。

1.2.2 实践意义

1.2.2.1 为指导村镇可持续发展提供科学依据

村镇是城乡地域系统的重要组成部分，中国的村镇发展是全世界的重要区域性问题（吴传钧，1991）。随着可持续发展全球战略的提出，村镇可持续发展成为农村和农业领域的主要前沿方向，也是中国现代化建设的重要战略任务（刘彦随，2019）。在城乡系统中，村镇对于区域和城市发展起到重要作用（龙花楼等，2009）。在全球化、工业化和城镇化的冲击下，城乡发展不平衡、乡村发展不充分的矛盾日益突出，且乡村面临的老弱化、非农化、空废化、污损化等问题严重，部分乡村贫困、乡村衰退的问题突出。当前村镇发展转型面临资源利用和环境保护的压力突出等问题。推进实施乡村振兴战略，生态环境保护是核心内容和基本要求（Li et al.，2016）。在此背景下，有必要从村镇发展的现状和环境问题入手，定位村镇发展地域功能和生态环境保护目标，分析乡村污染的现状特点、问题剖析和优化方案，提出乡村转型发展和乡村环境治理的综合策略（王永生等，2018），为破解新时代村镇可持续发展的诸多问题提供新的方案和路径，为乡村振兴战略的实施提供科学参考。

1.2.2.2 为江苏省不同功能类型的村镇未来发展路径选择提供依据

村镇发展具有农产品供给、生态保育、经济发展、社会保障等多种功能。村镇的发展需要在综合考虑村镇多种功能基础上确定主导功能，并对其他功能补充和完善。江苏省村镇发展功能的分类建立在区位条件、产业基础、资源禀赋、政策文化、生态环境等多因素综合作用的基础上。江苏省的村镇地域功能南北地带性分异，苏南、苏中、苏北等地区村镇社会经济发展阶段不同，村镇的发展现状也有显著的差异，苏南地区以工业发展功能为主，苏北地区以农业生产功能为主（范业婷等，2019）。村镇发展的功能分类对于明确江苏省不同功能类型村镇未来的发展方向和路径调控，减少村镇发展功能趋同的同质竞争和重复建设，统筹资源合理精准配置和有效利用具有重要意义，也可以为全国其他地区村镇建设提供实践案例和决策参考。

1.3 研究方案

1.3.1 研究目标

在乡村振兴国家战略需求背景下，针对江苏省村镇发展实践，以人地关系地域系统、农业区位论等理论为指导，以“功能—机理—响应”为研究主线，以揭示村镇发展类型功能及其环境效应为核心，以社会经济统计数据和环境污染监测数据为基础，利用空间分析、统计分析、遥感与GIS、深度访谈和模型模拟等方法，开展江苏省村镇发展类型和功能格局演化的实证研究；从村镇的关键要素变化、发展功能演化等角度反映城市化进程中村镇的社会经济形态和功能变迁的过程，深度剖析村镇发展过程和功能演进的原因、规律、机理与影响；从发展功能与质量协调方面解析村镇环境效应差异的成因。测度村镇发展导致的水环境、土壤环境等单要素的环境效应，最终为实现“人－地－环”协调的可持续发展提供理论支撑和决策参考。具体研究目标为以下内容。

（1）归纳国内外村镇发展功能机理、环境效应的理论和成果，结合实证总结村镇发展功能演进环境效应的理论和框架。

（2）探究不同地域类型村镇发展的社会、经济、环境等各要素演变的内在机理和规律。

（3）梳理不同村镇地域类型的功能演变特征、机制和模式。

（4）揭示村镇发展转型的内生和外生的共性规律和一般机理。

（5）探索不同功能类型村镇发展的环境污染排放的作用规律，以及环境质量对村镇发展的分区约束特征。

（6）从村镇发展功能与村镇环境质量耦合协调的视角，提炼不同功能类型村镇的发展路径、作用机理和环境影响，总结调控政策建议。

1.3.2 研究内容

1.3.2.1 村镇发展功能、机理及环境效应的理论解析框架构建

以“要素—结构—功能—过程—机理—效应”的研究范式，从结构分析、演化过程、功能分区、动力机制、环境效应五个方面，搭建村镇发展及环境效应的理论解析框架。研究村镇发展类型的内涵、概念、要素和结构，识别和划分江苏省村镇发展功能和类型，深入分析村镇发展功能演变的成因、规律和机理。探索村镇发展要素变化与环境污染的作用机制和规律，解析村镇发展与环境污染之间的互动机理与关系，为村镇发展与环境效应研究提供理论基础。

1.3.2.2 多维度的江苏省村镇发展格局与动态过程分析

根据农村社会经济统计数据、土地利用数据、遥感影像数据和历史文献数据等多元数据，综合聚类分析、空间分析等方法，从等级规模、空间结构、空间关联三个方面，剖析江苏省村镇的人口、产业、土地等村镇发展核心要素的时空格局演变与特征。从社会、经济、空间三个维度刻画村镇转型发展水平的空间格局和动态过程。

1.3.2.3 江苏省村镇发展功能演变和分类

利用聚类分析、层次分析等方法，从经济发展、农产品供给、社会保障、生态保育四个方面构建村镇发展功能评价指标体系，在村镇发展功能评价的基础上，对江苏省村镇进行主导功能分类，并与村镇发展时空格局演变叠加和耦合，得到江苏省村镇发展类型和功能一级和二级综合分类方案。

1.3.2.4 江苏省不同功能村镇发展的驱动因素和作用机理

遴选自然条件、资源禀赋、产业发展、基础设施等村镇发展的内生和外生影响因子，选择计量回归分析、描述统计分析、参与式农户调查法，将定性和定量相结合，识别农产品供给功能、经济发展功能、社会保障功能、生态保育功能的村镇发展的主导因子，归纳江苏省不同功能村镇发展的作用机

理和动力机制。

1.3.2.5 不同功能村镇发展演变过程的环境效应识别测度

分析江苏省村镇水环境、大气环境和土壤环境单要素的时空格局演变过程，甄别不同村镇发展功能导致的环境效应，筛选表征水环境、大气环境和土壤环境的关键性指标。运用回归计量模型，开展江苏省农业功能主导型和工业功能主导型的村镇发展与水环境、大气环境和土壤环境的相关性分析，研究不同功能类型村镇发展过程中要素变化与环境污染响应之间的关系和相互作用机制，利用系统动力学模型，针对“村镇发展功能—环境质量响应”耦合协调的重点问题，对村镇环境质量约束下的不同功能村镇发展状态进行情景模拟分析。

1.3.2.6 村镇发展功能与环境质量耦合协调及优化调控路径解析

在格局机理效应分析的基础上，分别针对江苏省经济发展功能、农产品供给功能、社会保障功能和生态保育功能，测算江苏省村镇发展功能与环境质量耦合关系，提出两者耦合协调典型模式，以“类型功能—问题诊断—优化调控”的思路整理村镇可持续发展模式和优化调控路径。

1.3.3 研究方法

根据研究内容、理论框架与整体思路，结合地理学、复杂系统科学、社会学、环境科学等相关理论，通过历史与逻辑分析相结合、定性分析与定量模拟相结合、理论分析与实证检验相结合、系统分析和要素分解相结合、室内分析与实地调研相结合等多种方法开展研究。具体内容如下。

1.3.3.1 历史与逻辑分析相结合

历史与逻辑的结合被用来总结和归纳村镇发展的环境效应历史演变过程。通过历史文献回顾的方法，分析国内外村镇的人口、经济、环境等要素格局演化研究，系统梳理村镇人地关系的格局过程、作用机理和政策调控研究中用到的方法和结论。

1.3.3.2　定性分析与定量模拟相结合

采用文献综述、演绎归纳等定性研究方法，回顾村镇发展的环境效应的基本理论和研究进展，利用 GIS 空间分析、统计分析、相关性分析、层次分析和回归模型等定量方法，对村镇发展的格局、过程和机理以及环境效应进行分析，评价环境约束下的村镇发展的影响和相互作用。

1.3.3.3　理论分析与实证检验相结合

基于社会发展理论、人地关系理论和可持续发展理论，构建基于环境质量的村镇发展的理论和逻辑框架，通过实践检验理论构建的合理性，进而完善村镇可持续发展的理论研究。同时，选择案例区调研，对理论和结果进行实证检验，理论分析与实证检验相互辅助、相互佐证。

1.3.3.4　系统分析和要素分解相结合

系统是要素相互作用构成的特殊功能的有机体，要素分解可以把系统按照逻辑拆解为分散的个体，二者关联可以开展更有效的研究。村镇地域系统是自然资源和人类社会要素构成的复杂系统，涉及村镇的经济、人口、社会、资源、环境和生态等各个方面。在系统论指导下，可以对村镇系统各要素的格局、结构、过程、功能和机理进行全方位的分析。

1.3.3.5　室内分析与实地调研相结合

首先通过查阅相关资料、统计年鉴，利用收集到的村镇人口、产业、粮食、居住和环境等数据，开展村镇发展的功能分区和环境效应评价。同时，以政府部门座谈、村干部和村民行为主体深度访谈、问卷调查等形式开展调研，了解典型村镇发展现状、产业类型、基础设施和空间演变等，获取行为主体对村镇发展环境效应的行为模式，以此作为村镇可持续发展调控的依据。

1.3.4　数据来源

本书开展了多尺度（江苏省域、县域、镇域、村域）的综合分析，研究内容涉及社会经济发展和环境污染，数据来源于多种途径和方式。

江苏省县域、镇域、村域社会经济数据（如农民人均纯收入、农作物产量、耕地面积等）主要来自 2005—2017 年的《江苏省农村统计年鉴》（县卡、镇卡、村卡）数据，数据从江苏省统计局调研获得。此外，部分村镇的社会经济数据来自 2012 年《江苏乡村调查》及 13 个地市调研报告、《江苏统计年鉴》《中国县域统计年鉴》《中国县（市）经济社会统计年鉴》，以及各县（市）统计年鉴、国民经济和社会发展统计公报和住建厅开展的村镇建设统计报表等。

土地利用数据来源于中国科学院资源环境科学数据中心解译自各期的 Landsat TM/ETM 遥感影像，具体数据精度见网址 http: //www.resdc.cn/Default.aspx。江苏省基础地理矢量数据来源于中国科学院资源环境科学数据中心和国家地球系统科学数据共享平台。

环境数据包括 2017 年江苏省工业源污染普查数据、江苏省土壤重金属点位采样监测数据、环保部监测实时大气环境监测数据、国控和省控的水环境监测数据，该类环境数据从江苏省环保部门实地监测调查。

1.3.5 技术路线

本研究按照“提出问题—理论分析框架—实证研究—结论”的总体思路，分四部分展开论述。以乡村振兴等宏观政策为背景，以村镇可持续发展为亟待解决的现实问题，基于学科研究需要，对村镇发展机理及环境效应基本理论和研究方法进行创新研究。深入探讨了江苏省村镇发展功能演化规律、村镇发展的影响因素、村镇发展和环境污染的定量关系、村镇发展功能与环境质量的耦合协调关系及优化路径。具体技术路线和章节安排如下（图 1.1）。

（1）问题的提出（第一章）：介绍研究背景、研究意义、研究内容、技术方法、关键科学问题，并划定本书整体技术路线。

（2）研究基础（第二章）：对国内外相关研究进行文献综述，界定相关概念，总结相关支撑研究的理论基础，为本书提供理论、思路和方法借鉴。

（3）研究内容与方法（第三～八章）：本书的重点内容。

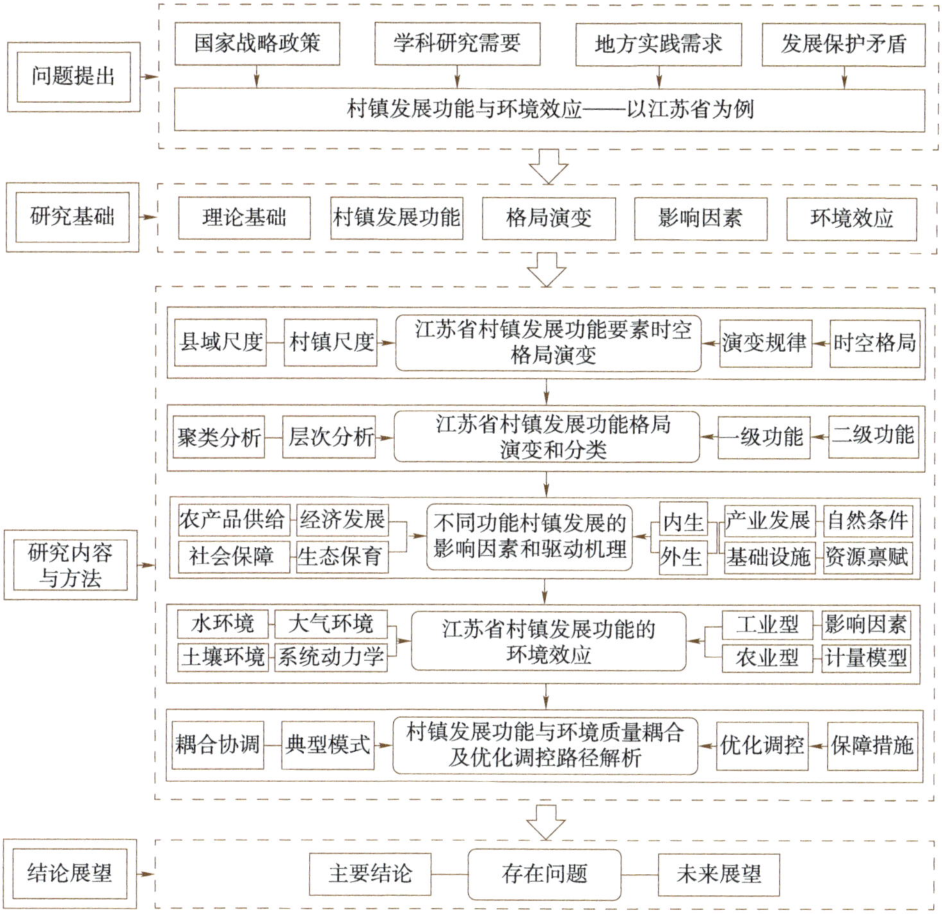

图 1.1　研究技术路线

第三章，围绕村镇发展功能演变规律、影响因素和环境效应理论等方面构建本书的理论分析框架。

第四章，剖析江苏省村镇要素中人口、产业、土地等村镇发展功能的核心要素的时空格局演变与动态过程。

第五章，开展村镇发展功能演变和分类研究，科学划分江苏省村镇发展主导功能一级和二级分类方案。

第六章，研究村镇发展的内生和外生影响因子，归纳江苏省农产品供给功能、经济发展功能、社会保障功能和生态保育功能等村镇发展的影响因素，提炼不同功能村镇发展的驱动机理。

第七章，甄别农业发展功能型和工业发展功能型的村镇工业源污染、农业面源污染导致的水环境、大气环境和土壤环境等要素的环境效应，基于系统动力学模拟村镇环境质量演变过程和作用机理。

第八章，针对经济发展功能、农产品供给功能、社会保障功能和生态保育功能的村镇，识别不同村镇发展功能与环境质量耦合关系及典型模式，识别不同村镇发展功能环境质量优化与调控路径解析。

（4）研究结论与展望（第九章）：总结本书研究的主要结论、不足和未来展望。

1.3.6 拟解决的关键科学问题

综合以上研究思路，本研究拟解决的关键科学问题总结为以下四方面内容。

（1）不同类型村镇发展功能演变的态势和规律。从多要素综合视角定量评估江苏省村镇可持续发展的状态及时空演变特征，识别村镇发展功能类型演变态势及规律。

（2）村镇发展功能格局演变的成因机制。用定量模型刻画村镇发展的内生驱动因子和外生驱动因子，归纳不同功能村镇发展的动力机制和作用机理。

（3）不同功能村镇发展的环境效应。解析不同功能村镇各要素变化与污染要素的响应测度和作用机理。

（4）村镇环境质量与发展功能耦合关系。总结村镇发展功能与环境质量耦合协调典型模式和优化路径。

1.3.7 研究工作基础

本研究作为国家重点研发计划项目“村镇建设资源环境承载力测算系统开发”（2018YFD1100100）的主要研究内容之一，也是课题“中国村镇建设与资源环境协调度评估及其类型和模式研究”（2018YFD1100101）的主要研究内容之一。笔者主持国家自然科学基金青年项目“水环境约束下乡村产业转型机理及优化研究——以太湖流域重点乡镇为例”（42101318）、江苏省“双创博士”项目“太湖流域江苏片区乡村产业演化的水污染效应及管制研究”、中国科学院南京地理与湖泊研究所自主部署项目揭榜挂帅类项目“湖泊—流域人地协同综合模拟系统”的课题“基于社会生态系统理论的流域水资源利用与水污染排放清单动态模型”。本书以江苏省为典型研究区，重点研究村镇发展的功能演变、影响因素和环境效应，为村镇可持续发展模式提供依据。

笔者先后数次赴吉林、湖南、山西、江苏、浙江等省 20 余县（市）的 50 余个村镇进行了实地调研，并组织和参加了对江苏省市、区、县的村镇进一步的深入考察与访谈，包括对无锡市（宜兴市、江阴市）、苏州市（昆山市）、南京市（江宁区、六合区）、盐城市（大丰区、东台市）、连云港（灌南县）、镇江市（扬中市）、扬州市（江都区、仪征市、高邮市）等 60 余个行政村的深度访谈和问卷调查。同时，走访了农业农村局、自然资源局、生态环境局、发展改革委、水利局等相关部门，获取了环境监测数据、社会经济统计资料、规划图件材料等，为本书写作收集了大量素材。同时，笔者对江苏省典型区村镇发展问题、现状和经验有了深度了解，获得了大量一手材料，为本研究打下了良好的基础。

第二章

理论基础与研究进展

2.1 相关概念与内涵

2.1.1 村镇和村镇空间范围

在一般语境理解下，村镇是村庄和集镇两者的简称。村镇是由中心镇、重点镇、集镇以及中心村（社区）、自然村等组成的空间体系系统（图 2.1），是城乡地域系统的重要部分（屠爽爽等，2015）。镇域是建制镇的行政驻地和周边宽广的乡村地域，可以简单理解为乡镇的辖区空间范围。村镇是乡村地域的核心发展空间，空间范围包括城市建成区以外乡村地域人类生产和生活活动所利用的国土空间。本研究针对乡镇单元，包括镇和村，是村镇总体的体现。村镇地域包括广大的农村地区，也包括与农村发生直接联系的镇域，是村域和镇区组成的空间体系系统。村镇发展空间包括居住空间、生产空间、文化空间和生态空间。村镇是自然要素、经济活动要素、生产要素、环境要素等地理要素相互作用和相互联系而构成的具有一定结构、空间和功能的开放系统。村镇内常住人口生活、生产、生态的空间，是由人口、经济、社会、基础设施等组成的自我系统与环境、资源、生态组成的外部系统在地域空间相互影响和相互作用下而形成的复杂而开放的系统（Long et al.，2009）。

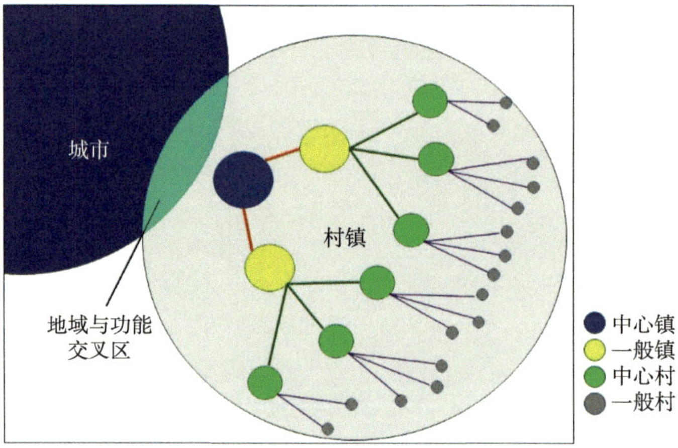

图 2.1　村镇地域范围示意图

2.1.2 村镇发展功能

发展功能，是指一定地域范围内，在自然资源环境系统中，人类生活和生产活动所履行的职能和发挥的作用（樊杰，2007）。村镇地域系统包括自然系统（资源系统、环境系统、生态系统）和人文系统（社会系统、经济系统）两个子系统。村镇地域系统的要素组合和结构，引发了村镇不同的地域功能强度和属性，推动着地域功能演化的方向和路径。

村镇内外部系统通过物质循环、信息传递、能量流动，推动着乡村的人口结构、土地利用结构、产业结构的变化和生活、生产、生态功能的演替（Holmes，2006）。村镇发展功能，是指在一定发展阶段，村镇地域或者更大的地域空间内，通过发挥村镇自身属性或者与其他系统相互作用所产生的人类发展和自然地理有益作用的综合特征，包括村镇自身需求的保障功能，也有支撑城市系统的辅助功能，还有自然地理环境保障功能。村镇发展功能具有生产功能、生活功能、文化功能和生态功能。

镇域是镇区和所管辖的村域的集合体，是乡村振兴主体。镇区介于城市和乡村之间，是城市的腹地，也为乡村提供较低层次的就业、消费和基础设施服务（李裕瑞等，2019）。城市提供高级且较为完备的消费市场、就业岗位、公共服务、要素整合流动的中心职能。乡村则为城市和镇区提供农产品、乡风文化、生态景观、劳动（图 2.2）。镇区在城乡体系中处于承上启下的位置（Vaishar et al.，2009），促进城乡功能融合、要素流动，实现村镇体系的功能明确、空间协调发展，有较为重要的实践和理论意义（刘彦随等，2014）。

2.1.3 村镇发展和机理

村镇发展是在一定的村镇空间结构体系下，经济增长、社会进步、农业生产、环境改善、文化传承的可持续演进过程（Olfert et al.，2010）。村镇发展状况直接影响农民收入，还有村的组织运转、农村建设、公共服务和村民生活条件等。村镇发展系统是以村镇特定地域为基础的人地关系地域系统。村镇发展是基于村镇地域系统的内部和外部条件变化，对村镇发展的功能、模式和机制进行优化调整和创新的动态过程。

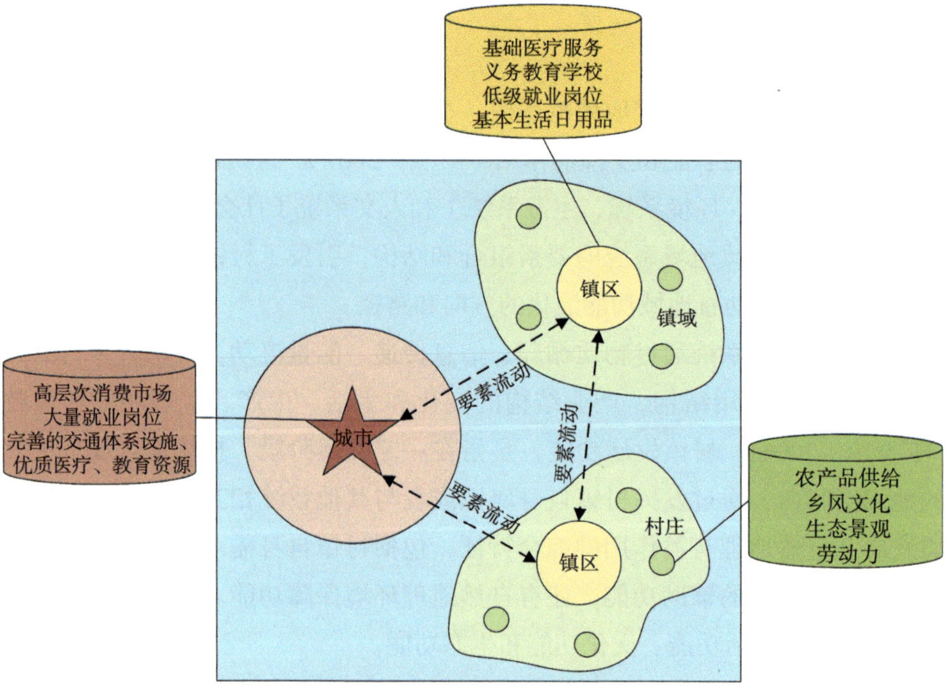

图 2.2 村镇发展功能示意图

资料来源：根据李裕瑞等（2019）改绘。

机理是指系统中的组织和各部分相互作用的方式与过程。村镇发展机理是在村镇发展和演化过程中，内部要素和外部要素相互影响作用的过程、影响和规律（李裕瑞等，2012）。深刻探讨村镇发展的内外机理，可全面认识村镇发展基本规律以及村镇发展的关键要素之间的作用关系，为适当调整要素投入和制度政策而推动村镇高效和可持续发展提供科学参考。

2.1.4 村镇环境效应

响应是指人类活动对周边自然和社会环境产生的反应和效果，分为有利的“正响应”和不利的“负响应”。环境效应是人类活动和进程对自然环境生态系统产生的效果和反应，主要指破坏环境系统结构和功能过程中的大气、水、土壤等环境污染，包括村镇的畜禽养殖污染、农业面源污染、生活垃圾污染、乡村工业污染、生活污水排放等（李裕瑞等，2013）。村镇分布分散，承载的人口众多，虽然单位污染排放量和强度小且分散，但其污染排放总量和影响是不容忽视的。

2.2 理论基础

2.2.1 人地关系地域系统理论

人地关系地域系统理论可以为村镇可持续发展提供全局的系统思维。人地关系地域系统是地理学研究的理论基石和核心灵魂（陆大道，2002）。人地系统由社会、经济、资源和环境等子系统组成，是人类活动和地理环境相互联系、相互影响和相互反馈而形成的系统（吴传钧，1991）。人地关系系统是由地理环境和人类社会子系统组成的开放和巨型的复杂系统，系统内部有一定结构，子系统之间能量循环和物质转化，使系统变化、运转和更替（樊杰，2008）。人地关系是一种非线性、不稳定、不平衡的耗散结构，系统中每个要素的改变可以引起其他要素和整个系统的相应变化。人地关系地域系统的研究内容主要包括：人地关系地域系统形成的特点、过程和发展趋势的理论研究；人地关系系统的地域类型和分异规律；不同尺度的区域人地关系协调优化模型；人和地两大系统物质转换的类型功能、要素结构、作用机理和优化调控的对策和途径。

村镇地域系统是人地关系地域系统中的主要组成部分。村镇可持续发展是人地关系系统协调发展的重要内容。村镇发展的环境效应是村镇社会经济发展阶段和自然环境相互作用的产物，具有要素结构和类型功能，具有地域性和系统性。村镇地域的要素组成、能量转移、物质转化和综合作用过程形成的功能、结构和效应（图 2.3），都属于人地关系地域研究的领域范畴。人地关系系统的理论和方法可以明确研究村镇发展格局过程、结构特征和作用机理，明晰村镇发展的环境效应，也是科学系统地研究村镇环境效应的理论基础。村镇发展的环境效应同样可以完善人地关系地域系统理论，丰富该理论的地域范式和时代意义。

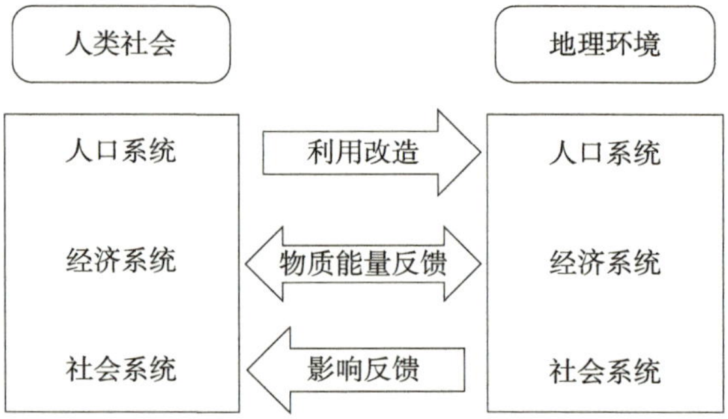

图 2.3　村镇人地关系地域系统示意图

资料来源：根据樊杰（2008）改绘。

村镇人地关系地域系统包括村镇经济发展系统、自然环境系统和社会组织系统，形成了复杂的经济 - 社会 - 自然系统（图 2.4）。村镇具有更广阔且紧密优美的自然地理环境，不同的地形、水文、土壤、大气、气候等组成了不同的村镇自然环境系统，支撑和影响着村镇的发展。村镇的社会系统包括

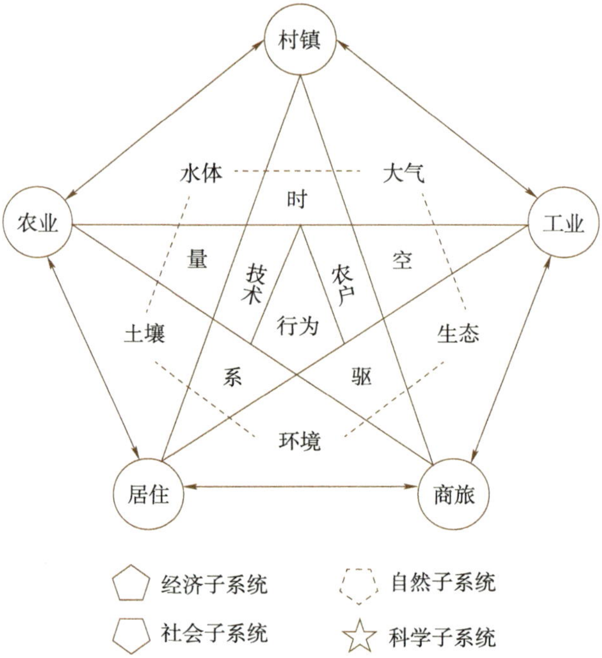

图 2.4　村镇经济 - 社会 - 自然系统复杂关系示意图

资料来源：根据余侃华（2011）改绘。

农户的社会行为、社会关系、乡风和家庭等。村镇的经济发展系统包括村镇的产业结构、布局、就业结构等。村镇的传统经济活动是农民为了生存获得物质资料的农业生产，包括种植业、畜牧业、林业、渔业等。随着工业化带来的乡村工业快速发展，村镇劳动力和经济结构的改变影响村镇的环境和空间格局。乡村的商旅服务业是村镇后发性的动力产业。

2.2.2 农业农村发展相关理论

农业农村发展的经典理论包括要素禀赋理论、自然地域分异理论、农业区位论、农业发展阶段理论、生产函数理论、产业结构变迁规律理论和二元结构理论等（表 2.1）。在以上理论的指导下，国内关于农村和农业发展的相关理论和重要成果不断涌现。周立三先生主持《中国综合农业区划》，揭示农业生产地域差异规律。郭焕成等进行中国农业类型研究，提出因地制宜的农业发展原则。吴传钧先生主持《中国土地利用》专著，开展农业和农村可持续发展模式的应用研究。金其铭对农村聚落调查和布局、乡村城镇化做出贡献。李小建对于农户地理论的贡献也很突出。刘彦随等（2011）对农村空心化、乡村地域发展机理、农村人地关系等开展了全面研究，并提出农村整谐发展理论。以上理论对于深化认识中国农村和农业发展问题具有重要价值和实践指导意义，也为本研究奠定了坚实的理论基础。

表 2.1 农业农村发展相关经典理论

理论名称	代表人物	理论要点
要素禀赋理论	赫克歇尔	区域之间发展分工和贸易差异是由生产要素禀赋差异决定的，丰富的生产要素和商品能获得比较优势
自然地域分异理论	李希霍芬	自然地理环境各要素相互作用形成的自然综合体的相互分化，而产生差异。农业自然地域分异包含地带性差异和非地带性差异
农业区位论	杜能	在城市周围，在交通、自然和技术条件相同条件下，地方距离中心城市远近不同，导致地方农产品纯收益即经济地租大小不同。以城市为中心，由内向外呈现同心圆状的六个农业圈层地带

续表

理论名称	代表人物	理论要点
农业发展阶段理论	韦茨	根据美国农业发展历程，可分为三个阶段：自给自足的生存农业阶段，多种经营收入的混合农业阶段，专业化生产的现代化商品农业阶段
生产函数理论	柯布、道格拉斯、马歇尔	生产函数引入技术资源因素，描述投入和产出的关系。要素价格取决于要素供求关系。要素需求取决于边际生产力，要素供给和边际成本相关
产业结构变迁规律理论	配第和克拉克	反映经济发展过程中就业和产业机构的变迁：随着人民收入的提高，就业人口由第一产业向第二产业转移，再向第三产业转移。服务业比工业、工业比农业附加值高
二元结构理论	刘易斯、托达罗	发展中国家工业和传统农业并存的经济结构下，农业剩余劳动力向非工业部门转移，促使二元经济结构削减。城乡人口流动理论认为，农业劳动者是否迁入城市取决于城乡收入差异和城市失业情况

资料来源：李裕瑞（2011）、李小建（2005）。

2.2.3 可持续发展理论

“可持续发展”是20世纪60年代以来，人类在广泛讨论传统发展理念，深刻反思其与全球环境保护的关系时提出的全新概念。1962年，Rachel Carson出版《寂静的春天》，研究了环境污染对人类和生态系统的危害，引发了全世界对环境问题的关注。在此之前的主流价值观是征服和控制大自然，几乎找不到“环境保护”的概念。1987年世界环境与发展委员会公布报告《我们共同的未来》，首次提出了“可持续发展”的概念，给出了可持续发展的含义，奠定了可持续发展的基础框架（牛文元，2012）。1992年，在巴西里约热内卢召开的联合国环境与发展大会上，《21世纪议程》和《里约环境与发展宣言》等报告通过，可持续发展思想成为全人类的共同理念（张志强等，1999）。1991年，联合国粮农组织发表《登博斯宣言》，明确了农村和农业可持续发展的概念，包括保障食物安全、增加农民收入、消除农村贫困、保护生态安全和合理利用资源。随后，可持续发展思想在城市和农村都得到了广泛的应用和推广。

可持续发展的核心思想是人口、经济、社会、资源、环境、生态相互协调与共同发展，最核心的目标是实现以人为本的自然－社会－经济复合的人地系统的健康、稳定和持续发展。村镇可持续发展的核心思想，是以实现村镇人地系统协调发展为途径，以资源环境可持续利用为基础和保障，最终实现村镇可持续发展。因此，本书研究借鉴了可持续发展理论的核心思想，聚焦可持续发展理论的空间范畴，拓展村镇可持续发展的理论内涵（图 2.5）。

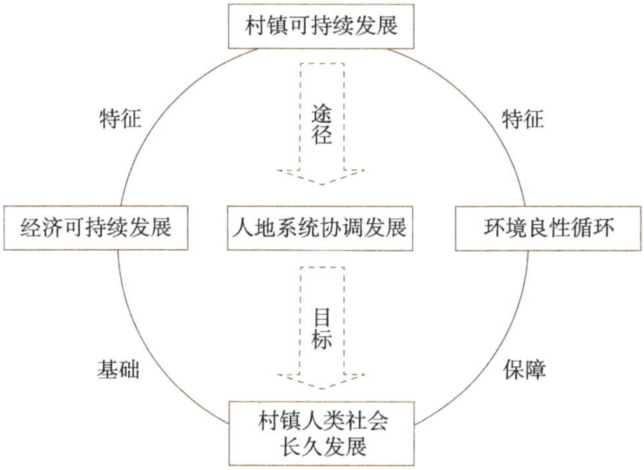

图 2.5　村镇可持续发展理论核心思想

资料来源：根据牛文元（2008）改绘。

2.2.4　环境库茨涅兹曲线理论

美国经济学家 Grossman 和 Krueger 最早通过研究北美自由贸易区谈判提出了经济对环境的影响，首次提出环境污染与人均收入的关系：环境污染在低收入水平时，随着人均 GDP 增加而上升；高收入水平时，污染随着 GDP 增加而下降（贾卓等，2018）。环境库兹涅茨曲线（EKC）假说提出经济发展和环境污染之间呈倒“U”型关系（图 2.6），即在经济发展的初期，环境质量逐渐恶化；当经济发展到一定水平之后，环境污染程度达到最大；再以后，随着经济发展，环境污染程度会下降，且环境质量逐渐改善。

环境库兹涅茨曲线理论假设提出后，大量的实证研究进一步证明了经济发展与环境质量的确存在倒“U”型关系（Panayotou，1997）。后来，学者逐渐发现不同研究时段、研究指标和研究区域可能会导致经济发展和环境污染

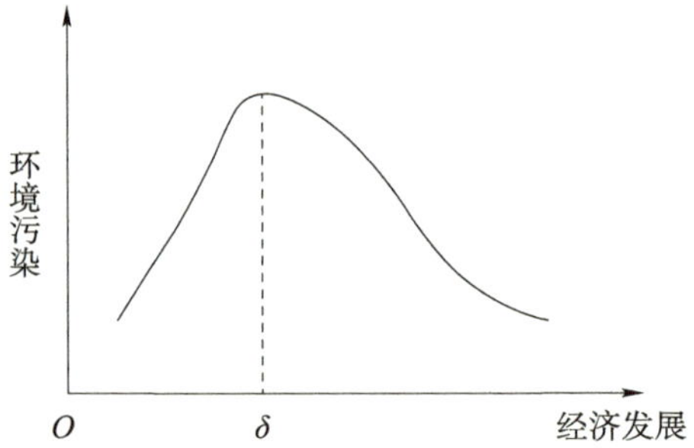

图 2.6 环境库兹涅茨曲线示意图

资料来源：Dinda（2004）。

之间呈现不同的关系，可能呈现倒“N”型、凹型、单调上升型、单调下降型等。这是因为环境库兹涅茨曲线呈现的是受多方面因素的共同影响的综合结果，如升级产业结构、改进生产技术、完善环境规制、提高能源利用效率等会改变经济系统对于稀缺资源环境的需要（陈华文等，2004）。因此，环境库兹涅茨曲线形成理论可以从内生增长说、成本分析说、经济结构说、国家贸易说、环境需求说、国家政策说等方面来论证（于峰，2006）。

环境库兹涅茨曲线也可以解释村镇的发展与环境污染的关系（图 2.7）。村镇发展在初始期以自给自足的农耕为主，对环境的压力较小。村镇进入发展期，粮食和经济作物的化肥和农药的使用量加大，随着农耕阶段向以工业为主阶段转变，自然资源消耗和污染排放大幅增加，对环境污染的压力达到顶峰。随后伴随产业结构的升级和清洁生产技术带来的结构效应和技术效应的显现，环境质量改善并趋稳。

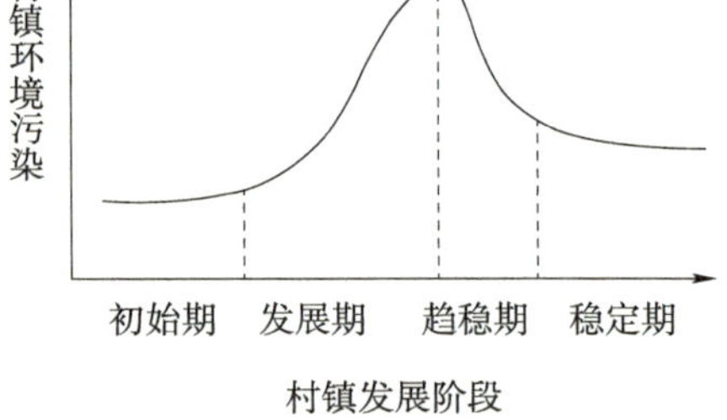

图 2.7 村镇环境库兹涅茨曲线示意图

2.3 研究进展

在地理学、经济学、资源学、环境学、政治学等不同学科领域，村镇都是重要的研究问题。在不同学科背景下，学者从多个角度对村镇开展深入研究，相关成果为本书奠定了稳固的基石。本章节梳理了村镇的发展、模式、机理、响应等研究进展，具体包括村镇转型发展和模式、村镇发展功能演化、村镇发展影响因素和驱动机理、村镇发展的环境效应、江苏省村镇相关研究综述等。

2.3.1 村镇转型发展和模式研究

2.3.1.1 村镇转型发展

村镇发展，是指在一定的城乡空间结构系统下，村镇的农业生产稳定、工业服务业经济持续增加、乡风文化延续传承、生态环境改良、社会协同发展的演绎进程（李裕瑞等，2012）。村镇转型发展，是指基于外部和内部的环境条件，村镇实现产业结构、消费方式和就业状况的改变，村镇的发展模式、运行机制创新调整优化，由旧模式向新时代要求的发展模式转变的过程。随着社会经济发展，传统的村镇发展模式逐渐转变，主要体现在农民身份的转化、农业向非农转型、乡风文化转变、聚落向城乡商业转化，村镇要素空间、经济、社会等方面发生的转型（Fang et al.，2014）。龙花楼（2012）认为村镇的转型发展与国际上的乡村重构（Rural Restructuring）术语有相似的内涵，快速城镇化和工业化让村镇的要素相互作用和重构，进而影响村镇地域空间和社会经济重组，主要体现在城乡差异、工农关系、产业模式、空间结构组织、消费方式、就业情况等方面的转型发展。

诸多学者对村镇转型发展的概念、特征、格局和机理等方面开展了研究。20 世纪 50 年代，西方发达国家经历了明显的村镇转型发展和重构进程（Vias，2004）。20 世纪 90 年代村镇地理学成为发达国家的研究热点。随着城市化和全球化，乡村收缩也逐渐被学者提出，引起社会层次、农业发展、社区空间、零售产业和生态环境等多方面渐进（Djanibekov et al.，2012）。Bournaris 等（2014）发现村镇系统在演变进程中，各要素交互形成的不同村镇功能结构，对于不同村镇转型发展的规律、过程、特征及驱动机制具有空间分异。Inwood 等（2012）以美国的 33 个村镇家庭农场为对象，构建村镇过渡地带的农业地理空间模型。Masuda 等（2006）对农业发展转型进行研究，包括农业政策定位、农村移民政策变化、农村产业转型等内容。

李裕瑞等（2012）考察黄淮海平原典型村域 30 年的转型发展进程和驱动因素，研讨农业型村镇转型发展的过程特点和规律机理。毛丹（2008）考察中国村镇 30 年的村落和国家、市场、城市关系相联系，村镇正在经过从传统农业到城乡社区的转型，包括农民社区转型、共同治理转型、经济共同转型三种类型。龙花楼等（2012）研究“陕北—苏南”样带案例区域，以村镇发展水平、村镇协调水平、村镇转型水平的村镇转型发展态势，揭示样带村镇转型发展的地域空间分异和时空转变。李婷婷等（2015）从土地、人口、产业 3 个村镇发展重要要素入手，开展三者要素的互相作用机理和理论解析，研究了山东省村镇转型发展时空演变特征，并解析优化作用和调控方式。杨忍等（2015）从地理学研究视角研究村镇转型发展，梳理村镇转型发展的概念内涵、格局过程、模式类型、影响因素、空心化、村镇重构等研究成果并开展研究进展评述。王勇等（2011）对苏南村镇的聚落空间形态、功能和动力机制变化进行分析，揭示村镇经历了农业、工业、生活居住分裂三个发展转型。1978 年以来，在动力视角下，长三角典型村庄转型发展可分为低程度均衡演进阶段、不均衡发展阶段和非均衡耦合协调发展阶段（车裕斌，2008）。村镇转型发展的驱动因素有乡村工业发展、土地权属和经营结构、交通运输条件、农业技术创新、信息技术改变、制度变化、城乡文化浸染等（何磊，2011）。中国村镇转型发展处于关键时期，具有多样化、非农化和多级化的特征。保持农产品持续供给和农业稳定增长，鼓励村中能人创新和创造小型活力经济多中心，推广农户和政府均认可的互动和推进模式等经验值得借鉴（王景新，2011）。

2.3.1.2 村镇发展类型

村镇发展水平呈现空间地带差异，不同的要素催生不同的村镇主导转型发展的类型和影响因素（Li et al.，2015）。诸多学者对村镇转型发展的要素及交互作用空间异质性进行总结和归纳（马晓冬等，2012）。Marsden（1995）

为代表的国外研究者在总结了欧洲 24 个典型村镇样点不均衡发展的情况后，根据村镇不同的发展阶段，将村镇转型发展类型划分为生产型、边际型和综合型。随后，Marsden 等（2008）在村镇农业多功能性基础上，将英国村镇划分为农业型、可持续型和非农业型，并提出不同村镇农业发展的政策。

国内的研究主要体现在针对传统农区、城市郊区、平原丘陵山区等，开展村镇聚落景观格局演变机制，以及多尺度转换的村镇转型发展研究。村镇发展水平是划定转型发展类型的基础，村镇主导产业是划分转型发展类型的重要准则依据。根据村镇的主导驱动要素来划定村镇转型发展类型，主要要素包括自然资源、产业类型、人力资本、文化资源、市场要素、景观风貌、区位条件等。Long 等（2009）根据乡村性的评价结果，将东南沿海的村镇分为工业主导型、农业主导型、商旅服务型和均衡发展型，用来支撑新农村建设政策的制定。根据村镇地域系统的价值和功能，村镇发展类型总体分为农产品基地型、生态保育型、城郊融合型、特色产业型、文化资源型五种类型（刘自强等，2008）。谢臻等（2019）对中国美丽乡村示范村 99 个案例数据库深度挖掘，从自然资源、区位交通、市场需求、工业发展、生态环境等村镇发展重要支撑要素分析入手，将村镇转型发展类型划分为保留维持、预备振兴、衰落搬迁和优先振兴四种类型。史秋洁等（2017）基于全国 7 省 48 个行政村样本数据，将其分为山区传统农林村、平原传统农业村、城郊非农产业村、养殖专业村、平原非农产业村、远山特色农业村等典型村庄。国内的学者对于村镇类型的划分从不同的研究视角开展，在人文地理、经济产业、生态资源环境范畴中，可主要分为经济视角和空间视角。经济视角可分成经济结构、经济水平、主导产业三个视角；空间视角可分为地形地貌、生态环境、区位条件、发展与管控四个视角（表 2.2）。其中，地理学研究主要从经济结构视角来进行村镇类型划分，可分为农业发展类型、商服旅游类型、工业发展类型、生态保育类型。“分类指导”也是我国村镇规划的基本原则之一。由于村镇资源禀赋和经济基础的差异性，村镇转型发展多样且复杂，归纳凝练的村镇发展地域类型和机制，需要多视角多尺度进行深化分析（杨忍等，2015）。

表 2.2 乡村类型划分结论

大类型	小类型	划分结论
经济视角	经济结构	工业主导型、农业主导型、商旅服务型、均衡发展型
	经济水平	落后型、相对落后型、发达中类型、相对发达型、发达型
	主导产业	商贸流通型、工业企业型、休闲产业型、旅游产业型、畜牧养殖型
空间视角	地形地貌	山地类型、平原类型、丘陵类型
	生态环境	生态保护优先类型、生态保护并重类型、城镇化发展类型
	区位条件	城郊村类型、远郊村类型、城中村类型
	发展与管控	促进发展类型、城中村类型、迁移类型、保留整合类型

2.3.1.3 村镇发展模式

村镇发展模式，是指在村镇发展过程中，对于社会经济运营特征和鲜明的产业构成的理论凝练和总结概括。村镇发展模式受经济基础、资源禀赋、政府政策、历史文化传统等综合因素作用影响（张富刚等，2008）。村镇发展模式可以通过提炼在一定区域和条件下的某种成熟且有特色的发展路径，高度总结概括并上升到理论基础和方法论层面，为条件相当和相近的村镇的发展提供政策建议和路径参考（姚龙等，2014）。村镇发展类型模式的归纳总结，需要通过大量的村镇典型案例进行实证研究。诸多学者对各种类型的典型区域的村镇发展模式进行了总结与分析，包括苏南模式、温州模式、珠江模式（张敏等，2002）。苏南模式是指江苏省南部由农民自发的，以乡镇和村主办，依靠中心城市，以工业产业结构和市场调节，以村镇干部为主要决策人，以共同致富为目标，形成的村镇社会经济发展模式（费孝通，1999）。温州模式是民本经济，市场是推动力，能人精神是内驱力，是以家庭经营为基础，产业集群为核心，依靠民营经济“自下而上”的村镇发展模式。珠江模式主体是“三来一补”，建立在与香港特别行政区密切联系的基础上，成品由香港特别行政区进入国际市场，形成外向型村镇发展模式。后续学者又提出了泉州模式、晋江模式、西北模式、横岗模式。国外村镇发展经验有欧盟、印度农民离土不离乡的就业分散多元发展模式，有韩国农村剩余劳动力大量转移带动发展的模式（姜涛等，2009）。根据村镇发展的动力，将村镇发展模式分为城市化和工业化的外部驱动型和村镇自我发展驱动型 2 个一级类，以及特色发展型和工业企业带动型等 6 个二级类（张富刚等，2008）。根据村镇发展产业结构和行为主体，村镇发展模式分为传统村庄改造带动型、城乡互动统筹型、内部产业驱动型、完整公共服务和产品带动型五种村镇建设模式（于战平，2006）。郭焕成等（1990）将黄淮海村镇发展模式概括为沿海开放贸工农发展模式、城郊立体多元和规模经济发展模式、农林牧先导生态经济发展模式、科技依托的农业型发展模式。

2.3.2 村镇发展功能演化研究

2.3.2.1 村镇发展功能评价和演化规律

村镇发展功能，是指村镇发展到一定阶段，在更大的地域范围和空间内，通过自身和外界系统相互作用，所形成的保障村镇自身功能和支撑其他城乡系统的辅助功能（刘玉等，2011）。村镇多功能发展评价是针对村镇发挥的社会、经济和生态功能的判断，揭示村镇的问题和以后发展目标，推动村镇向专业化、规模化、现代化发展（石忆邵，1990），实现空间功能最优化和符合多元化诉求（King et al.，2003；Wiggering et al.，2006）。

国外对于村镇功能研究较早，研究视角、内容、方法也较为多元化。1950 年，Doumont 就已经开展了村镇经济类型划分研究。到 1970 年，村镇的传统农业功能被打破，发达国家的村镇从单一的农业功能向工业、农业、商业、居住综合功能演化。村镇的类型、社会经济活动空间分异、功能评价等研究逐渐产生。Plieninger 等（2013）将德国的村镇功能划定为农业生产功能、生态功能、生活功能、居住功能和承载功能五大功能。Björklund 等（1999）认为村镇内外要素组合有助于加强村镇功能，促进村镇社会、经济、生态功能的增强。Willemen 等（2010）将荷兰村镇划分为农业生产、居住生活、植物生长、生态旅游、畜禽规模养殖、历史文化六大功能及多功能交互反馈过程。Bański 等（2010）从村镇劳动力人口、土地利用等方面建立评价指标体系，分析波兰村镇功能的转变，将其划定为农业区、非农业区、均质区、森林保育区和生态旅游区 5 个功能分区。

国内对村镇功能的研究开始较晚，到 1990 年才逐渐开展农业类型和分区研究（张小林，2002）。研究者们围绕村镇功能的内涵概念、动态演化、分类分区等开展很多研究。随着工业化和城市化的发展，村镇功能出现多样化和多元化趋势。由于不同的研究视角，学者们将村镇功能分为粮食生产、经济发展、生态保护、乡风文化传承和社会稳定等功能（刘自强等，2008）。从县、镇、村不同尺度，用 SOFM 程序、神经网络模型、灰色关联法、空间自相关等方法分析村镇地域多功能分区及主要特征。刘彦随认为土地是农村主要的生产要素，将村镇功能划为经济主导、粮食生产、社会安全和生态保育四大主导功能。刘玉等（2013）使用 SOFM 程序方法，将环渤海地区村镇地域功能划成粮食生产、经济发展和生态保育三种主导功能，并进一步细化成 13 个亚功能区。学者们根据村镇的区位条件、产业结构划定村镇的主导功能和次要功能，包括农业生产、经济发展、生态保育、社会保障等。村镇功能分类的视角存在显著的差别，分类视角有空间范围、功能强度、服务对象、表现方式、功能属性、未来演化（表 2.3）。村镇功能的演化规律和相互作用也是村镇发展的主要研究方向。村镇的资源环境、社会经济发展差异，村镇功能演化交替、空间分异，不同功能类型形成机理、限制因子等都是探索村镇发展功能的路径和方向（夏宁丽，2014）。在村镇多种功能之间相互作用方面，研究了拮抗作用、协同作用、兼容性循环反复作用等，揭示某种功能成为主导功能机制，认识村镇体系变化或者退化的动力机制（刘玉等，2011）。

表 2.3　不同视角村镇发展功能分类

分类视角	功能类型
空间范围	村域、县域、省级、区域、全国、全球不同尺度功能划分
功能强度	主导功能、次要功能
服务对象	满足村镇基本需求的功能、支撑城市发展的功能
表现方式	隐性功能、显性功能
功能属性	农产品供给、生态保育、经济发展、社会保障、文化传承等功能
未来演化	需退化、需强化、需转化、需优化的功能

2.3.2.2　不同村镇发展功能分类和演变

基于学者选择指标和研究区域的不同，关于村镇发展功能类型的划分也不同。主要从农业生产、生态保育、经济发展、社会保障四个方面，开展村镇功能评估和研究功能分类演变。

农业生产功能，是指村镇提供粮食、畜牧、油料等农产品，以及提供工业原材料和初级产品的作用。农业空间布局和结构主要聚焦在农业生产布局、农产品结构、土地利用等农业领域。粮食生产变化和格局、农业生产结构变化、农业生产布局、商品粮基地构建等都是研究重点（Verburg et al.，2000）。德国农业经济学家杜能建立农业区位论，研究农业生产布局与空间结构，构建农产品消费和生产与土地距离影响的“孤立国”模式。吴湘玲（1994）基于杜能的农业区位地租论，分析城郊农业在市场经济引导下的空间分布模式。郭焕成等（1992）根据全国大尺度农业类型区划的要求，将全国划分成12个一级类型与122个二级类型。刘锐（1985）基于地理分析与数学模拟方法，将全国分成3个农业生产类型，总结社会经济、自然资源和土地利用的空间差异性。谷晓岩等（2009）利用二维图论聚类法，进一步划分14个亚农业生产区和定向生产区，确定最佳的农业区位、分类和组合，为农业合理分工提供科学依据。

生态保育功能是保持生态系统和生态过程所形成的人类社会生存和生物多样性的自然条件和环境（欧阳志云等，2000）。对于村镇系统，生态保育功能主要包括生态脆弱性评价、生态服务功能两种，与生态景观、贫困性、生态旅游结合，也成为学者们研究的热点（de Groot et al.，2002）。林明水等（2018）以福建省生态脆弱区472个旅游扶贫重点村为案例，运用风险矩阵法构建生态脆弱性矩阵，结果发现餐饮和床位数、旅游基础设施、土壤侵蚀、人口密度、平均降水量、坡度、休闲农业园大小等为生态脆弱性驱动因素。陈然等（2012）以岩南村为例，从水资源、生物资源、地形地貌、土壤资源和人类活动五个方面建立指标体系，构建生态功能适宜性模型，划分生态功能适宜性等级和分区管制的措施。谢高地等（2015）基于劳动价值论，用单位面积生态系统价值当量因子法，对中国生态系统的11种生态服务类型价值进行核算，通过生态系统服务单位面积价值进行全国村镇分区。村镇景观是人与环境相互作用的生态综合体，村镇的生态景观也成为研究焦点。秦源泽等（2010）应用乡村景观和景观规划理论，讨论乡村景观规划的概念理论，构建乡村景观分类、评价和规划的乡村景观体系。任国平等（2018）以上海市青浦区为案例区，用灰色关联分析和多维度评价法，综合定位“乡村景观多功能性—主副功能—障碍功能”，确定青浦区乡村景观功能定位。

经济发展功能以村镇的产业结构和就业方式为表征。目前的村镇功能划分也侧重于以产业结构为主的经济功能，偏重于村镇工业、农业、交通、旅游等产业的考察。曾尊固等（1989）采用模比系数方法，选取村镇的产业结构、农业经济、经济发展水平这三种类型指标，将江苏省 65 个县域划定成 8 个乡村经济类型及 12 个亚类型，分析不同村镇的工农商发展水平、产业结构特点和经济类型。刘自强等（2012）以钱纳里标准工业化模型的理论框架，研究不同工业发展阶段村镇功能转型态势，将村镇划定成产业驱动、保持生计、多功能主导三种类型阶段，并提出 2009 年中国村镇发展阶段处于产业驱动型，大城市郊区村镇发展阶段进入多功能主导型，其会长期处于产业驱动型村镇发展阶段。杨忍等（2019）系统梳理了珠三角村镇经济发展历程和模式，并把其分为传统农业驱动、村镇工业驱动、城乡并行驱动、都市化驱动四个发展阶段，村镇产业发展趋向多元化。樊杰（1996）以中国农村工业发展调研为基础，分析村镇企业产生和发展规律及激励机制、村镇工业化水平空间差异、村镇工业对农业现代化的作用，认为村镇经济发展功能多以县域为单元，缺少村镇尺度研究，并未形成系统的理论和综合分区体系。

社会保障功能包括承载人口、生活居住质量、乡风文化等功能。村镇社会的稳定取决于农民收入、农民民主权益、社会福利保障、公共设施水平、农村固定资产等影响。村镇具有人口承载、文化传承、科普教育、养老等社会功能（黄国勤，2019）。基于“生活质量理论”，在村镇聚落空间与生活质量互动作用上，村镇可以分为维持生计型、品质提升型、产业发展型三种功能类型，并通过社交空间、服务空间、休闲空间协调布局，构建提高生活质量的村镇聚落空间优化模式（唐承丽等，2014）。周侃等（2011）对北京市新农村规划建设试点村开展问卷调查发现，试点工作开展后，京郊村镇人居环境在公共服务设施、基础设施、生态环境等方面明显改善，农民收入情况、村内道路通达性、卫生场所状况、垃圾处理设施对村镇人居环境满意度有很大的影响。相关研究在村镇地域的社会保障功能定性评述方面较多，定量分析相对较少，村镇尺度和欠发达地区研究相对薄弱。

2.3.3 村镇发展影响因素和驱动机理研究

2.3.3.1 专业村演化机理

专业村发展演化是中国村镇发展的重要研究方向。相关研究从农户经营的偏向理性决策，生产领域资源配置效率，劳动分工和专业化等定义为专业村（李小建等，2013）。黄献军（1990）对湖南益阳150个专业村进行了实地调查，认为能人是专业村形成的关键，市场需求是专业村形成的重要原因，传统技艺是专业村形成的客观基础，自然资源是专业村形成的客观条件。李小建等（2013）对专业村的成长影响因素和机理进行解析：专业村形成的重要驱动是专业化与分工、距离衰减和邻里效应等；专业村形成的核心主体是具有企业家精神的农户；专业村的发展方向往往由经济基础、资源禀赋、地理区位和传统习惯等决定；专业村的数量和规模由市场、政府、技术和宏观经济决定；规模经济、网络联系、模仿创新和分工合作是专业村演化的重要影响因素。乔家君等（2013）梳理了中国专业村形成的相关研究进展，发现总体上大多数研究者认为具有企业家精神的能人、精英和创业者对专业村形成有核心作用，自然条件、地理位置、地形和交通等地理因素是客观条件，地方政府行为具有催化作用，社会经济环境因素和技术条件是客观基础。

李小建和乔家君对河南省的专业村深度调查研究，进行农业型、工业型、服务型分类，从各类型及综合的角度，由点及面和由单个到系统，探讨了河南省专业村形成的影响因素及作用规律（Qiao et al.，2016）。乔家君等（2014）通过对河南省487个专业村分析，认为河南省农业专业村以花卉、果林、苗木、药材等经济作物为主，与自然条件和市场需求相关；工业专业村更易出现在交通便利地区；服务业专业村往往有劳务输出、旅游、演艺等特色，且与历史传统有关。通过典型的村庄研究发现，服务型专业村发展的驱动机理是模仿创新、规模经济、网络联系、分工合作（白丹丹等，2015）。农业专业村蔬菜、花卉林木、水果、中药材等的形成，与资源禀赋、自然条件、居民经济往来融合性、区位边缘性和经济欠发达性等密切相关（乔家君等，2014）。地理环境和资源条件对专业村的形成有重要影响，劳动力越多专业化率越低；土地利于专业化生产；离县（市）距离越近越有利于农产品加工专业村形成；批发市场可以提高专业化率，特别是有利于加工业和养殖业的专业村形成（李小建等，2012）。综上所述，专业村形成机理研究多集中在微观视角，以部分村或者农户为单元，中观和宏观研究视角较少，专业村的形成必定与社会分工相关，对于周围紧密又复杂的经济社会联系等因素有待深入研究。

2.3.3.2 村镇发展的一般机理

针对村镇发展演化机理及其内部和外部要素相互作用规律，学者们从资源禀赋、制度安排、市场管制、社会资本等角度开展了理论和实证研究（Murdoch，2000；李裕瑞等，2012）。Owens（2004）研究表明外部支持，如扶贫援助、人道主义帮助和项目工程支持等与村镇经济发展有显著的收敛性和正相关关系。Rozelle 等（1995）抽样调查了中国东部 40 个村域，研究表明村办企业对于村域经济贡献很大，农业经济贡献下降，农业技术人员与村镇发展呈负相关，非农收入与村镇发展呈正相关。李裕瑞等（2012）通过对黄淮海平原 3 个典型县 5 个代表村近 30 年的系统考察，认为内源因素——经济基础、社会资本和人力资本以及外源因素——市场需求、政策制度和专业技术是主要的村镇发展驱动因素。村域发展的核心要素是能人，能人可以整合市场、资源、政策，开展社会分工、协同组织和创新，推进村域经济、社会、技术、制度转型发展；村域发展的主体是村民。郭艳军等（2012）通过对北京市顺义区北郎中村研究，认为内生式发展是村镇稳定持续发展的最终途径。通过产业重塑、组织重构、空间重建，可以激发内部发展动力，联合外部动力，整合系统中的各要素，推进村镇发展系统演化。宋永永等（2017）通过对宁夏回族聚居限制开发区 30 个典型村域的实地调查，发现 230 个村以不可持续发展为主，村域发展受经济民生动力、专业组织力、交通通达、市场力、生态等综合因素驱动和影响。屠爽爽等（2019）研究了典型村域的乡村重构演化和影响因素，发现村域重构因素是市场需求、政府政策外源因素和区位条件、经济基础、资源环境、行为主体、文化特质的内源因素，社会经济发展阶段和政府政策等有重要影响。李阳等（2011）对陕西省村域经济研究发现，城镇化率、城乡居民贷款余额和农业生产总值对村域经济发展是重要因素。综上所述，当前对于村镇发展的机理研究主要集中于单个和多个村镇发展历程和经济产业结果的总结分析，对于不同类型的村镇发展的驱动机理亟待进一步深入研究。

2.3.3.3 贫困村和空心村形成机理

学者们主要从农村贫困的驱动因素方面开展了贫困村形成机理研究。陈烨烽等（2017）基于全国“整村推进”贫困村数据分析，发现收入水平低、自然灾害频发、通路情况差、劳动力不佳是主要致贫因子，地形地貌、劳动力比例、人均纯收入、通路率、劳动力文化素质、自然灾害频率等是显著性因素。窦同宇等（2018）分析湖南省凤凰县村域贫困化空间格局及影响因素，发现影响贫困空间格局的显著因素有到县城中心的距离、到主要公路的距离、耕地面积、高程、坡度、林地面积。而种植和养殖收入效益、务工来源和转移收入是凤凰县贫困的主要影响因素。梁晨霞等（2019）研究乌蒙山片区贫困村，认为村级驱动因子是通路比例、人口密度、劳动力比例、安全饮用水比例、自然灾害频率；县级驱动因子是人均地方生产总值、植被覆盖率、高中毛入学率。杨慧敏等（2016）通过对河南省淅川县 146 户农户多维贫困测量，发现家庭收入来源、房屋结构、医疗支出是家庭的致贫因素；户主年龄、教育程度、外出务工劳动力数量、村庄到县城距离、家庭学生数量、水利设施与农户致贫状况相关。村镇为评价单位的致贫因素研究多以社会学领域的小范围田野调研为主，致贫因素多以定性和半定量为主。

针对农村经济、人口、土地、文化、社会等要素地域系统功能退化的空心村问题突出。刘彦随等（2009）认为其形成是由非农就业、收入和投资的“向心力”邻里关系和乡土观念的“离心力”力量失衡所致。从农村发展的外部和内部系统研究来看，空心村形成的外部因素有工业化和城市化进程、非农化、农村经济形势，也包括农民收入增加和家庭架构变化带来的物质改善、陈旧封建思想和之后的村庄规划管理。乔家君等（2011）对兰考县 3 个村庄实地调研，认为空心村大多处于萌芽街道端，受城市化、村民观念、土地利用政策制度、农民家庭收入、村民观念、资金投资、资源禀赋等因素制约。冉光和等（2014）对重庆 54 个村 1 236 个农户调查发现，空心村是工业化和城市化、城乡利益差距、农民发家致富观念、城乡二元制度、农村宅基地政策等多种因素综合作用的结果。在空心村研究的方法方面，相关研究以提取关键影响因素为主，定量研究较少，且多从土地利用角度开展研究，系统全面分析不足。空心村形成的社会经济影响和治理模式方式成为进一步研究的重要方向。

2.3.3.4 村镇空间演变机理

针对村镇经济、生态、社会文化系统在空间上的耦合和结构演变特征（Tian et al.，2014），Nelson（2001）对美国西部乡村重构进行了研究，得出美国西部村镇社会变迁的“三维驱动模型”，包括人地关系变化和科技发展、移民导致的经济转换等方面。在传统的农业社会，影响村镇的选址和发展的主要因素是自然条件和区位条件（图 2.8），且地形、气候、水文和土地、自然灾害频率等都对村镇的分布和发展规模有影响（陈晓键等，1994）。B. K. Roberts 研究村庄区位分布的影响因素，认为应从点和区位两个方面讨论内在和外在影响因素，并考虑保持村庄的适应性和生产效率的需要（罗雅丽等，2015）。

杨忍（2019）对广州市城郊北村的空间分异和作用机制进行分析，结果表明乡村空间多元化动力是主导产业更换和新产业介入；外源的城市资本和内源的土地流转推进了乡村工业发展，市场需求推动了乡村服务业发展。农村聚落演变存在新型因素、基础因素和突变因素三大驱动；新型因素促进农村聚落转型，基础因素让传统农村聚居延续（周国华等，2011）。中国村镇空间结构演化的核心动力是政府政策的调控，市场需要是基础驱动力，政府政策调控和市场需要结合对村镇空间演化有重要作用（曾菊新等，2009）。村镇空间要素相互作用，自下而上与自上而下相结合的驱动机制，多尺度和多区域比较研究等方面需要深入研究。

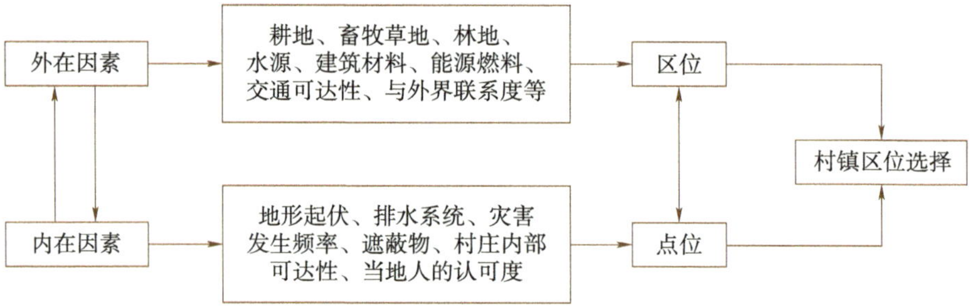

图 2.8　村镇居民点空间区位选择影响因素

2.3.4 村镇发展的环境效应研究

环境效应是村镇迅速发展的结果。随着环境问题的凸显，环境保护越来越受到政府和村民的重视，以破坏环境为代价的村镇发展方式受到越来越大的约束（Long et al.，2011）。针对村镇发展的环境效应也受到学界的重视，主要研究集中在村镇环境污染时空特征、村镇发展的环境污染来源、村镇污染和环境污染的定量关系及村镇环境承载力四个方面。

总的来看，对村镇发展与环境污染的关系研究多从单个污染要素和单个村镇类型进行分析，系统性不够。村镇发展的环境效应研究需要整体框架，有关村镇发展影响下的环境变化的特征、机理和规律研究多数停留于定性描述，定量分析较少，村镇环境承载力的研究更少。因此，研究村镇污染的时空变化特征，揭示不同类型村镇发展与环境污染关系演变和作用机理，分析村镇发展的环境效应的定量关系，显得尤其重要。

2.3.4.1 村镇环境污染时空特征

中国村镇环境污染具有显著的地域空间差异，与村镇发展水平、产业结构、人口密度、生活方式等地理空间差异密切相关。综合来看，村镇环境污染与经济发展梯度相吻合，东部沿海和南部地区的村镇环境污染强度比北部和西部高（王永生等，2018）。问题更突出的是长三角地区、东南沿海、华北平原的农业面源污染，这些地区以种植业和蔬菜瓜果为主，虽然农业集约发展，但排放强度仍然较高（陈敏鹏等，2006）。乡镇企业较为发达的江苏、浙江、广东等地区工业“三废”（废气、废水、废渣）问题突出。河南、四川、山东的城郊和乡村养殖区域畜禽养殖业带来的水体污染和空气污染相对严重（王军霞等，2017）。人口密集地区村镇生活垃圾产量大，总体上东部高于西部（韩智勇等，2017）。东部地区村镇主要是乡镇工业污染和规模农业产生的面源污染，西部村镇是产业转移和人口集聚带来的污染影响更大（杨兴宪等，2006）。

不同村镇环境污染特征不同。王晓君等（2017）发现中国村镇的环境污染程度 1990—2015 年逐渐增加，村镇环境质量逐渐恶化，伴随产业的转移，村镇污染有向西部地区转移的趋势。黄季焜等（2010）对全国范围内的

5个省101个村域环境污染现状进行抽样调查，发现2000—2010年农村环境恶化的占44%。农村乡镇企业发展、城市化和人口居住集中是农村环境污染的主要因素，政府实施的环境整治工程和农村劳动力状况与农村环境变化相关。唐丽霞等（2008）通过对全国141个村进行调查，发现农村水污染问题很严重，46.1%的调查村水体受到污染，水源污染来源依次为工业污染、农药、化肥、生活垃圾和城市排污，农村水体污染已影响当地的生活和灌溉用水。纪忠义等（2014）对辽宁省11个县的220个农村建设点调研，发现生活垃圾随意堆放高达47.3%，生活污水随意排放达53.2%，粪便无害化处理率仅为48.9%，污水处理率仅为1.4%，农村环境卫生情况堪忧。

2.3.4.2 村镇环境污染来源

由于村镇发展方式存在差异，因而污染来源不同，主要包括农业种植和畜禽养殖的面源污染和工业生产、居民生活造成的点源污染。村镇的环境问题主要来自农业面源、工业和生活点源。而城市向乡镇转移污染来源、乡镇污染处理设施薄弱、乡镇环保政策法规门槛低、工业企业的分散性、企业家环保意识低、村镇执法力度低，以及企业经济利益优先等，都对农村环境污染问题有重要影响（Wang et al.，2008）。

针对村镇的养殖和种植农业生产产生面源和点源污染问题，梁流涛等（2011）以山东省王景河村为例，通过实地调查和访谈方式，分析农村发展中的环境问题和形成原因，发现农村呈现农业、生活、工业复合型污染，并受到农村经济粗放发展、城乡环境管理二元化体制、农户环保意识薄弱、土地产权不合理、农村向城市生活转变等影响。通过对国内外农业面源污染资料综合分析，李秀芬等（2010）发现农业面源污染来源有化肥、农药、农膜、秸秆燃烧、养殖业和水土流失等，农业种植和养殖产生的水体氮、磷富营养化超过城市的生活和工业点源污染。水产养殖带来的肥料和饵料剩余和排泄物排放，如果超过水体的自净能力，也容易导致水体氮磷富营养化，另外多余的农药和肥料通过地表径流、地下渗漏也会引起附近水体的污染（Chen et al.，2014）。村镇农作物秸秆直接焚烧，产生的大气污染物（SO_2、CO、NO_x）和颗粒物，会造成大气污染问题（Cao et al.，2008）。李娟（2010）发现丘陵区村镇环境容量超过负荷，污染也主要来源于畜禽养殖、种植、农村生活和乡镇企业生产，村镇污染与主导经济方向显著正相关。费频频等（2011）通过典型村研究发现养殖污染是最大的污染源，典型村规模化养殖产生的氨氮和 COD 占入河总量的 69.6% 和 85.1%。水污染主要来源于养殖业、工业企业、农村生活污水和农业种植业。

村民生活方面污染源包括厨房、厕所产生的生活污水：洗菜、洗碗、洗澡用到的肥皂、洗衣粉、沐浴露和洗发水等。由于生活污水过于分散，收集处理难度大，因而对村镇的水体和土壤环境污染压力大（王永生等，2018）。村镇的污染物主要包含氮、磷、铝、铜等无机物，二甲苯、多氯联苯、多环芳烃等有机物，粪便等生物类等。村镇工业由于类型多致使污染物多样，尤其乡镇工业化工、金属冶炼等工业废气中含有的 SO_2、CO、NO_x 和挥发性有机物更加加重空气污染；乡镇工业废水中的化学性污染和生物性污染，造成水体水质恶化，进而导致地下水和农田污染。

2.3.4.3 村镇发展与环境污染的定量关系

在环境库茨涅兹曲线的村镇尺度验证方面，梁流涛（2009）综合运用环境库兹涅茨曲线、计量分析模型、投入产出法，估算村镇环境污染排放量，从农业面源污染、村镇工业污染、村镇生态环境压力等方面，分析了不同经济发展阶段和不同地区村镇生态环境问题的演变规律。李裕瑞等（2013）以京郊北村为例，解析了城郊典型村域“种、养、家、旅”四种产业发展过程中导致的资源环境效应及机理，发现该村环境从高污染向低污染转移，环境污染指数呈现倒“U”型特点。刘莹等（2014）基于全国 2 028 个农户抽样调查，发现农村环境污染主要来源是垃圾和畜禽粪便等，受环境污染农户的比例达到 18%。农村环境污染程度与农民收入水平呈倒“U”型，农村环境治理要关注经济发展水平低的农村。杨东升（2006）研究发现农村经济发展过程中环境质量变化呈倒“U”型曲线，也验证了环境库兹涅茨曲线假说。

通过村镇发展和环境污染的空间计量关系定量分析，何浩然等（2006）分析了农户的施肥行为偏好，发现农业技术培训和化肥施用量正相关，化肥施用水平存在空间异质性。廖岳华等（2011）提出了开展农村环境状况调查的内容和村庄分类方法，结合村庄的地表水、土壤、空气、饮用水水源等环境要素的采样和监测技术，开展典型村庄监测和实地评价。杨金龙（2013）

基于全国 90 个村庄的调研数据，利用结构方程模型的方法，发现村域社会资本、政府管理、个人因素与村镇生活垃圾治理有显著正相关关系。赵霞等（2014）以中国 20 个省（市）112 个村 1 080 个农户的调研数据为基础，利用多元有序 Logistic 模型研究农户对农村环境满意度及其影响因素。研究发现农户对农村环境满意度低，而农户教育程度、房屋周边绿化、村庄规划、垃圾站设施、排水设施、厕所改造、污染性企业、秸秆燃烧等因素对其有影响。肖武等（2018）对巢湖流域农田土壤重金属污染程度、空间分布和来源进行分析，发现农用地类型和铁路分布与重金属污染分布相关性最大，汞（Hg）和镉（Cd）主要来自畜禽养殖、耕地、铁路运输和污水灌溉。李立（2012）对河南省传统农区四种不同种植模式的农村土壤重金属污染情况进行分析，发现传统模式和多样化模式对土壤影响较小，多样化模式单位产值较高，有很好的生态效益和经济效益；专业化种植风险最大，长期种植会造成土壤重金属富集。于文金等（2006）通过建立农户经济行为和环境污染的计量关系模型，揭示了农户经济行为对环境污染的压力从大到小依次为土地种植规模、土地利用类型、种植意向。

2.3.4.4 村镇环境承载力

村镇环境承载力，是指在某一环境状态下，在某个时期，某一村镇对于人类社会经济活动的支撑能力的阈值，主要有单要素环境承载力和多要素综合承载力两种模式。目前的环境承载力研究多集中于区域或者城市承载力，包括区域和城市的水环境承载力、大气承载力、土地承载力等，或者区域和城市多要素综合承载力评估和动态预测，针对村镇尺度的环境承载力的研究较少。环境承载力测算方法主要有系统动力学法、综合指标评价法、生态足迹法、状态空间法等。鲍琨等（2011）通过建立水质水量数学模型，设计了殷村的边界水质和水文条件，建立了断面水质和上游排污口污染源的关系，计算了控制单元的水环境承载力，并进行逐月分配。胡艳霞等（2011）以北京密云水源地的 1 个村庄为研究案例，采用系统动力学法，建立人口、废污资源、旅游、农业生物循环 4 个子系统，研究得出：废水和废菌棒的处理率为 50% 时，未来 10 年环境承载力最大；村内秸秆、牛粪、林木废料等污水处理率达到 60% 时，为生态和经济利益平衡点，村里未来 10 年内环境承载力达到最优。牛方曲等（2019）构建了人口、经济、产业、环境、资源综合分析框架，考虑旅游业、有色金属采矿、精制茶等成为支柱产业情况下，根据不同发展情景的环境承载力，揭示西藏自治区在环境限制下所能支撑的最大产业和人口规模。从环境系统能承载的村镇地域范围内的人口经济社会活动的强烈程度来看，针对村镇小尺度环境承载力研究很少。村镇环境与农民的生活和生产密切相关，中国村镇情况复杂、区域差异较大，准确评估村镇环境承载力状况，是村镇人口、产业、经济的可持续发展和乡村振兴的重要基础和前提，也是重要的科学研究问题和方向。

2.3.5 江苏省村镇相关研究综述

江苏省村镇发展快速，村镇发展中也较早出现了环境污染等问题，因此一直是学者们研究的热点地区。在中国知网（CNKI）数据库中，以“江苏省村镇（农村 / 乡镇）”为主题，可以搜索到从 1990 至 2020 年相关文献 2 653 篇。研究内容主要包括村镇城市化水平和村镇发展水平、农村和农业特色产业、村镇的主导功能和影响因素、乡村工业发展、村镇生态环境状况等方面。

江苏省在城乡发展水平、农村基础设施、产业结构、农民生活收入等指标方面均存在南高北低的显著差距。苏南经济一直处于全省领跑地位，乡村发展改革率先开展，以乡镇工业为代表的苏南模式成为全国样板，逐渐带动苏中地区发展，而苏北地区面积辽阔，以农业发展为主，村镇发展水平相对较低。多位学者从多种角度对江苏省的村镇开展了相关研究。

村镇发展方面，在 20 世纪 80 年代金其铭（1986）对江苏省县域集镇体系开展研究。张小林（1999）系统化分析了苏南乡村的经济、聚落、社会三大空间体系，总结了 20 世纪 80 年代苏南乡村城市化发展的特征和趋势。张京祥等（2002）研究江苏的乡村聚落体系演化，提出区域空间进程分为农业社会、过渡性、工业发展、技术工业和高消费四个阶段，重点论述中心村和中心镇的选址、政策措施、配套设施等内容。蒋海兵等（2010）通过 nich 指数和泰尔指数分析江苏沿海乡镇经济格局演变，发现江苏沿海乡镇演化呈现“东南—西北”递减的梯度格局，而区位条件、宏观政策导向和投资规模是其驱动因素。汪晓春（2018）以江苏省村镇为例开展研究，发现江苏省村镇发展具有产业多元性、文化传承地域性、建设自发性、空间形态松散等特征。

村镇地域功能方面，乔伟峰等（2019）构建“三生”村镇域多功能评价指标体系，识别江苏省村镇地域功能类型和空间格局，将村镇功能分为生产发展、生态保育和生活保障三个功能，并划分出先行发展、优化提升、转型提升、滞后欠发达四种地域类型。李平星等（2014）采用定量化价值评估的方法，分析县域尺度村镇地域工业发展、农业生产、社会保障、生态保育四种功能的空间异质性，判断各县（区）主导功能，研究不同类型村镇地域功能的影响因子。李智等（2017）开展江苏省金坛市村镇地域工业、农业、生活、生态四种功能空间分异评价，提炼出村镇发展的三种模式：城乡融合型、特色发展型和资源置换型。

村镇发展的影响因素方面，于水（2007）对比江苏省苏北和苏南的典型村镇发展治理模式，提出了经济发达地区的“乡村主导＋村民参与＋政府辅助”的驱动模式和经济欠发达地区的“政府主导＋村民集资和集劳＋乡村辅助”的驱动模式。赵毅等（2018）通过对苏南村镇发展问题和特征研究，提出了产业振兴、乡村治理、价值认知、生态宜居和布局优化的乡村振兴驱动路径。吴理财等（2014）通过比较高淳、江宁等美丽乡村模式，发现乡村建设驱动因素为社会参与、政府主导、项目推进、乡村经营、规划引领和产业支撑。林柄全等（2017）基于江苏省宿迁市红庙板材加工专业村农户企业调查数据，发现红庙村 20 年企业数量增加快速、生产交易空间集中、产业分工深入，而村干部和能人的带领、相关产业从业背景、信贷批复、企业家社会关系等是影响专业村形成的主要因素。

村镇发展的环境效应方面，葛继红等（2011）利用生产函数法和单元调研法对 1978—2009 年的农业面源污染物氮磷排放量进行估算，并把其经济影响因素归纳为农业规模、农业技术、农业结构、农村人口数量等。江苏省农用地土壤重金属元素含量呈现按苏南—苏中—苏北经济发展梯度递减的空间格局，主要受空间区位、人类活动强度、土壤理化性质因素的影响（吴绍华等，2008）。蒋海兵等（2013）用工业污染源普查数据，分析江苏淮河流域工业负荷空间格局，发现其工业点源集中于城市、县城和专业乡镇，化工、化纤、造纸和医药等行业集中分布，临海、临河和临湖地区污染负荷较大。李新艳等（2016）采用问卷调查的方法研究太湖的污染趋势，核算农村污水污染物负荷，发现乡镇生活污染物与人口、地形、农民收入、经济发展有关，且当时现有的农村污水处理设施，如化粪池，不能减轻农村生活污水排放压力。

总体而言，江苏省村镇相关研究多集中在县域尺度，因为省域的村镇尺度数据较难获取，乡镇及以下尺度研究开展得较少。村镇发展研究多集中于聚落演化、村镇体系规划等方面，且多集中于村镇经济和粮食产量等单因子研究，综合多因素全面的村镇发展空间分异研究较少。村镇的功能分区研究多集中于县域，难以准确反映乡镇的主导功能和发展特征，乡镇尺度的功能分类深入研究对村镇发展指导更有针对性。村镇发展的影响因素研究多集中于专业村的驱动因子，或典型村镇的治理模式，缺少全省的综合驱动因素的总结、概括和分析。村镇发展的环境效应研究多集中于某一区域污染来源，或者重点环境污染区域识别，缺少针对村镇的全面污染诊断研究。

2.4 本章小结

综上所述，国内外学者采用不同研究方法或研究视角，围绕村镇发展的模式、村镇地域多功能分区、村镇发展的影响因素、村镇发展的环境效应等开展了大量的理论、方法、实证研究，得到了很多具有启发性的研究结果，为本书开展村镇发展功能、影响因素和环境效应的研究奠定了良好的基础。从已有的研究来看，以下几个方面可以加强：

（1）多尺度和多类型综合视角研究村镇发展规律。文献多从县域宏观层面或者单一村域的微观视角研究村镇的发展演化、功能分区和影响因素，缺少乡镇尺度省域村镇尺度的研究，也缺少多尺度之间的综合分析。县域层面的研究仅能反映村镇发展时空格局演化的总体趋势，难以辨别村镇尺度的微观差异。单一村域尺度的研究多偏重于定性判断，难以得到定量分析的机理，且缺少与宏观经济趋势的结合；在村镇发展规律的归纳上也有局限性，缺少与其他类型村镇的对比研究。因此，多尺度和多类型综合研究能更深刻地解析村镇发展演变和一般规律，为乡村振兴提供科学依据。

（2）基于定性与定量分析相结合探索不同类型的村镇发展功能和影响因素。村镇发展的影响因素方面，现有研究多从单一村域的角度开展定性研究，多处于实践经验的总结，这种方法人为主观性较强，科学性较弱。定量分析依据数学计算和处理，虽更为科学但过于机械。采用定性和定量两者相结合，可以克服两方面的不足。分析村镇发展的社会、经济、自然等综合影响因素、约束因子和传导机制，定量与定性结合研究尤为重要。

（3）开展村镇多种功能发展的环境效应理论和定量分析，探寻村镇经济发展与环境污染之间的耦合机制与模式。既有研究对不同类型村镇发展功能时空格局开展了较为深入的分析，对村镇环境污染也有一定研究，但对不同类型村镇功能的环境效应综合研究相对缺乏，总体上村镇发展功能与环境效应的关系尚不清晰，系统的理论框架尚未形成。不同功能类型村镇发展与环境污染之间的耦合机制、规律和模式，以及不同村镇发展阶段的环境变化和规律等方面的研究有待进一步深入。

第三章

村镇发展功能格局演变、影响因素和环境效应理论分析框架

3.1 村镇发展功能演变规律理论

3.1.1 村镇发展功能分类

村镇发展功能，是指一定的社会阶段，在村镇系统或者更大的地域范围内，村镇系统要素自身需求的保障功能，也包括对城市系统的支撑功能，即农产品供给、社会保障和生态保育等。村镇拥有多种功能，但往往以某一种功能为主导，并对村镇的发展起到决定性和指引性作用（Fan et al.，2009）。通过梳理已有成果，本书将村镇发展功能分为经济发展功能、农产品供给功能、生态保育功能和社会保障功能（表 3.1）。

表 3.1　村镇发展功能分类及指标

一级功能	二级功能	指标层
经济发展功能	工业发展功能	规模以上工业产值、乡村工业用地面积
	商旅服务功能	乡村旅游收入、休闲农业和乡村旅游接待人次
	资源能源供给功能	村镇居民生活用电量
农产品供给功能	粮食生产功能	粮食综合生产能力、农业劳动生产率、乡村农业机械化水平
	经济作物生产功能	林牧渔等产品的产量、村镇人均非粮产品占有量
生态保育功能	生态涵养功能	地表植被覆盖率、村庄绿化覆盖率
	环境维持功能	村镇居民生活污水达标处理率、村镇水体污染综合指数、乡村生活垃圾处理率、村镇空气质量指数
社会保障功能	居住生活保障功能	村镇道路交通密度、乡村义务教育教师比例、农村卫生厕所普及率、村民社会养老保险缴纳比例

经济发展功能主要是村镇提供的城市向乡村过渡的功能，包括工业发展功能、商旅服务功能和资源能源供给功能。农产品供给功能是村镇地域的主要功能，农业是村镇社会经济中的主要产业，其包括粮食生产功能和经济作物生产功能。生态保育功能也是村镇地域的主要功能，对其他功能具有支撑作用。只有维持良好的生态环境，村镇的社会经济才能可持续发展，生态保育功能包括生态涵养功能和环境维持功能。社会保障功能主要体现在居住生

活保障方面，维持居民的生存和居住需求，是其他功能实现的目标。多功能协同发展，能实现村镇发展整体功能的最大化和最优化。

村镇发展功能是经济－社会－生态多重属性的复杂系统，不同属性和不同功能内部要素相互作用。村镇发展多功能体系包括社会属性、经济属性和生态属性。经济发展功能、农产品供给功能、生态保育功能、社会保障功能的四个维度与经济、社会、生态属性有一定的重合（图 3.1）。

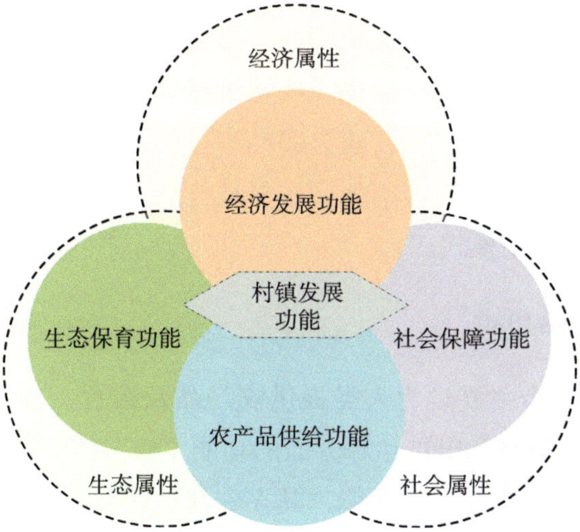

图 3.1　村镇发展功能四个维度

3.1.2　村镇发展功能界定

基于区位条件、经济基础、资源禀赋、生态环境等多要素分析，结合村镇发展目标与政策，准确识别不同村镇的功能类型，对于村镇可持续发展和管控措施制定具有积极意义（谭雪兰等，2017）。村镇发展功能，是指为满足村镇居民各种需求所提供的服务，村镇不仅为城市提供食物保障，也是传统农业文化保留和农村人口居住的场所，更是重要的生态安全空间，往往具有经济、生态、生活、社会、文化等多种功能价值（李伯华等，2018）。下面分别阐述村镇经济发展、农产品供给、生态保育、社会保障等功能的识别思路。

3.1.2.1 经济发展功能

中国处在社会主义发展初级阶段，城市化和工业化仍是城乡发展的主导目标。利用村镇各种基础要素，保障城乡经济发展和村镇繁荣振兴，需进一步发挥村镇的经济发展功能。经济发展功能是村镇为城市提供的主要功能，包括工业发展功能、商旅服务功能和资源能源供给功能。江苏省村镇发展区位条件优越，资源禀赋优势突出，拥有良好的乡村工业基础，还有特殊的区域政策优势和悠久的历史地理文化积淀，因此村镇的经济发展功能是江苏省大多数村镇最主要的功能。当然也需要通过市场调节和土地政策调整进一步优化村镇产业布局和发展方向，建立集约高效的村镇经济功能和空间。在村镇经济功能方面，江苏省在苏南地区较早地开展了村镇发展探索，形成了以乡村工业为特色的苏南模式。

3.1.2.2 农产品供给功能

农产品供给功能主要是为人类提供农产品及粮食、确保国家食品安全、提供工业需要的原材料和出口品等方面的功能（鲁莎莎等，2019）。农产品供给功能是村镇地域功能的主导功能，其在农村地区一直占有重要地位，主要包括种植生产和养殖生产。

种植生产包括水稻、小麦、玉米、大豆、油菜、花生、棉花、蔬菜、水果、茶叶等，养殖生产包括猪肉、牛肉、禽肉、羊肉、奶类、禽蛋、水产品等。从农产品生产情况来看，江苏省农业农产品生产较为稳定，是全国主要的农业主产区和粮食出产省，既有规模农业生产也有自给自足小农生产。目前已形成以优质水稻、小麦粮食生产加工和优质蔬菜、水果特色农产品加工为主的专业化基地，形成了一批具有市场竞争力的特色农产品生产和加工农产品品牌。此外，江苏省村镇工业发展也需要稳定的农业原材料保障，如纺织、食品加工、造纸、生物质能源等产业都需要农副产品原料。评判农产品供给数量结构和规模、农业资源条件、农业生产水平，农产品供给能力是识别村镇农业功能的主要指标。

3.1.2.3 生态保育功能

生态保育功能也是村镇的主要功能，对其他功能具有支撑作用。只有在良好生态环境前提下，村镇的社会经济才能可持续发展，包括生态涵养功能和环境维持功能等（毛祺等，2019）。结合江苏省村镇生态系统特征和自然地理条件，从水源涵养、水土保持、生物多样性维护、气候调节等方面识别生态保育功能。江苏省村镇人口密度大，工业快速发展容易带来资源大量消耗和大量污染排放、土地过度开发、水资源短缺和水质恶化，导致村镇生态状况恶化，随着生态环境保护的增强，这些方面都更加受到重视。在乡村振兴战略背景下，村镇生态保育受到重视，尤其生态敏感区、生态脆弱区和生态保育区等，均提出了更高保护要求，确保其生态服务效益与价值，发挥其维持河道清洁、减轻土壤污染、水源涵养、调节气候、防止水土流失的作用。此外，随着消费升级，生态产品需求也不断增加，如生态旅游、生态绿色有机食品、休闲度假等。

3.1.2.4 社会保障功能

社会保障功能主要体现在居住生活保障方面，即发挥维持居民的生存和居住的作用。村镇给农村居民生活提供重要支撑。村镇的社会保障功能主要包含保障村民的生活和生产、提供就业机会等方面。村镇发展最终目的是为居民提供均等的社会服务，维持较高的生活水平，维持社会公平，保障村镇社会安全（谭雪兰等，2017）。村镇社会保障功能主要从医疗卫生、社会福利、养老、教育、住房、道路、水电煤气等方面的能力来评判。此外也要考虑文化和休闲方面，既要传承精耕细作的农耕文化，也要保护历史文化遗迹。通过评估不同地域单元的村镇社会发展和基础设施情况，划定社会保障的强度等级，识别最优居住生活保障区域，为提高村镇社会生活水平奠定基础。

3.1.3 村镇主导功能理想模式

从物质产品需求出发，将村镇生产的物质产品抽象化后，可以分成四大类：农产品、工业品、生态品和居住品，分别对应村镇的农产品供给功能、经济发展功能、生态保育功能和社会保障功能。第一类是农产品，是维持人类生存的食物源。第二类是工业品，是人类在现有社会生活的主要物质，工业品的生产过程中要占用大量的资源和建设用地。第三类是生态品，生态系统服务支撑人类生存，主要包括优良的自然环境、清洁的水源和空气等。生态品的提供需要保持地域的自然状态。第四类是居住品，村镇是农民居住和生活的场地，也是乡风传统和精神文明传承的依托。

根据生产地域分工的理论，不同村镇按照资源禀赋条件，形成不同的地域生产分工，达到地区社会效益最优化。根据赫克歇尔－俄林的资源禀赋论，农产品和居住品是土地资源密集型，工业品是技术和资本密集型，生态品是生态要素密集型。村镇生态指数（*S*）与生态敏感性（*M*）和生态重要性（*Z*）正相关。$S=f(M, Z)$，*S* 越大，该村镇提供生态品优势越大。村镇发展指数（*F*）与工业品和农产品的生产要素有关系，与经济集聚度（*J*）、劳动力资本（*L*）、资源丰富度（*Z*）、交通优势度（*Y*）正相关。$F=f(J, L, Z, Y)$，*F* 越大，提供工业品优势越大。生态保育功能、社会保障功能、农产品供给功能和经济发展功能的村镇以 *A*1、*A*2、*A*3 分开，村镇发展指数上升，村镇生态指数下降（图 3.2）。

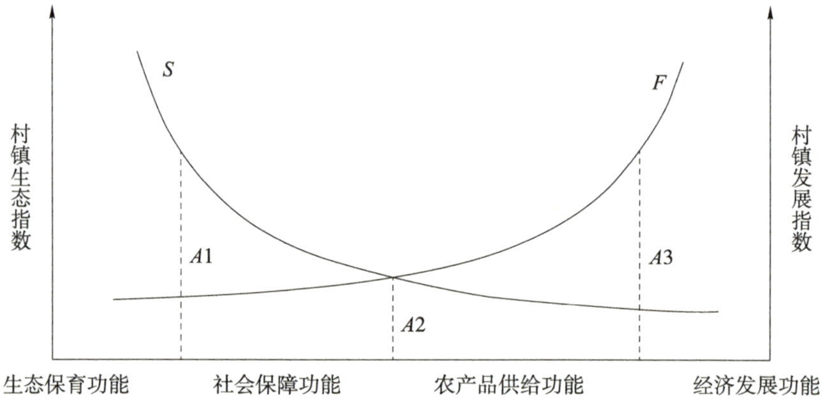

图 3.2　村镇主导功能理想模型

村镇的主导功能可以从两个维度评估（图 3.3），用村镇发展强度（*Q*）和环境容量（*R*）来评估剩余环境容量下的村镇发展潜力，村镇发展潜力为正时，可以继续发展；村镇发展潜力为负时，已经超过环境容量，会对生态系统造成不可逆的破坏。

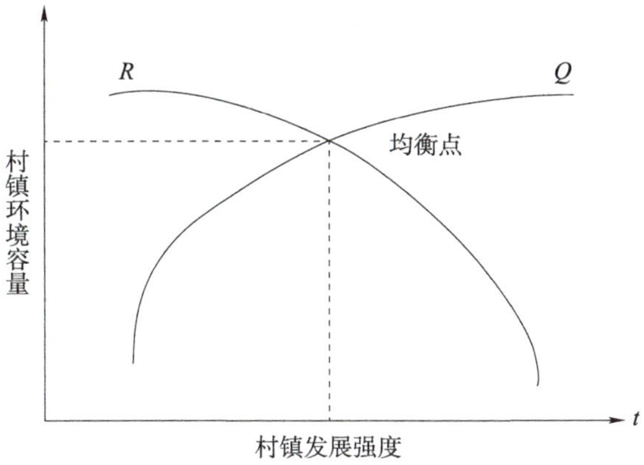

图 3.3　封闭系统下独立村镇功能理想状态

根据村镇的发展潜力和生态环境容量综合识别村镇的主导功能，经济发展功能、农产品供给功能、生态保育功能和社会保障功能分别位于四个象限（图 3.4）。村镇发展潜力大和环境容量大，高于阈值，村镇主导功能为经济发展功能；村镇发展潜力大但环境容量小，村镇主导功能是农产品供给功能；村镇发展潜力较小而环境容量较大，村镇主导功能为生态保育功能；发展潜力和环境容量均较小，村镇主导功能为社会保障功能。

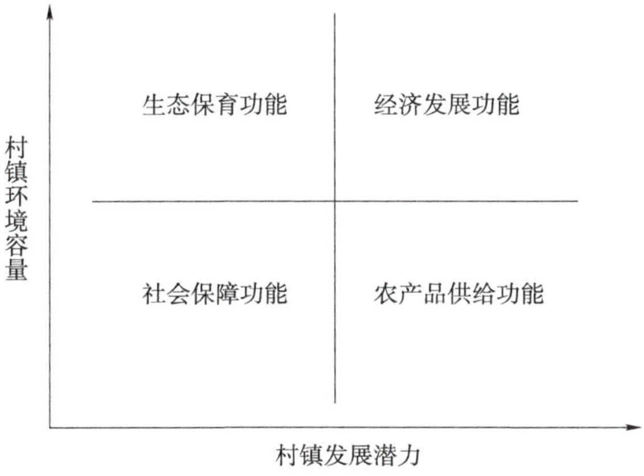

图 3.4　村镇主导功能识别简图

3.1.4　村镇发展功能演变规律

村镇发展的经济发展、农产品供给、生态保育和社会保障四个功能形成了动态开放的复杂系统。各子系统和要素之间存在复杂的能量流、信息流和物质流。处于不同发展阶段的村镇，其各发展功能之间会相互影响、相互作用和相互转换，最终实现多功能协调发展。以 *X* 轴、*Y* 轴、*Z* 轴分别代表村镇的农产品供给功能、生态保育功能和经济发展功能，以长方体的颜色深度为社会保障主导功能，用 *S* 的方向和粗细代表村镇的多功能综合发展情况（图 3.5）。

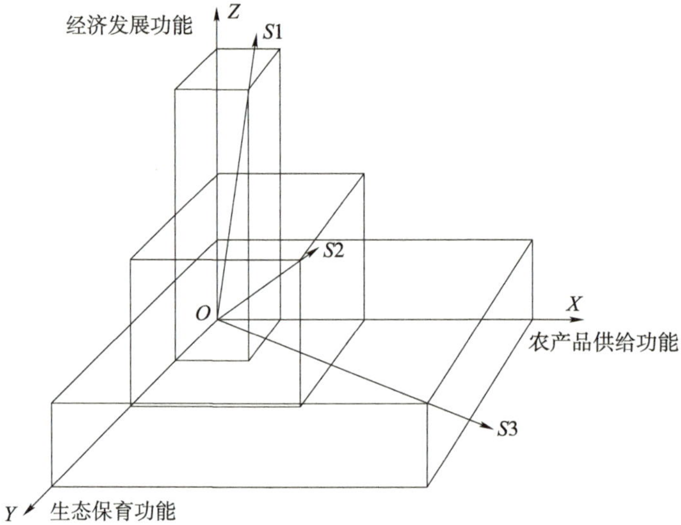

图 3.5　村镇多功能演变模式

资料来源：根据刘玉等（2011）改绘。

利用三维魔方图来说明村镇发展各功能之间的关系（图 3.6）。三维魔方图由三维笛卡尔坐标系演变而来，以 *X* 轴、*Y* 轴和 *Z* 轴的正方向距离坐标原点的远近划分低、中、高三种等级，形成 3 × 3 × 3 的 27 个空间单元组合，代表不同组合类型，用于划分村镇功能的依据。*X* 轴是农产品供给能力，*Y* 轴是生态保育能力，*Z* 轴是经济发展能力，*S* 轴是社会保障能力。

村镇发展功能体现了不同的利益主体对村镇资源价值的不同追求，一般是由村镇要素的多样性、稀缺性和多元化需求共同决定的。村镇不同的发展阶段，其多功能之间发生协同、拮抗和兼容等作用，导致形成不同的主导功能差异。

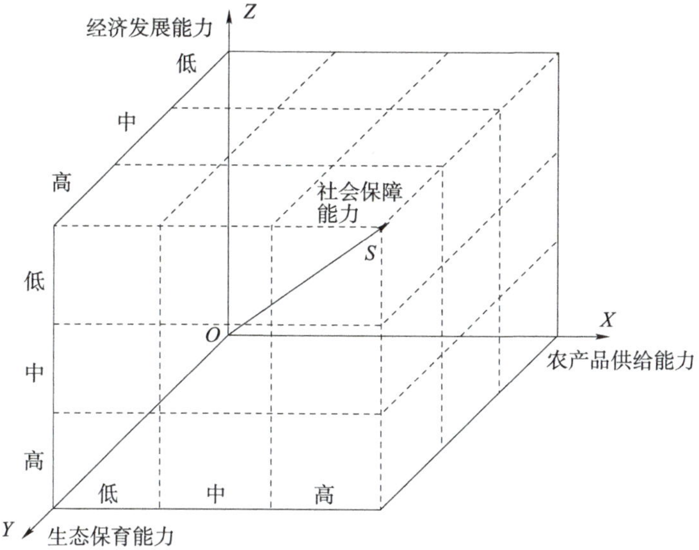

图 3.6　村镇主导功能——三维魔方图

（1）自给自足小农经济阶段。农业生产力水平较低，村镇生产和生活方式呈现自给自足状态，人类处于刚好满足温饱状态，村镇之间的交流少，物品交换也较少，生态环境较好。村镇发展功能以生态保育功能和农产品供给功能为主（图 3.7），经济发展功能和社会保障功能都较弱，生态环境压力小。随着城市化发展，乡村人口逐步向城市转移，村镇农产品供给功能逐步退化。

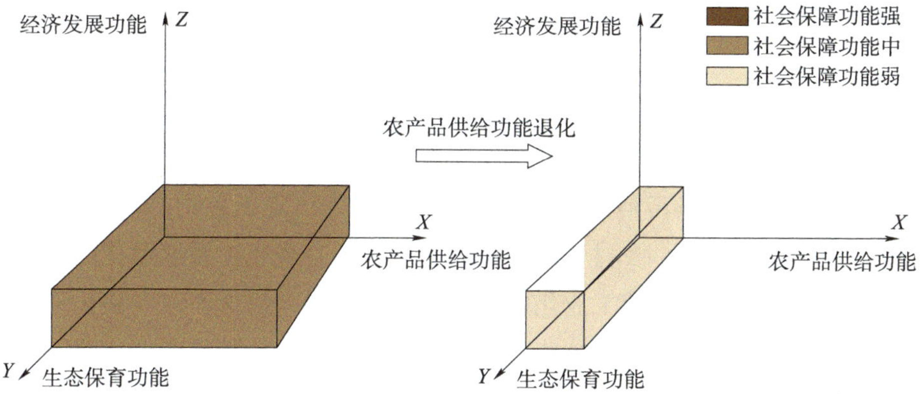

图 3.7　自给自足小农经济阶段村镇功能演变

（2）规模农业发展阶段。自给自足的小规模生产解决农民的温饱，但是解决不了农民致富。为了实现农业可持续发展，必须促进农用地集中和农业规模经营（杨国玉等，2005），以实现劳动力、土地、技术、资金和管理等生产要素的合理配置。农业规模经营以农业集体经营、农民专业合作经营、农业大户经营等方式为主。专业合作经营包括粮食、蔬菜、水果、肉类等种植养殖。随着规模农业发展，农业劳动生产力提高，农产品供给功能迅速上升，农民收入提升，农产品加工业发展，农业生产达到最佳经济收益之后，村镇的经济发展功能快速提升，随着农村劳动力素质提高，农村基础设施建设加快，农村社会保障加强，村镇的社会保障功能也开始提升，村镇功能从而不断演变发展（图 3.8）。

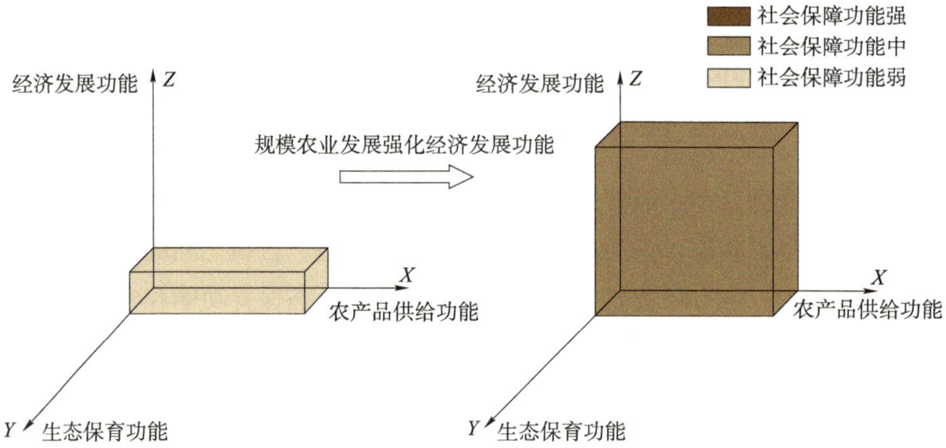

图 3.8　规模农业发展阶段村镇功能演变

（3）工业化发展阶段。该阶段随着人类的生产生活需求增大，村镇工业快速发展，经济发展功能迅速提升。人类对于资源的利用和改造强度也快速加大，进而带来环境污染和生态破坏，人地系统出现不协调的问题。另外，村镇工业化发展阶段，乡村资源开发规模扩大，带来生态系统退化问题，生态保育功能降低。伴随着工业化的城镇化快速发展，耕地加速非粮化和非农化，城市近郊区的粮食生产功能逐渐降低，农产品供给功能降低。这一阶段由于乡村人口的大量流失，乡村社会保障功能也逐渐弱化（图 3.9）。总体上这一阶段村镇人地关系紧张，村镇经济功能提升而粮食生产功能和生态保育功能的转向退化。

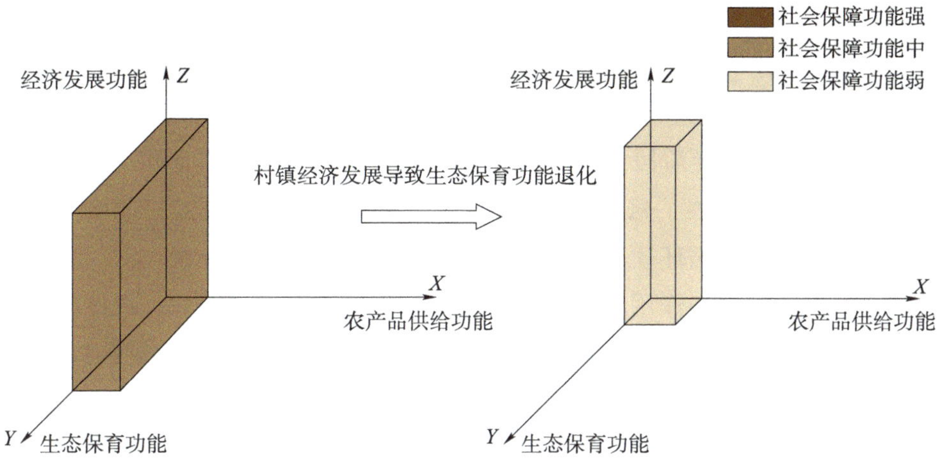

图 3.9　工业化发展阶段村镇功能演变

（4）可持续发展阶段。这一阶段人类更关注生态环境，政府部门也开始重视生产生活和生态环境的协调可持续发展。通过协调各主体利益的政府管理和空间规划，村镇地域多功能发展逐步形成，实现公共资源优化配置、城乡经济顺畅流动、各项功能有序发展，这一阶段村镇的经济发展功能、农产品供给功能、生态保育功能综合发展，村镇社会保障功能凸显。村镇地域各功能作用强度和相互影响也同步增强（图 3.10）。

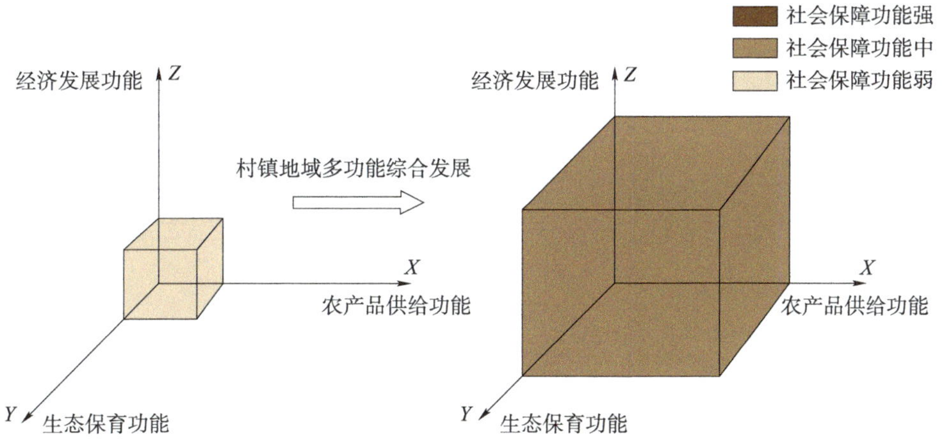

图 3.10　可持续发展阶段村镇功能演变

3.1.5 村镇功能演变趋势和效应

在地域空间容量 Q 的约束下，随着时间 T 的变化，村镇功能经过成长阶段、兴盛阶段、稳定阶段、接近容量 Q 阈值，可能进入衰退阶段（图 3.11）。或者，村镇突破发展“瓶颈”，出现新的地域功能，占据更大的地域空间属性。多个功能阶段循环往复发展，从而形成多个逻辑斯蒂曲线“S”型增长。村镇地域多功能相互作用和叠加，导致部分功能衰退或者消亡，总体上形成波浪式发展历程。随着村镇发展要素的不断整合与分化，村镇发展结构复杂，多功能组合多样化，功能发展深刻变异。另外部分村镇因结构不稳定会出现功能失衡。部分村镇发展功能重复，通过削减村镇不合理功能，突出村镇主导和优势功能，能够实现村镇功能从量到质的提升。

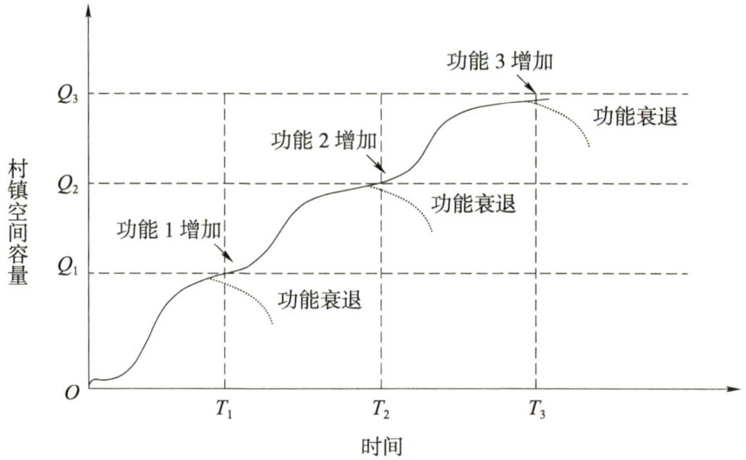

图 3.11　村镇功能增强和衰退过程

资料来源：根据刘玉（2011）改绘。

3.2 村镇发展功能空间演变

3.2.1 村镇体系空间演变模式

村镇体系发展具有一定的共性。从村镇体系演化的一般特征来看，一般都会经历零散分布—发展—集聚—重构四个阶段。基于历史趋势和现状分布，并考虑未来趋势，各阶段特征解析如下。

3.2.1.1 初始阶段

该阶段居民点处于相对均衡的状态（图 3.12）。人口总量较少，人口密度较低，居民点规模也很小，等级次序不明显。居民点之间没有交通连接，或者路况很差。居民点之间极少联系，只有些商人、军队等特定人群的流动和联络。上下级居民地的服务功能和支撑功能几乎没有。村镇体系结构尚未建立，对环境质量影响较小。

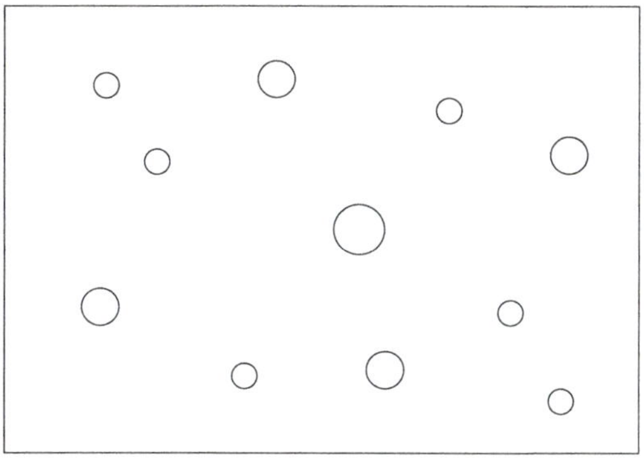

图 3.12 初始阶段村镇聚落体系

3.2.1.2 非均衡发展阶段

该阶段村镇体系居民点呈现非均衡发展状态（图 3.13）。人口总量增加，且大部分人口居住在乡村。人口密度增大，村镇等级形成金字塔型。村镇的服务功能增强，以商业服务为主的集市开始涌现。集镇的中心性增强，村镇的差异变大。交通设施网络初步建立，上级集镇的服务功能变强，下级农村居民点可达性增强。要素在城乡之间流动，体现为城镇对于乡村的各要素的剥夺，乡村依旧分散，对环境质量的影响开始显现。

3.2.1.3 稳定发展阶段

该阶段村镇体系稳定发展（图 3.14），乡村人口规模达到最大，乡村人

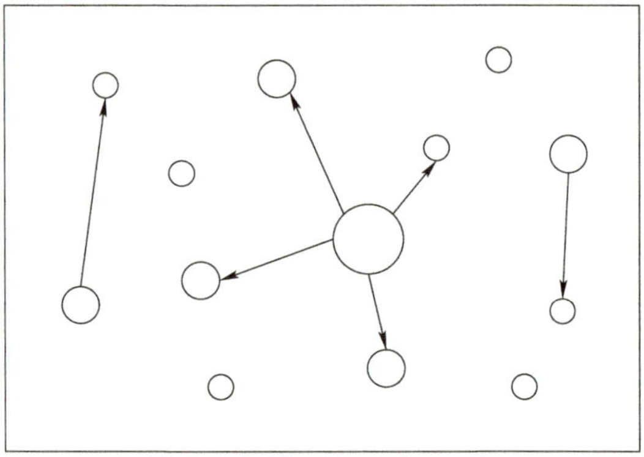

图 3.13　非均衡发展阶段村镇聚落体系

口向城市快速流动。村镇体系等级排序明显，乡村密度达到最大。城乡二元结构显著，乡村要素大量向城市汇聚，农村开始出现空心化并有衰落趋势（Chen et al.，2014）。部分自然村落服务功能丧失。资源环境承载力接近上限。交通、通信、市政基础设施逐渐完善，农民的物质需求和精神需求快速增加，村镇体系重构需求迫切。

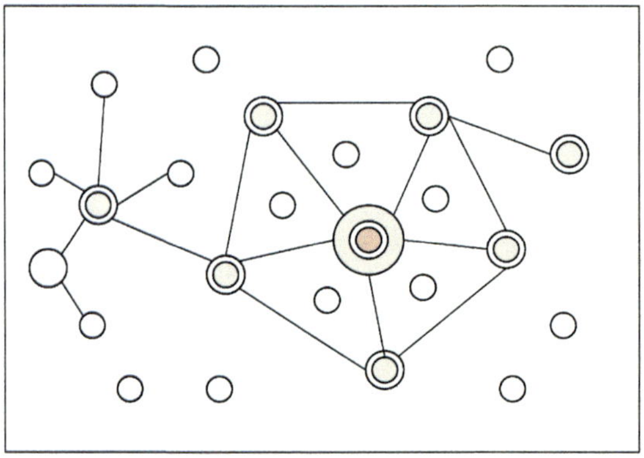

图 3.14　稳定发展阶段村镇聚落体系

3.2.1.4　转型重构阶段

该阶段集合政府、市场、社会之力，通过多种手段推动村镇体系结构优化重构（图 3.15）。该阶段城乡功能重新定位，镇区的服务功能增强，成为农村服务的重要节点。人口相对稳定，城市化率提升，城乡差距逐渐缩小。路网、信息技术、物流建设等现代设施加强。通过撤村合并等优化农村居民点布局，中心居民点建设加快（Woods，2010），居民能便利享受公共服务设施，乡村特色得到保护，乡村生态价值保护得到体现。

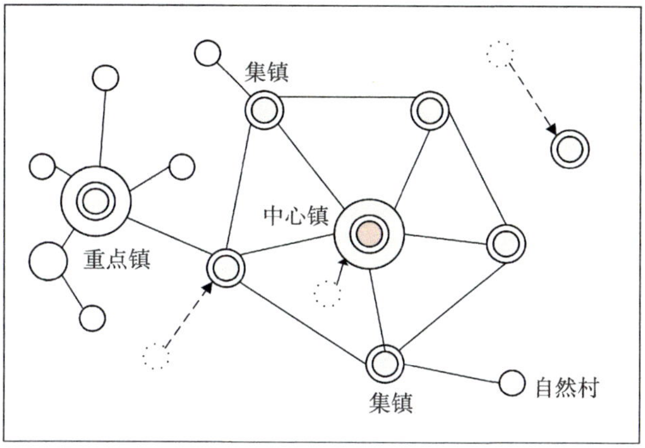

图 3.15　转型重构阶段村镇聚落体系

3.2.2　村镇发展空间演变模型

3.2.2.1　村庄生长机制

村镇格局演化的基础是村庄的发展，村庄的演化是村镇演化的初始阶段。早期阶段的村庄通常自给自足，生产力水平低，土地生产力主要用于满足人口的住房和食物需求。村庄演变动力主要靠家庭规模的扩大，扩张途径主要是耕地面积增长和家庭人口数量的增加。人口数量的增加导致的宅基地增加范围的限制，耕作半径的约束决定了村庄规模扩大的阈值（Wang et al., 2012）。

假设基于均质的平原，村庄的发展不受外界要素影响，村庄以聚落为中心呈同心圆扩张，耕作半径也是圆形空间（张小林，1998）。基于理性人的假设，人口增长时，人口紧挨着寻找新的居住和生产空间。但实际情况下，村庄的发展受不同的实际要素的约束，比如地形、土壤、地貌、耕作条件等，耕作半径的空间形态会被压缩和拉伸，得到自然地理条件约束下的村庄空间增长范围（图 3.16）。

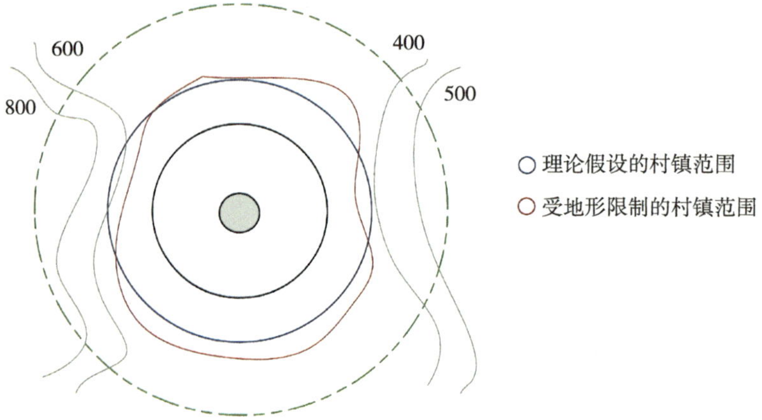

图 3.16　村庄生长机制模型

资料来源：张紫雯（2017）。

3.2.2.2　村镇裂变机制

村镇空间裂变演化从某种程度上看类似于细胞的生长和裂变。细胞个体生长、膨大到一定程度时开始细胞分裂，裂变的细胞再生长，细胞的裂变和分化最终形成不同功能的器官。村庄就如同细胞，扩大、裂变，不断演变，如同上面论述的细胞生长阶段，最终形成中心镇和重点镇，就是具有各种功能的“器官”。

随着人口的增加，自然村规模不断扩大。新增的自然村可能脱离母体村域，向外扩展。在均衡理想模型下，村庄人口规模和村庄数量呈指数级增长，形成新的空间均衡（图 3.17）。由于土地面积有限，相邻村的分布也限制了各自的增长空间。理想裂变模型下，村镇空间格局呈直径不等的相切的圆形村域，表现为区域均衡分布。随着人口集聚和土地集聚，人口—土地再次空间均衡，村镇体系慢慢开始有了集聚的趋势。

同样，扩大均值平原的假设，地形地貌等可以改变村镇空间体系，且多以沿河流分布的村镇分布形态呈现。村镇空间以地形平坦、光热条件好和土地肥沃等地区为中心，呈圈层式沿河向外扩张或者“飞地”扩张状态。

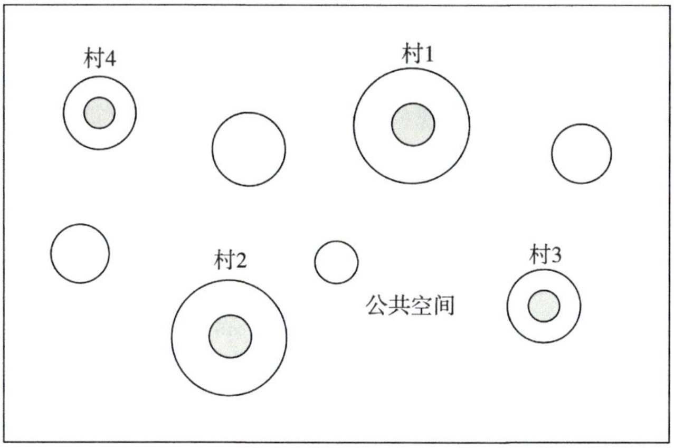

图 3.17　村镇裂变机制模型

3.2.2.3　村镇主导功能分化

随着社会需求的多样性发展，村镇发展呈现多元化的趋势，村镇空间也出现了多种功能，并出现显著的时间变异性和空间差异性，伴随发展，村镇主导功能也日益显著，既包括村镇地域系统自身需求的保障功能，还包含对城市系统的支撑和协作的功能。村镇发展出现了农产品供给、经济发展、社会保障和生态保育四大主导功能（图 3.18）。村镇保障粮食安全、保持经济发展、强化生态保育、维护社会稳定和资源能源供给等方面的作用日益突出。

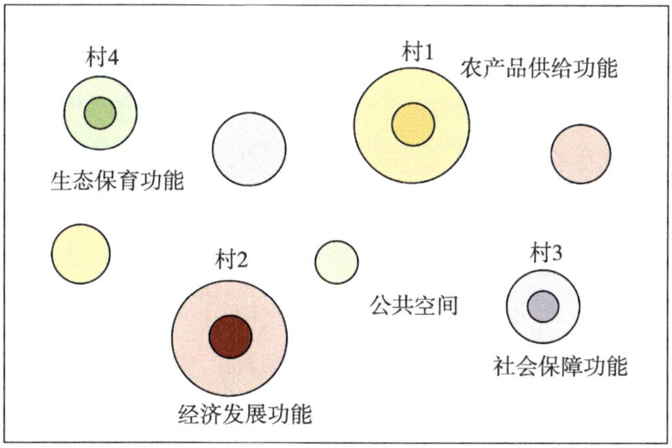

图 3.18　村镇主导功能分化

3.2.3 村镇功能空间分化机制

随着村镇的发展，逐渐出现村镇功能的空间分化。首先是居住生活功能分化，在自给自足的小农经济初期，村镇居住以宗族聚居为主，主要是农耕文明形成村镇的文化共识和道德认同的约束。农业商品化后，固定集市的出现形成了集镇，镇开始担当部分行政功能和消费功能。但是初期阶段商品流通有限，镇的规模也较小，首位度不突出。随着农业基础上生产水平的提高，农业经营规模逐步扩大，村镇聚落趋向集中和合并，在上述两类功能的基础上分化出经济发展功能。随着乡村工业的飞速发展，大量的人口和企业集聚，原有的村镇更加繁荣，聚落迅速蔓延扩张，并沿交通要道呈现“点轴”发展，形成新的中心镇。城市产业向镇外迁和转移，形成完善的城市产业链结构。一方面，交通网络构建加速了城乡之间的人口、资金、物质等要素的流通。村镇基础设施逐渐完善，村镇居民公共生活空间扩大。另一方面，部分自然村聚落出现中心衰败和空心化。最后分化出来的是生态保护功能，该功能与居住生活功能形成过程相似。部分村镇由于较好的自然生态环境或历史文化优势，形成风景名胜区等旅游景区，村镇发展条件较好的进一步演化出生态旅游功能。

随着乡村地区的发展，村镇地域由均质单一功能向异质多功能演化，明确主导功能有助于发挥村镇的优势。依托不同的村镇空间特征，不同功能的村镇存在不同组织模式、等级结构和空间结构（图 3.19）：①农产品供给功能：依托地域地形较为平坦，耕地流转率高，耕地面积大且完整，易于规模农业发展，通常为粮食和经济作物主产区。中心村分布大体均衡。②生态保育功能：依托地域存在大片的生态保护区，如饮用水水源地、自然保护区等，抑或是生态脆弱区。资源基础薄弱，无或较少产业支撑。中心镇和村落的规模较小，通常位于生态保护区的边缘。③经济发展功能：依托地域经济基础较好，产业链完整，产业结构多样化。工业以劳动密集型为主，商旅服务业集聚性较高。土地利用集约化，土地整治率高。中心镇的功能强大，居住较为集中。自然村逐渐消亡或产生空心村。④社会保障功能：依托地域以自然村形态的居住为主。中心镇和自然村经济发展缓慢，村落空间分布较不均衡，自然村落较多且分散。耕地破碎而零散。

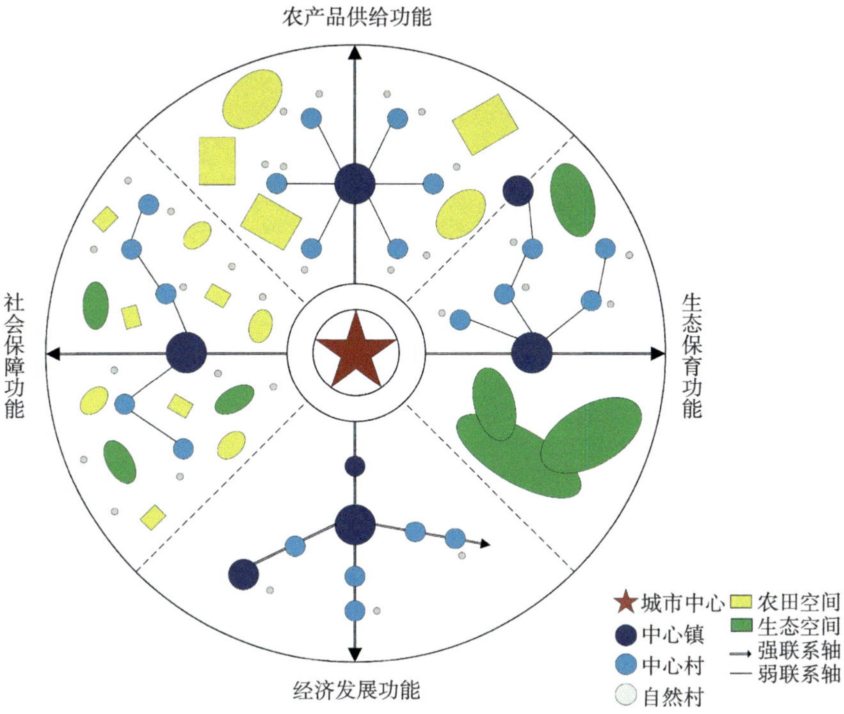

图 3.19　不同村镇功能空间分化

3.3　村镇发展的影响因素与驱动机制

3.3.1　村镇发展的影响因素

村镇发展是政府社会民众各主体基于资源环境禀赋和产业基础，合理配置村镇劳动力、土地等要素，重塑村镇产业、文化、生态、居住等功能价值，推动村镇地域空间结构调整和社会经济增长的过程（Krivokapic Skoko et al., 2018），涉及村镇发展的资源环境、经济社会等内缘子系统，以及工业化和城镇化、政府政策引导的外缘子系统。村镇地域的内缘子系统和外缘子系统之间反复进行能量、信息和物质的交换。因此，基于村镇地域系统的要素和作用（李裕瑞等，2012），可以将村镇发展的影响因素分为内生型因素和外生型因素（图 3.20）。

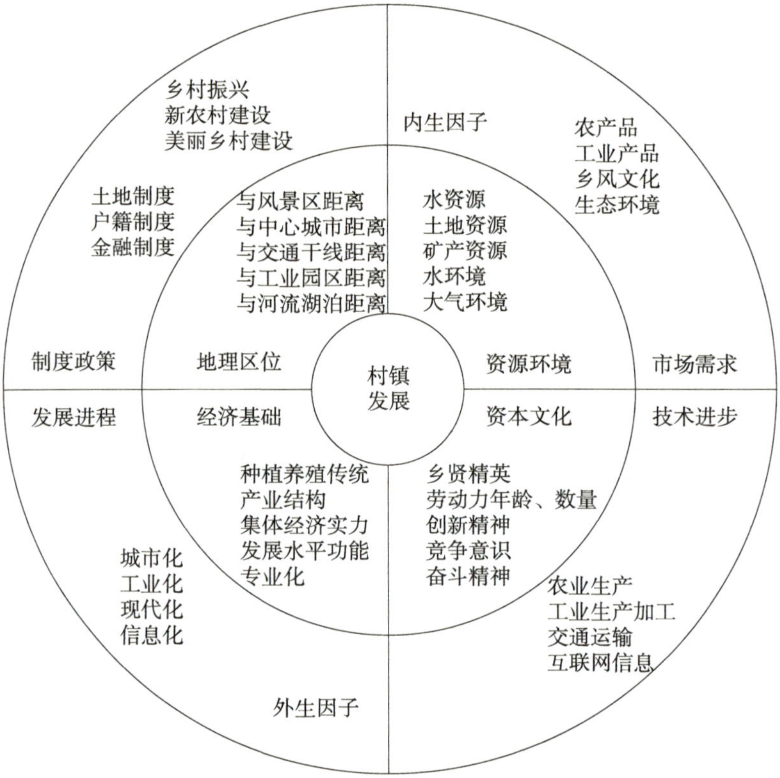

图 3.20　村镇发展影响因素

资料来源：根据屠爽爽等（2019）改绘。

内生型影响因素包括优越的自然资源环境基础、良好的历史经济基础、优越的经济地理区位、丰富的人力资本和社会资本、较好的传统文化特质等（Tu et al.，2017）。其中，自然资源环境包括土地资源、水资源、矿产资源、气候资源、生物资源、水环境、大气环境等。经济基础包括种植和养殖传统、集体经济实力、产业结构、发展水平和功能、专业化等。地理区位包括与中心城市距离、与交通干线距离、与风景名胜区距离、与工业园区距离、与河流湖泊距离等。人力和社会资本包括劳动力数量、劳动力年龄、乡贤精英、企业家数量等。传统文化特质包括创新精神、竞争意识、奋斗精神、开放意识等。

外生型影响因素包括政府制度政策、社会发展进程、市场需求、技术进步等（Marsden，2010）。其中政府制度政策包括户籍、土地、金融等制度，乡村振兴政策，增减挂钩制度，美丽乡村建设战略等。社会发展进程包括城市化、工业化、农业现代化和信息化等。市场需求包括农产品需求状况、工业原材料和产品需求状况、乡风乡土文化需求状况、生态环境等。技术进步包括农业生产技术发展情况、交通运输技术发展情况和互联网信息技术发展情况等。

区位条件、自然资源、经济基础和文化特质等内生型因素决定村镇发展水平高低和阶段演变的进程快慢。外生型因素通过引导村镇地域系统以外的政策、市场、技术等对村镇发展起到推动和催化或者阻碍、限制作用。村镇的发展是多种因素和多种力量综合作用的结果。不同发展阶段和不同类型村镇的影响因素、作用方式和作用强度不同，内生型和外生型因素相互作用、相互转换，共同影响村镇的经济发展、空间重构、社会演变等进程。

3.3.2 村镇发展的驱动机制

村镇发展是由内生动力和外生动力综合作用的结果。从村镇发展的理论综述以及影响因素分析可以看出，村镇发展的驱动机制包括支撑驱动、引导驱动、整合驱动、需求驱动、诱导驱动五个方面（图 3.21）。

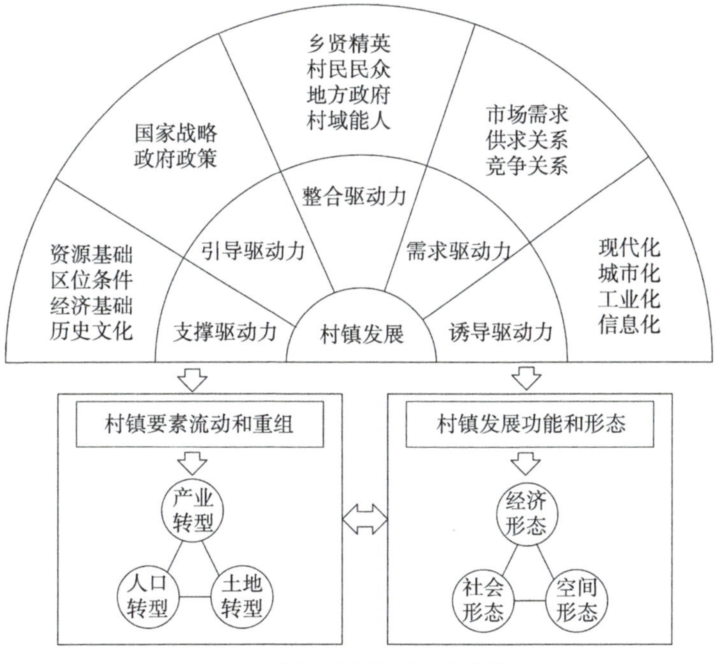

图 3.21　村镇发展的动力机制框架

支撑驱动力。村镇发展受资源环境、区位条件、经济基础、历史文化等要素综合支撑。资源环境是村镇发展的自然本底载体，如农业耕作需要依赖适宜的水、土、气候资源。区位条件包括距离交通干线、中心城市、河流湖泊、工业园区的远近，决定着村镇受到城市的产业和人口辐射的程度，也决定着村镇对外联络和沟通的难易（Qiao et al.，2008）。产业结构、种植养殖历史等经济基础决定着村镇未来发展的潜力、方向和速度。村镇居民的文化取向、道德水平、思考方式、奋斗意愿等决定着村镇主导的生活方式、农业生产结构选择、农村建设目标等，并对村镇发展起到促进或者阻碍作用。从对村镇发展的作用来看，区位条件、经济基础、资源环境和历史文化都是村镇发展的支撑驱动力。

引导驱动力。国家和地方政府出台的村镇政策和战略性对村镇发展定位与方向以及实现村镇发展的路径、思路和措施有重要引导作用。由于村镇产业基础相对脆弱，政府的干预和助推往往会起到更大的作用。政府对于村镇土地、户籍等的政策是影响村镇人口、产业、资源、土地等生产和生活要素配置的重要驱动力。国家乡村振兴战略、美丽乡村建设、新农村建设等政策的实施对村镇发展具有引导或者助推作用。

整合驱动力。村镇政府、创业带头人、村民构成村镇发展的主要成员。村民是村镇发展的主体，乡贤精英、乡村能人对村镇发展有引导作用。村镇政府在整合自身资源环境、外部政策、发展意愿、基础设施，组织创新、社会分工和参与市场竞争等方面发挥作用，也能激发和引导村民的生产和生活热情和动力。村镇政府、创业带头人、村民等乡村社会主体是村镇发展的整合驱动力。

需求驱动力。市场需求是村镇发展的“无形之手”。市场根据供给和需求关系、商品价格变动，引导村镇资源向最优效率的方向配置，同时市场在供求机制、价格机制、竞争机制作用下，推动村镇生产者和消费者的决策。村镇提供的农产品、工业产品、乡风文化、生态环境均受到市场驱动，市场通过“无形之手”来影响村镇的经济发展方向和路径。因此，市场需求构成了村镇发展的需求驱动力。

诱导驱动力。现代化、城市化、工业化、信息化“四化”的协调，成为村镇转型发展的内生动力，其主要通过土地人口的非农化，劳动力、土地和资本要素分配和重组，资金流、价值和技术流等在城乡之间的流动，以及城市对乡村生产和生活方式的影响等，诱发村镇发展的社会经济空间形态转化。因此，现代化、城市化、工业化、信息化成为村镇发展的诱导驱动力。

3.4 村镇发展的环境效应作用机理

本节主要从村镇发展与环境质量互动关系、村镇发展阶段的环境效应演化特征、不同功能村镇与环境污染变化关系、环境质量约束下的村镇动态演变和村镇发展功能与环境质量耦合机理五个方面阐述村镇发展与环境互馈作用机理。

3.4.1 村镇发展与环境质量互动关系

因为村镇的资源禀赋、区位条件、交通运输、历史文化、生态环境、政府政策引导等要素不同，村镇发展的方向、途径、目标和内在规律都会发生分异（Siciliano，2012）。本研究构建了村镇的理想发展进程和阶段，包括原始生态阶段、自给自足小农经济阶段、规模农业的大农经济阶段、村镇工业发展阶段、村镇商业旅游服务阶段、村镇可持续发展阶段，在图 3.22 中分别用 S_1～S_6 表示。当然实际中，村镇的发展可能会跳过某个阶段，实现跨越阶段发展；也可能出现某阶段发展停滞或衰落，出现功能衰退。

总体上，经过 S_1～S_6 阶段，村镇发展水平会经过初始缓慢平稳、快速上升和平稳发展的历程。对应的村镇环境质量也经过缓慢平稳、快速变差、逼近承载阈值和环境质量回升的过程。村镇发展水平与环境质量互动关系曲线见图 3.22。

从村镇的具体发展过程来看，S_1 初级阶段，村镇发展水平较低，经济增长幅度不大，人类活动对生态环境影响非常小，环境质量保持较好。S_2 小农经济阶段，农业活动稳步发展，但生产总体上保持自给自足，且以粮食和蔬菜种植为主，耕地开垦规模相对较小，原生植被破坏不大，粮食种植使用少量或不使用化肥和农药，耕作活动对水环境和土壤环境影响小，秸秆燃烧对空气质量有一定影响。S_3 规模农业发展阶段，城市化和农业技术快速发展，农业结构逐步调整，技术、资金、劳动力生产要素重新优化组合，现代高效规模农业出现并快速发展，粮食和经济作物持续高产稳产，农民收入大幅提高，化肥、农药大量使用，环境质量下降明显，农业面源污染成为突出的环境问题。S_4 村镇工业发展阶段，自产自销的个体手工业、手工制造业、乡村工业用品的零售和批发贸易等出现并逐步发展，带动农村经济水平快速提高（Cohen et al.，2017）。到农村工业发展的高级阶段，村镇农业发展转型，各类高附加值的农产品加工业开始出现。在工业发展阶段，工业生产过程中消耗矿产、水资源及其他原材料，并带来大量工业废水、废气和废渣等污染物排放，且由于乡村缺少污染物的集中治理设施，往往造成环境质量的急剧下降，甚至突破环境质量阈值。随后环境承载力的限制，迫使村镇发展方式再次发生转型，产业结构趋向更加多元化，经济结构向商业旅游服务业等第三产业转变，第一、二产业比例下降，村镇进入 S_5 村镇商业旅游服务阶段。环境质量的恶化对人类生产生活制约逐步增大，村镇生产方式进一步转变，环境治理技术水平提升，环境问题有所缓解。S_6 村镇可持续发展阶段，由于社会重视居住环境保护且技术达到很高水平，各类生产生活需求与环境质量相协调，村镇发展保持稳定且适度增长，村镇经济对环境质量影响较小，环境质量逐步恢复保持在稳定水平。

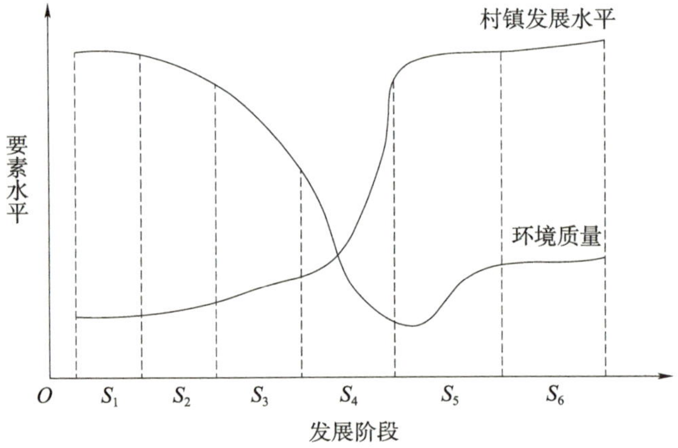

图 3.22　村镇发展水平与环境质量互动关系曲线

3.4.2　村镇发展阶段的环境效应演化特征

村镇在不同经济发展阶段具有不同的经济增长方式，总体上从粗放型向集约型转变。随着经济的发展，村镇资源利用效率提高，污染排放强度会逐渐降低。村镇经济增长方式从高投入、高排放、高消耗、低质量、低效益粗放方式转向高效率、高产出、高效益、低投入、低消耗的集约型方式。

村镇从原始狩猎阶段转向农业耕作阶段，进而进入工业化阶段的过程中，农业生产比重先上升后下降，随着工业生产延伸至农村，农村以农业耕作为主的局面发生改变。在工业化阶段和服务业阶段，不同类型村镇发展对农村的环境有不同程度的影响。不同功能类型的村镇在不同的村镇发展阶段表现为不同的环境效应特征（表 3.2）。

（1）原始狩猎阶段。在原始狩猎时期，生产力水平低下，人类的生存完全依赖于自然条件，人口数量极其稀少且生产仅能满足基本生存的需求，人类从大自然获取资源数量较少，人地系统呈现原始的协调，环境污染微乎其微，环境质量极其富余。

（2）农业耕作阶段。该阶段为满足农民更高的生产生活需要，为提高耕地产出效率，开始使用化肥和农药，且施用量逐渐增加。化肥、农药等致污性投入被广泛利用，必然会增加面源污染，从而对水环境造成压力，环境容量逐渐减少，但仍处于环境可自净范围，村镇环境质量仍有一定的富余。

（3）工业化阶段。该阶段村镇工业化起步，但乡村工业生产技术水平低，产业结构以高污染产业项目为主，乡村工业呈现高资源消耗和高污染排放特征。初期，政府对村镇的环境管制力度低，部分企业甚至将污水直接排入附近河流，农村饮用水水源地污染严重。工业排放的废气和烟尘等污染大气环境。污染排放也导致土壤环境质量快速下降。环境污染控制和治理措施缺乏，导致环境高污染和生态严重破坏。该阶段表现为村镇发展逼近环境质量临界点，甚至呈超载状态。

（4）服务业阶段。该阶段农业生产力水平大幅提高，在满足居民食物需求和工业原材料的前提下，有意识地减少农业生产带来的污染。乡村工业结构优化，技术密集型产业快速发展，工业生产效率明显提高，环境压力明显减小。人们对于环境质量的要求提高，农民环境保护意识增强，一方面促进了环境友好型的技术普及，另一方面也促使政府和企业用足够的资金来解决环境污染问题，从而使村镇从高速增长转向可持续发展阶段。同时生态整治和环境修复力度加大，环境质量逐渐从超载回归至临界点以下，村镇发展与环境质量进入协调发展状态。

在不同功能和发展阶段，村镇发展对环境污染影响差异很大。随着村镇经济水平的提升和功能的演化，村镇环境污染呈“低—高—低”的变化趋势。随着生产技术的提高、产业结构的优化、环境污染治理增强，村镇环境压力逐步减小，环境质量提升。这种变化方向与环境库兹涅茨曲线假说判断基本一致。

表 3.2　不同发展阶段的村镇环境效应特征

项目	原始狩猎阶段	农业耕作阶段	工业化阶段	服务业阶段
社会经济	采集野生食物	自给自足的农业耕作	工业为主，商品生产	商贸服务，生态旅游，可持续发展
消费需求	食品数量需求	农产品需求，少量生活资料	大量生活耐用品，大量商品、劳务和工业生产品	教育、文化、服务和环境需求
环境污染	粪便	化肥、农药	工业有毒有害污染	生活污水
污染要素	水环境	水环境	大气、水、土壤、垃圾	水、垃圾
环境污染	极小污染	环境慢慢退化	长期高强度污染	与环境协同进化
环境质量	富余	一般富余	趋于饱和或者超载	协调

资料来源：根据周侃（2014）整理。

3.4.3　不同功能村镇与环境污染变化关系

随着村镇发展程度越来越高，村镇发展指数先上升后趋于平稳。环境污染随着功能演变呈先加剧后减少的趋势。村镇发展指数与环境污染排放随着村镇功能演化的曲线见图 3.23。根据时间的演化，分为五个阶段，即 $0\sim T_1$ 阶段、$T_1\sim T_2$ 阶段、$T_2\sim T_3$ 阶段、$T_3\sim T_4$ 阶段以及 T_4 阶段以后。

初始阶段 $0\sim T_1$，村镇发展以生态保育功能为主，发展速度和水平较低，污染排放较少。$T_1\sim T_2$ 阶段，村镇发展以社会保障功能为主，该阶段村镇发展仅为满足人们基本生活需求，环境污染较小。$T_2\sim T_3$ 阶段，村镇发展以农产品供给功能为主，该阶段经济发展粗放，资源利用效率低，污染排放管制薄弱，农业面源污染较为突出。$T_3\sim T_4$ 阶段，村镇以经济发展功能为主，村镇快速工业化，工业废物处理不到位，未经处理的工业废弃物直接被排放到自然环境中，污染问题更为严重。T_4 阶段以后，村镇发展指数进入平稳状态，村镇发展与环境相互协调的发展模式得到推广，资源依赖型发展转为技术创新型发展，环境污染物的排放降低，村镇环境质量改善，村镇达到人、社会、自然和谐发展的局面。

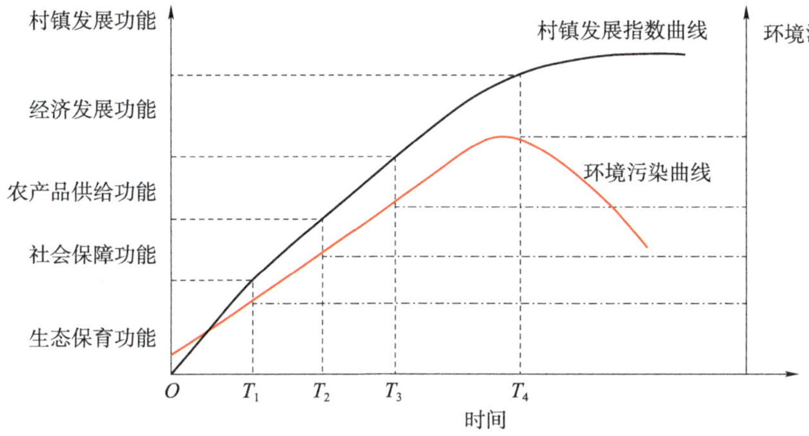

图 3.23　村镇发展功能与环境污染排放曲线

3.4.4　环境质量约束下的村镇动态演变

在村镇发展过程中，良好的环境能促进村镇的发展，同时环境容量和质量也约束着村镇发展的类型和水平，两者形成相互反馈的关系（图 3.24）。在村镇发展过程中，环境质量的阈值也随着变化，环境质量具有动态性特征。根据发展趋势的不同环境质量可以分为三种情景，情景 1、情景 2 和情景 3 分别代表村镇主动改变型、被动转变型和放任发展型。情景 1 村镇发展到达环境质量阈值 O_1 时，通过村镇产业结构绿色转变、政府财力投入治理以及技术发展提升等手段，使得环境质量阈值从低值 O_1 达到高值 O_2，村镇发展与环境进入高阈值的可持续发展阶段。情景 2 表示，环境质量阈值在不变的情况下，村镇发展类型和功能的转型，由于环境质量的限制被动改变村镇发展协调模式，村镇进入低阈值的可持续发展阶段。情景 3 表示，当村镇发展到达环境质量阈值 O_1 时，政府、社会和公众不采取任何措施，由于环境质量的限制，村镇出现污损化、空心化等问题，逐渐衰退或消亡。

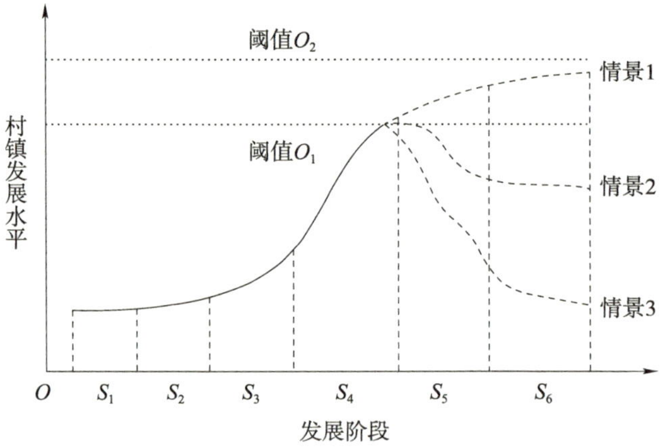

图 3.24　环境质量约束下的村镇发展曲线

3.4.5　村镇发展功能与环境质量耦合机理

村镇发展功能与环境污染存在非线性交互作用，形成多对多的耦合协调模式（图 3.25）。村镇发展要素与环境污染要素的交互和复合影响，决定着村镇发展功能环境效应的路径和方向，两者彼此交互与胁迫的过程，驱动着村镇环境质量复合系统从低耦合向高协调的演变。本书侧重揭示村镇发展功能与环境污染的交互胁迫和耦合态势，利用系统动力学模型构建村镇污染与发展功能的耦合模拟方法，揭示村镇发展功能格局演变与环境污染变化交互、胁迫的关系和作用路径。

村镇发展与环境效应形成“S”型曲线的耦合图谱。随着村镇功能的演变，村镇环境质量呈现波浪式先下降后上升的规律。每一种功能耦合对应着当下功能的村镇环境质量，不同村镇功能处于新的环境质量熵值和高度。不同的图谱对应着村镇不同的发展阶段、功能、模式，也对应不同村镇的环境污染情况和特征。生态保育功能的村镇，发展水平低，村镇环境质量较高。社会保障功能村镇，发展水平提高，环境污染增加，村镇环境质量随之降低。农产品供给功能村镇，随着化肥、农药过度使用带来的面源污染，村镇质量再降低。经济发展功能村镇，资源过度消耗，乡村工业污染强度较大，甚至超出了村镇的环境质量阈值，随着环保意识增强和科学技术提高，村镇环境质量大幅提高。

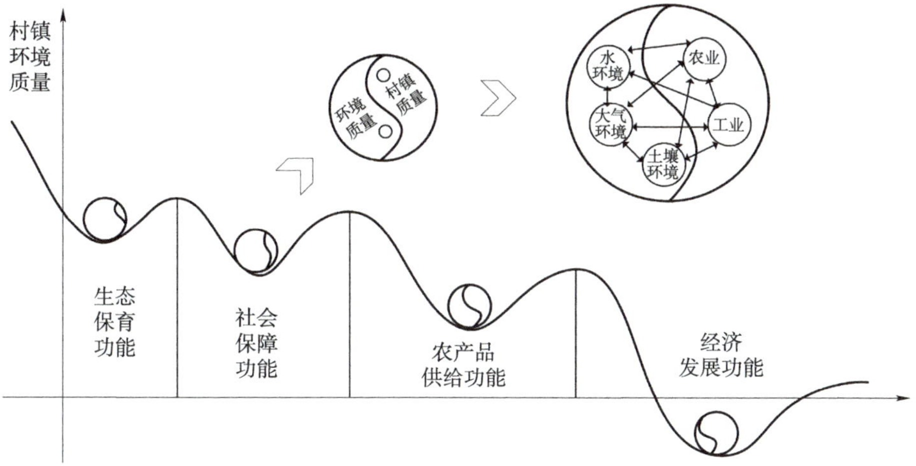

图 3.25 村镇发展功能与环境质量耦合

3.5 本章小结

从村镇发展功能演变规律、村镇发展功能空间演变模型、村镇发展的影响因素和驱动机制、村镇发展与环境的互馈作用机理四个方面，构建了村镇发展功能、影响因素和环境效应的理论分析框架。

从村镇体系演化的一般特征来看，村镇体系一般会经过零散分布—发展—集聚—重构的过程，对应划分为初始阶段、非均衡发展阶段、稳定发展阶段、转型重构阶段，不同阶段村镇生长、裂变演化和功能演化的规律不同。

根据村镇的发展潜力和生态环境容量综合识别村镇的主导功能，包括经济发展功能、农产品供给功能、生态保育功能和社会保障功能四种，分别位于四个象限。经济发展功能主导村镇发展潜力大，环境容量大；农产品供给功能村镇相对需要的环境容量小；生态保育功能主导的村镇环境容量较大，但发展潜力较小；而社会保障功能主导的村镇生态环境容量相对较小。

村镇功能演化可以划分为自给自足小农经济、规模农业发展、村镇工业化发展、可持续发展等阶段。不同阶段主导功能不同，多个功能阶段循环往复发展，从而形成逻辑斯蒂“S”型增长。

村镇发展的影响因素分为内生型因素和外生型因素。内生型影响因素包括经济地理区位、自然资源环境基础、历史经济基础、人力资本和社会资本、传统文化特质等。外生型影响因素包括政府制度政策、市场需求、社会发展进程、技术进步等。村镇发展的驱动力包括支撑驱动力、引导驱动力、整合驱动力、需求驱动力、诱导驱动力等。

村镇发展水平经过初始缓慢、快速上升和平稳发展的过程。对应的村镇环境质量经过变化缓慢、快速变差、逼近承载力阈值和环境质量回升等过程。随着村镇发展水平越来越高，村镇发展指数先上升后趋于平稳。环境污染随村镇发展功能演化呈先加剧后减轻的趋势。良好的环境促进村镇发展，同时环境容量和质量也约束着村镇发展类型和水平，村镇发展与环境质量形成相互反馈的关系。

村镇发展功能与环境污染存在非线性交互作用，形成多对多的耦合协调模式。村镇发展与环境容量形成“S”型曲线的耦合图谱。随着村镇功能的演变，村镇环境质量呈波浪式先下降后上升的规律。

第四章

江苏省村镇发展功能要素时空格局演变特征

村镇发展的内部要素和外部要素共同驱动人地系统发生变化。本章从村镇发展功能各要素的时间和空间变化视角，基于分县和分镇的乡村统计数据和土地利用数据，结合空间分析技术，揭示江苏省村镇人口、产业、土地等核心要素的演变趋势特征，从省域探讨村镇功能的空间演变差异特征，解释村镇功能特征及其形成机理。

4.1 研究方法

4.1.1 核密度估计法

核密度估计法通过考察区域中点密度的空间变化，用可视化的方法表征空间点的数量和模式。该方法认为地理时间可以发生在任何空间位置上，但不同的空间位置发生的概率不同，点密集的区域发生概率高，点稀疏的区域发生概率低。在概率论中核密度估计方法用于估计未知的密度函数，属于非参数检验法，其兼顾了不同位置的点集聚强度的空间连续性和空间异质性，能有效测度村镇居民点空间分布的位置与强度。可以根据输入村镇居民点的图层计算区域内聚集情况，重点反映出点位核对于周边点的影响程度，其计算公式为

$$f(x)=\frac{1}{Th}\sum_{i=1}^{T}k\left(\frac{x-X_i}{h}\right) \qquad （式 4.1）$$

式中，$f(x)$为核密度估计值；$k\{(x-X_i)/h\}$为核密度函数，x为待估计点的位置，X_i为落在以x为圆心、h为半径的圆形范围内第i个斑块的位置，$(x-X_i)$为估值点x到点X_i的距离；T为村镇居民点斑块个数；h>0为带宽，是以x为原点的曲面在空间延展的宽度，影响到密度估计的平滑程度，需要对不同的h值进行试验。核密度估计值越大，表示居民点空间分布越密集。

4.1.2 空间关联描述方法

EDSA 方法以空间关联测度为核心，用于检验某种现象是否存在空间集聚特征，描述该现象在研究区域内的空间分布状况。空间自相关是检验空间位置某观测值与相邻空间点位上的观测值是否显著相关的常用指标，可以用

于分析空间相对差异变化，被广泛应用于区域经济差异和空间数据挖掘等研究中（仇方道等，2009）。常见的方法有 Moran'I 指数方法和吉瑞 C 指数进行空间关联分析（靳诚等，2009）。

4.1.2.1 空间自相关模型

采用全局 Moran'I 统计量测度江苏省村镇经济发展空间关联以及差异程度，统计量的计算公式为

$$\text{Moran'}I=\frac{\sum_{i=1}^{n}\sum_{j\neq i}^{n}W_{ij}Z_iZ_j}{\sigma^2\sum_{i=1}^{n}\sum_{j\neq i}^{n}W_{ij}} \qquad （式 4.2）$$

$$Z_i=\frac{X_i-\overline{X}}{\sigma} \qquad （式 4.3）$$

$$\overline{X}=\frac{1}{n}\sum_{i=1}^{n}X_i \qquad （式 4.4）$$

$$\sigma=\frac{1}{n}\sum_{i=1}^{n}(X_i-\overline{X})^2 \qquad （式 4.5）$$

式中，n 为空间单元的总数，即江苏省镇的数量；W_{ij} 为空间权重矩阵；Z_i 和 Z_j 分别为 X_i（镇 i 的人均 GDP 值）和 X_j（镇 j 的人均 GDP 值）的标准变换；$\bar{X}$ 为样本的平均；σ 为样本方差。Moran'I 的取值范围为［-1，1］，若值趋于 1，表明空间正相关；若趋于 0，表明空间随机分布；若趋于 -1，则表明空间负相关。

4.1.2.2 Getis-Ord G_i^*指数

采用冷热点区域对比分析法识别空间关联特征，相对于全局 Moran'I，该方法能更精确地判断空间关联或集聚分布的特征，识别空间的热点区与冷点区，即高值簇与低值簇。因此，本书采用 G_i^* 指数识别江苏省村镇发展的空间依赖性和空间异质性。计算公式为

$$G_i^*(d)=\sum_{i=1}^{n}W_{ij}(d)X_i\Big/\sum_{i=1}^{n}X_i \qquad （式 4.6）$$

为了对比分析，对$G_i^*(d)$进行标准化处理：

$$Z(G_i^*)=\frac{G_i^*-E(G_i^*)}{\sqrt{Var(G_i^*)}} \qquad \text{（式 4.7）}$$

式中，$Var\left(G_i^*\right)$和$E\left(G_i^*\right)$分别为G_i^*的方差与数学期望。如果$Z\left(G_i^*\right)$为正且统计显著，则表明 i 地区周围的值相对较高，即高值空间集聚分布为热点区；反之，如果$Z\left(G_i^*\right)$为负且统计显著，则表明该地区 i 周边的值相对较低，即低值空间集聚分布为冷点区。X_i 为 i 镇的人均 GDP 值；W_{ij} 为空间权重矩阵，空间不相邻取值 0，空间相邻取值 1。

4.2　村镇发展功能要素时空格局演变特征

4.2.1　村镇人口要素时空特征

（1）江苏省村镇人口总数大、密度大和下降缓慢

江苏省村镇人口具有总数大、密度大、下降缓慢的特点（图 4.1）。2005 年，江苏省村镇人口总数为 5 063.31 万人，占全国村镇人口总数的 6.79%，人口密度高达 472.32 人 /km^2。2017 年，江苏省村镇人口总数下降到 4 775.12 万人，占全国村镇人口总数的 8.28%。2005—2017 年，江苏省村镇人口下降 5.69%，而全国村镇人口下降高达 22.72%。江苏省村镇人口呈下降趋势，人口向大城

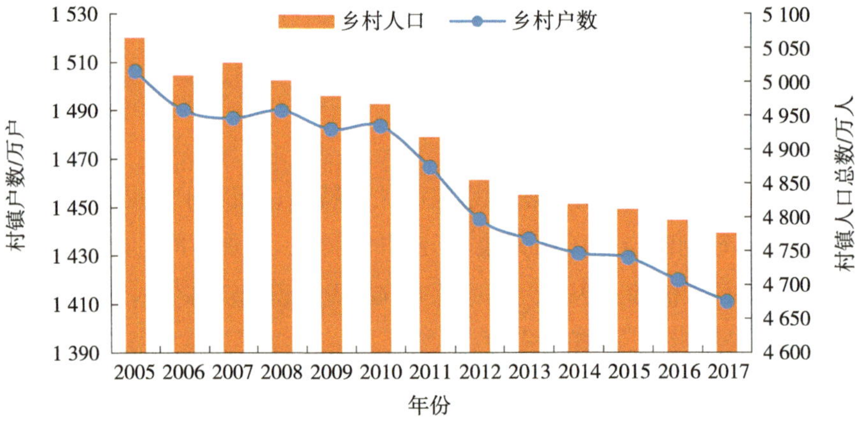

图 4.1　2005—2017 年江苏省村镇人口户数变化

市和城区集聚。江苏省经济发达，对外省人口就业吸引力大，劳动力资源丰富，总体上村镇人口会保持较大的规模。

江苏省村镇人口数量变化具有很强的空间分异性（图 4.2）。村镇总人口规模总体呈苏北地区高、苏南地区低的空间格局。2005—2017 年，江苏省各县村镇人口均呈下降趋势。江苏省村镇人口减少的主要区域分布于宜兴市、江阴市和常熟市等苏南地区，该地区工业化和城市化发展较快，对村镇人口就业拉动较大。中心城市的空间扩张和快速发展拉动了村镇人口减少向城市集聚，但是城镇化作用显现出距离衰减的规律。此外，人口的下降也与当时计划生育政策实行带来的生育意愿降低有关。

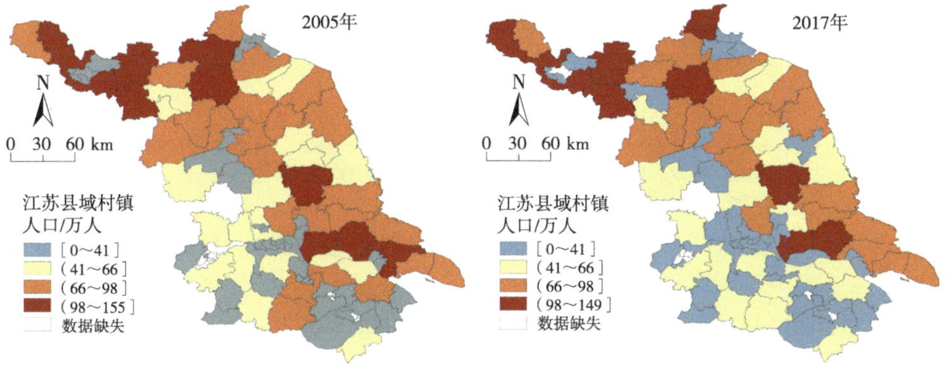

图 4.2　江苏省 2005 年、2017 年村镇总人口时空格局

（2）江苏省村镇从业人数波动下降，非农化率加快，劳动力从农业向乡村工业转移趋势明显

2005—2017 年，江苏省村镇从业人数呈波动下降趋势（图 4.3），14 年共减少了 1.45%。村镇从业人员略有下降与村镇总人口下降有关。2017 年，村镇从业人员主要集中于第一产业和第二产业，分别占从业总人数的 27.91% 和 32.35%。2005—2017 年，第一产业包括农林牧渔业的从业人员下降了 31.71%，下降幅度最为显著。随着工业化和城市化的进程加快，农业机械化水平提升，大量的农业劳动力得到解放，向非农业部门转移，农林牧渔业的从业人员下降明显，村镇人口的非农化特征显著。村镇工业从业人员上升高达 39.97%，其主要来源为农林牧渔业从业人员向乡村工业的转移。苏南模式下的乡村工业“离土不离乡，进厂不进城”的就地城镇化模式为村镇经济发

展的典型。村镇建筑从业人员也持续上升，并进入稳定阶段。批发和零售贸易业的从业人员虽然上升了 29.28%，但 2017 年仍仅占总从业人口的 6.09%，总体上村镇服务业容纳的就业机会依然相对较少。

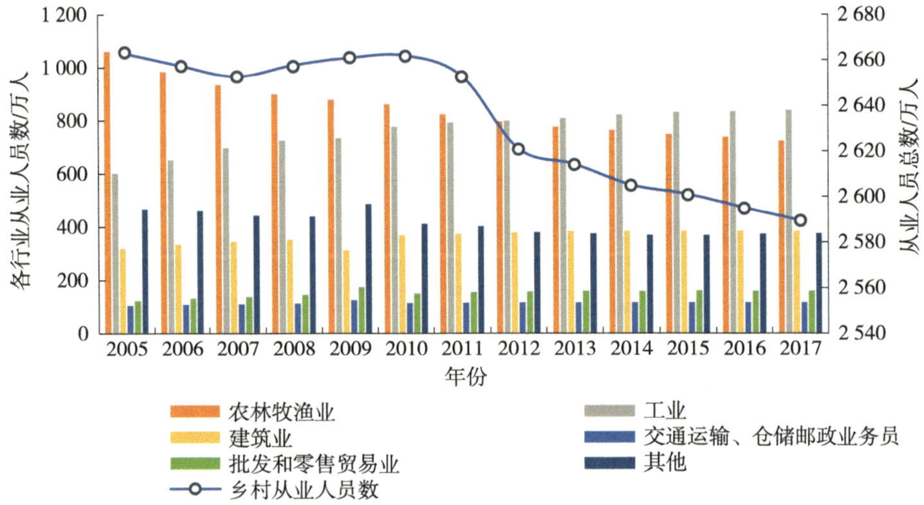

图 4.3　2005—2017 年江苏省村镇各行业从业人员数量

从空间格局来看，江苏省的村镇从业人口呈现苏北地区以农业就业为主，苏南地区以工业就业为主的空间格局（图 4.4 和图 4.5）。2005—2017 年，随着时间演变，苏北地区农业从业人口也呈下降趋势，工业从业人口逐渐上升。苏北地区是粮食主产区，以种植小麦和水稻为主，农业人口保持较大规模。苏南地区村镇工业起步早，工业基础好，集聚效应强，且交通便利、技术水平高，其乡村经济发展对于吸引人口就业有很大的作用。2005—2017 年，随着苏南地区的村镇工业向苏中地区、苏北地区村镇转移，苏中地区、苏北地区工业有了较快的发展，如南通市和徐州市村镇工业保持较快增长，增幅高达 45.16%。总体上，徐州、连云港、宿迁、淮安 4 个市仍然保持以农业为主的“一二三”结构，而其余 9 个城市则形成“二一三”的结构特征。

随着村镇经济的发展，就业形式也日益多样。以农业为主导的村镇，农民可以选择多种产业经营。苏南地区一些工业发达的村镇的村民已基本脱离农业生产。“农忙务农、农闲务工”和“离土不离乡”，半工半农是江苏省村镇兼职型农民的特征。江苏省村镇农业和工业的发展程度均较高。“农工兼业”

的方式使得农民获得务农以外的额外收入，农闲时间从事非农生产可以增加农民收入，还可以照顾家庭，同时可以保持“农民”的本来身份，享受农村集体经济权益，有利于农村劳动力时间和资源上的合理配置。

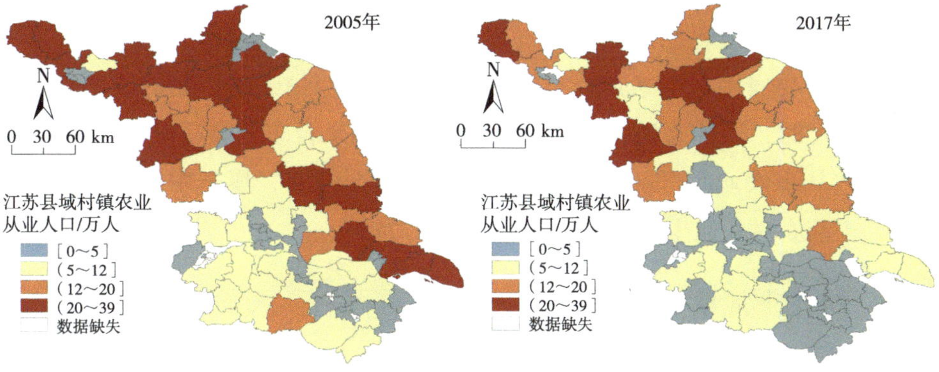

图 4.4　2005 年和 2017 年江苏省村镇农业从业人员数时空格局

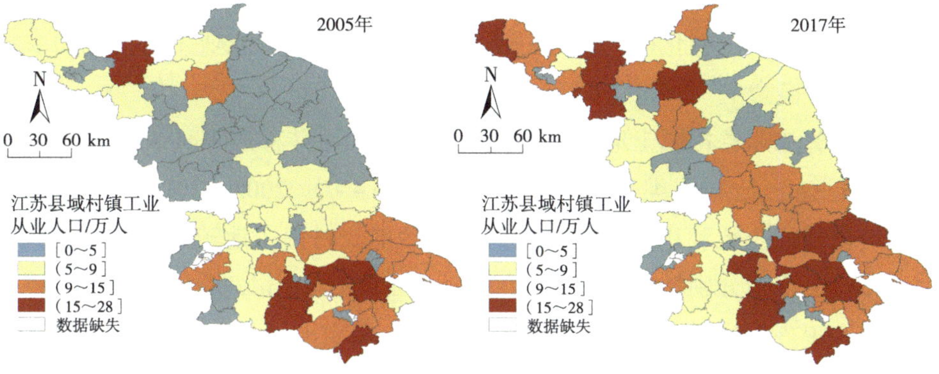

图 4.5　2005 年和 2017 年江苏省村镇工业从业人员数时空格局

江苏省总体呈苏南地区劳动力输入、苏北地区劳务输出的特征。苏北地区农业从业人口多，农业劳动力比重较大，外出务工率也较高，劳动力异地转移。劳动力外出主要行业是建筑业（41.63%）、制造业（32.12%）、社会服务业（22.95%）、农业（3.14%）等。苏南地区经济发展水平高，工业发达，劳动力就地工业化和城镇化，劳动力就地转移。

（3）江苏省村镇劳动力素质明显提高，但已出现老龄化问题

在设施农业较为发达的村镇，在当地政府的重视和支持下，农民受到较好

的农业技术培训和田野课堂授课，职业素质得到提高，政府多次组织培训班，并颁发农业职业技能证书，培养出了一批职业农民。值得一提的是，随着社会经济的发展，散和小的个体农民逐渐淡化，未来职业农民或将成为趋势。

江苏省村镇的劳动力仍较为丰富，65 岁及以上人口占 25% 以上，村镇劳动力老龄化显著，已经退出了人口红利的时期。苏南地区的规模农业发展程度高，需要雇用短工来弥补本地劳动力的不足。由于农作物的成熟期错峰特别是农忙时，还需要招聘大量外地劳动力，如来自东北和河南等地的农民，虽然这些从事农业生产的人年龄平均在 50 岁至 65 岁，属于中老年村民，但仍旧是当前农村农业生产的主力。

4.2.2 村镇土地要素时空特征

伴随城乡转型发展和产业结构调整，江苏省人地关系矛盾日益凸显。村镇土地利用结构与村镇资源开发、产业发展和功能定位密切相关，影响村镇的可持续发展。江苏省村镇土地利用存在以下特征。

（1）土地利用变化以耕地向村镇居民点用地转换，农业生产功能向农村生活功能转换为主

为了解江苏省村镇土地利用的时空格局，利用转移矩阵对该区域 2005—2017 年村镇土地利用类型变化进行分析（表 4.1）。2005—2017 年，江苏省村镇最显著的土地利用变化是耕地向城市用地、村镇用地转变。耕地向城市用地和村镇用地分别转换了 3 376.27 km^2 和 1 923.54 km^2，分别占耕地总转换面积的 57.97% 和 33.03%。农村居民点用地大幅增加，占用耕地的规模较大，农业生产功能向农村生活功能转换。苏南地区由于乡村工业的快速发展，村镇工业生产和居住生活用地扩张，侵占了周围大量农业耕地。

表 4.1 江苏省 2005—2017 年土地利用转移矩阵数据 单位：km^2

	耕地	林地	草地	水域	城市用地	村镇用地	未利用地	总计
耕地	6 1961.83	35.62	28.32	429.31	3 376.27	1 923.54	31.39	6 7786.28
林地	234.68	3 032.64	0.97	9.47	109.85	28.96	33.98	3 450.55
草地	151.47	1.27	734.22	325.05	54.94	17.13	2.92	1 287.00
水域	234.73	0.21	261.89	1 3635.24	417.13	51.36	19.75	1 4620.31

续表

	耕地	林地	草地	水域	城市用地	村镇用地	未利用地	总计
城市用地	600.54	12.23	47.00	311.30	1 5073.23	143.29	13.84	1 6201.43
村镇用地	183.96	5.01	1.79	21.94	1 488.94	9 291.87	3.59	1 0997.10
未利用地	0.29	1.09	6.28	0.67	0.99	0.79	14.68	24.79
总计	63 367.50	3 088.07	1 080.47	14 732.98	20 521.35	11 456.94	120.15	114 360.96

（2）从所有用地类型来看，耕地面积减少最多，苏南地区非农化问题突出

耕地是传统农业发展的核心要素，江苏省耕地面积在所有地类中是减少最多的地类，从 2005 年的 4 730.83 km^2 减少到 2017 年的 4 580.26 km^2。耕地非农化问题突出，非农化面积累计为 1 505.75 km^2，耕地非农化率为 3.18%。耕地受到城市化、工业化过程中的非农用地占用和乡村居民点挤占多重威胁，由经济收益低的农业用地转变为经济收益高的非农业用地。从空间上看，城市辖区及周边的村镇的耕地减少最快，非农化速度明显高于其他地区（图 4.6）。苏南地区的武进区、新北区、宜兴市等地区耕地面积减少最多，苏北地区的滨海县、灌云县等传统农区耕地面积有所增加。

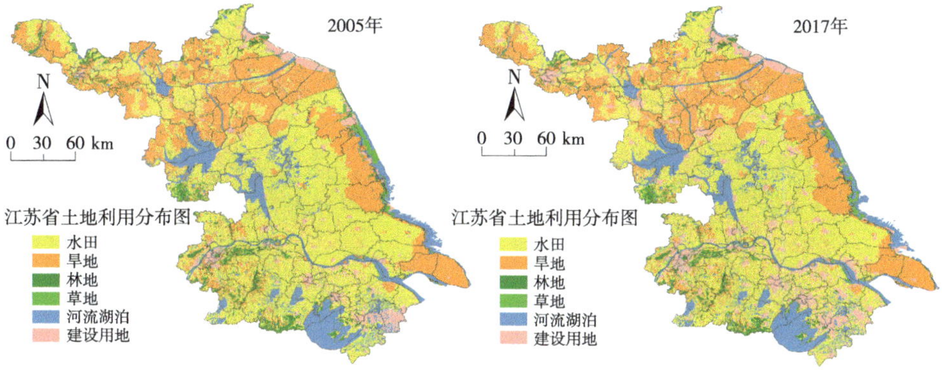

图 4.6　2005 年和 2017 年江苏省村镇土地利用时空格局

村镇的森林、林地和水域等生态用地面积均呈先上升后下降的趋势（图 4.7），拐点出现在 2011 年、2014 年、2015 年。近年来，江苏省村镇的生

态用地仍在减少，但趋势有所缓解。1999 年颁布和实施的“退耕还林”政策起到了一定作用。

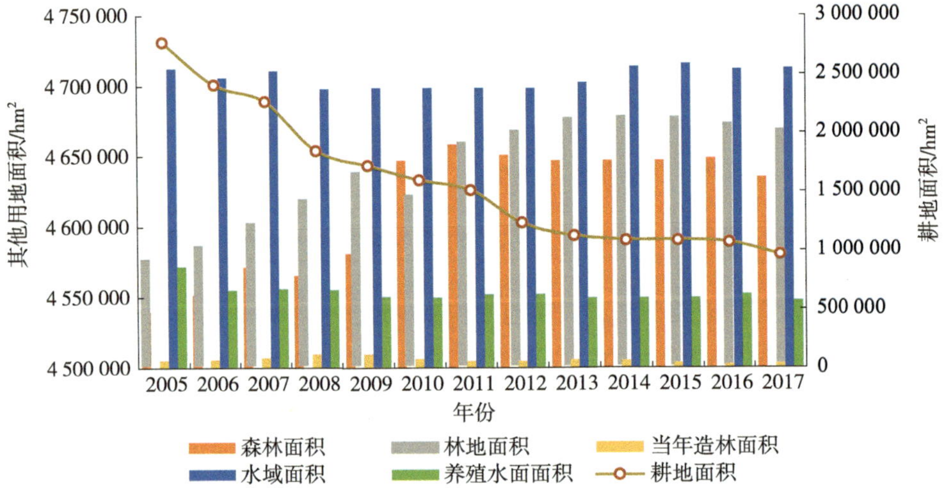

图 4.7　2005—2017 年江苏省村镇耕地、其他用地面积变化

江苏省的村镇耕地的非农化和非粮化现象凸显，与村镇人口转移、农业技术水平提高、劳动力外出务工、粮食种植效益低等密切相关（图 4.8），这些因素综合作用导致了土地利用结构和方式的变化。苏南地区乡村工业发达，粮食生产收入与工业发展收入形成巨大的经济收入“倒挂”现象，加剧了村镇发展的不平衡和不公平性，促进了苏南地区耕地的非农化转换。随着耕地减少，江苏省农业从业人数也在下降，但总体上劳耕关系仍保持平衡协调。

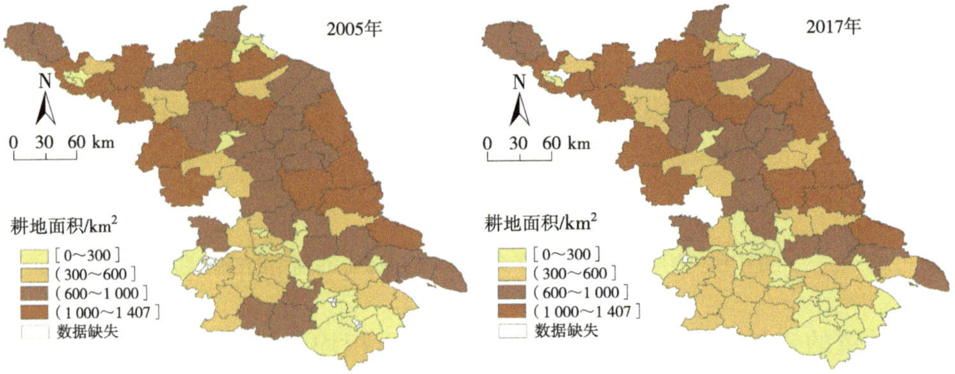

图 4.8　2005 年和 2017 年江苏省村镇耕地面积时空格局

（3）村镇人均居民住房面积增加，农村居民点用地效率低

从县域层面看，江苏省村镇人均居民点面积由 2005 年的 38.6 m^2 增加到 2017 年的 57.71 m^2，增幅为 49.50%，平均增速为 4.13%，高出同期全国平均水平 0.68%。因现有农村的户籍制度、社会保障、公共服务等城乡二元体制的制约，村镇的常住人口和户籍人口同步减少，随着农村居民点的整理，居民人均用地水平却在逐年升高，出现“农村人口减少，建设用地反而增加”的现象，农村人口数量与农村居民点用地面积耦合关系失调，体现出村镇居民点用地效率低，村镇的人地关系协调仍然是急需解决的问题。经过对江苏省典型村镇调研，发现农村存在一户多宅现象，部分宅基地空置或者闲置，特别是在偏远的传统农业耕作地区此项问题尤为突出。

从农村居民点空间分布来看（图 4.9），以 2017 年为例，总体而言，中心城市和主要县（市）周围的农村居民点核密度较高，分布较密集。苏南地区和苏北淮安等地，地势平坦，自然条件好，水网密集，交通发达，经济基础好，农村居民点较密集，密度高达 1.54 个 /km^2。连云港、宿迁等地自然条件相对差一些，经济基础也相对差，交通通达性低，因而农村居民点密度相对较低，仅为 0.11 个 /km^2。农村居民点规模也很小，平均每个村的人口规模为 500 人左右。传统农村区域居民点分布分散，村落布局考虑合理的耕作半径，不利于农业和生活基础设施的集中布设，因而难以形成集聚效应。2005—2017 年，连云港地区农村居民点密度增加，村镇建设用地核密度越来越稠密。苏南地区的苏州和无锡的村镇建设用地逐渐稀疏，这主要与苏南地区新农村建设、美丽乡村建设、乡村振兴战略的实施、农村易地搬迁和集中改造等措施有关。

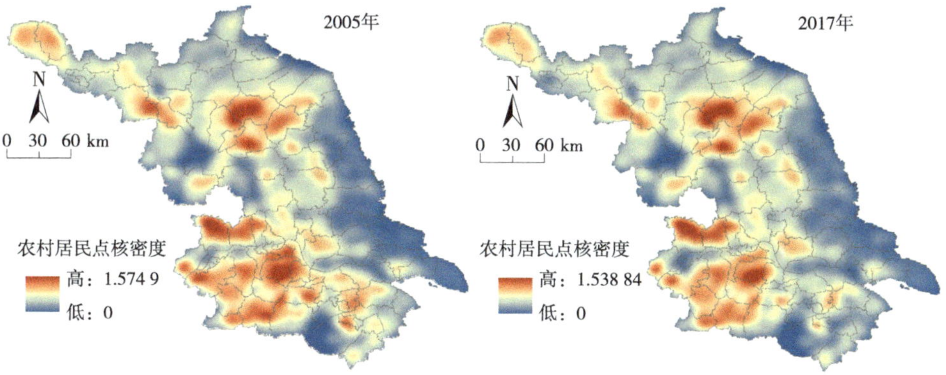

图 4.9　2005 年和 2017 年江苏省农村居民点核密度时空格局

4.2.3 村镇经济水平时空特征

经济发展水平、三次产业结构比例是区域发展宏观分析的重要方面，也是村镇发展定位、发展方向、结构调整的重要依据。本书从人均地区生产总值、一二三产业产值和比例方面来分析村镇发展的时空格局变化。

（1）江苏省村镇人均生产总值持续增加，以第二产业为主，第三产业上升显著

从地区生产总值总量的时间演变来看，江苏省村镇人均地区生产总值持续增加（图 4.10）。2005—2017 年，村镇人均地区生产总值从 1.63 万元增加到 8.27 万元，增加了 5 倍有余。村镇的第一、第二、第三产业产值也分别逐年增加。第一产业从 1 298.86 亿元增加到 3 749.58 亿元，增幅最小，为 188.68%。第二产业从 5 694.68 亿元增加到 33 297.88 亿元，增幅为 484.72%。第三产业从 3 113.53 亿元增加到 25 703.36 亿元，增幅为 725.54%，第三产业的增幅最大。

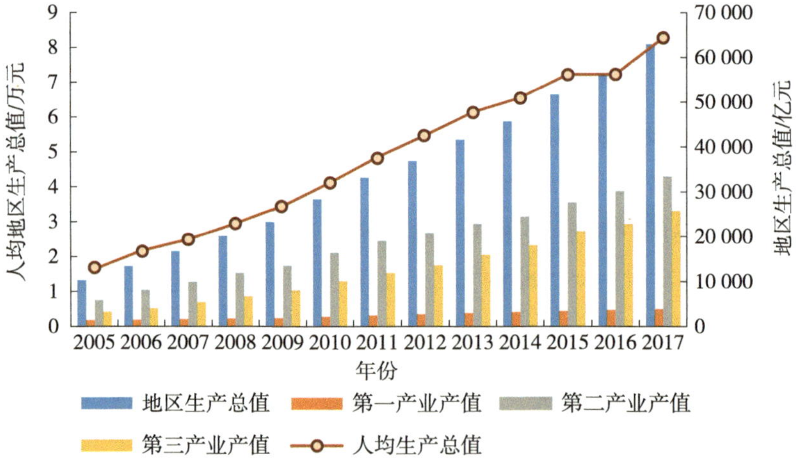

图 4.10　2005—2017 年江苏省村镇地区生产产值

从一二三产业比例变化来看（图 4.11），江苏省村镇产业仍以工业为主，第三产业比例上升显著。2005 年一二三产业比例为 12.9∶56.3∶30.8，到 2017 年一二三产业比例为 6.0∶53.1∶41.0。2005—2017 年，第一产业占比持续下降，从 12.85% 下降到 5.98%；第二产业比例先上升后下降，2006 年达到

顶峰（60.09%），随后持续下降到 2017 年的 53.06%；第三产业占比波动持续上升，从 30.80% 上升到 40.96%，上升幅度显著。

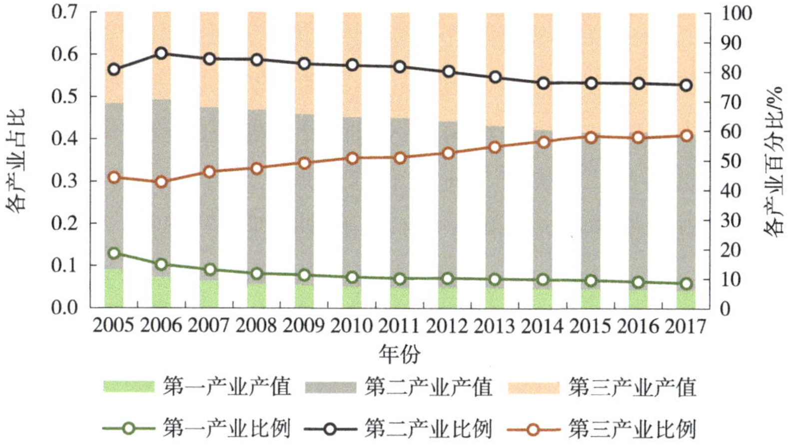

图 4.11　2005—2017 年江苏省村镇一二三产业产值和比例变化

（2）村镇经济冷热点空间集聚，苏南地区极化增加明显，总体上集聚和扩散效应交替

对村镇地区生产总值的 Moran's I 和 Getis-Ord General G 指数计算发现，全局 Moran's I 在 0.34 以上且呈波动增加趋势，$Z(I)$ 值在 0.01 水平统计显著，说明江苏村镇地区生产总值在水平相似地区空间上集聚分布，集聚趋势增强。Getis-Ord General G 指数在 0.02 以上，$Z(G)$ 值也在 0.01 水平上呈现显著，村镇地区生产总值高值和低值集聚分布，农村经济可能围绕部分热点区域开展。Getis-Ord General G 指数也呈波动增加趋势，说明空间集聚格局出现强化现象。

江苏省村镇地区生产总值呈现空间不均衡和高低集聚的圈层空间结构（图 4.12）。总体形成以冷点区和热点区的低值中心和高值中心一并向外扩散的“圈层结构”和“梯度扩散理论”的特征。高值区以苏南地区村镇为核心热点区，说明苏南地区村镇经济集聚趋势增强。低值区形成以淮安市为冷点区的空间特征，贫困村镇可能陷入“贫困陷阱”，说明该地区经济基础相对薄弱。村镇地区生产总值的时空演变集聚和扩散效应交替，并存在空间溢出效应。从冷热点区的演变来看，2005 年，核心热区分布在苏南地区，包括苏州、无锡、常州市等。到 2017 年，江苏省村镇的经济发展以强者越强、弱者越弱的“马太效应”空间集聚效应为主导，并出现多个热点集聚区，除了苏州昆山、张家港等，还新增了镇江丹徒、南京溧水、扬州宝应、盐城建湖、南通海门等地。冷热点区域演变存在空间分散和空间溢出效应。到 2017 年，冷点区消失，热点高值区向苏中地区和苏北地区扩张的趋势明显。随着江苏沿江和沿海开发战略的实施，苏南地区的部分产业不断向扬州、南通等苏中地区、苏北地区转移，使得苏中地区和苏北地区部分县村镇经济快速发展。经济发展冷热点数量变幅大，符合“不平衡增长理论”规律。分析 2005 年和 2017 年村镇地区生产总值的冷热点数量特征可以看出，热点个数分别为 149 个和 114 个，冷点个数分别为 60 个和 0 个。江苏省村镇经济发展低值集聚明显高于高值集聚，江苏省村镇经济发展与赫希曼的“不平衡增长理论”一致，即村镇经济差异呈先扩大后缩小的变化趋势。

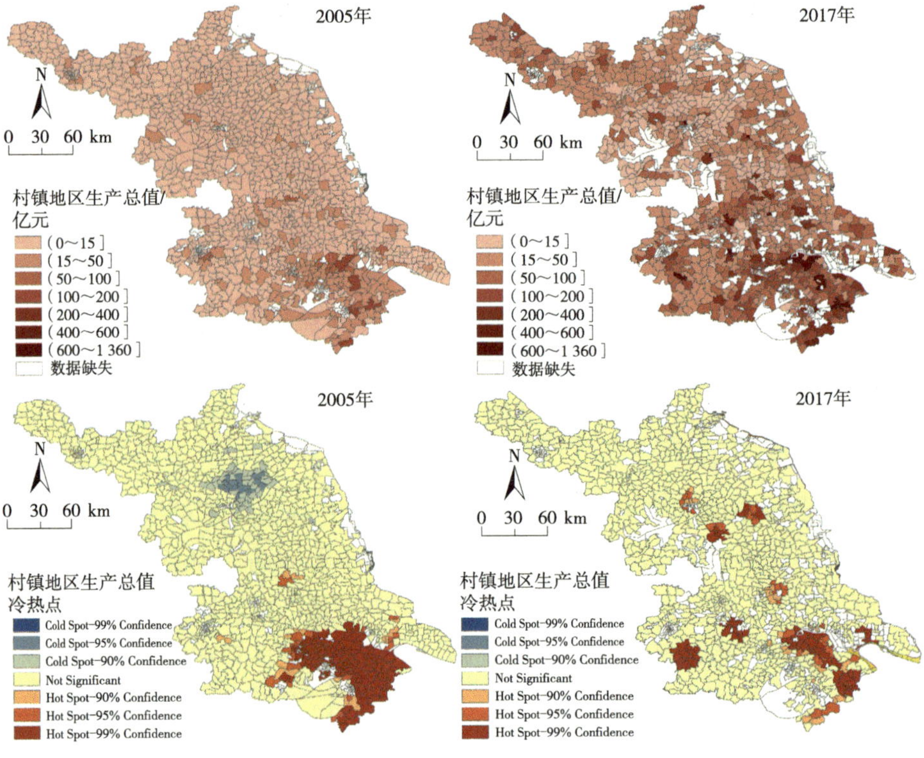

图 4.12　2005 年和 2017 年江苏省村镇地区生产总值及冷热点时空格局

（3）村镇集体经济快速发展，农民收入增加和生活改善显著

江苏省村镇集体经济随着资源和组织方式的改变快速增长。江苏省的村镇集体经济收入主要来自三个方面。第一，以租金收入为主，村镇通过房屋、土地租赁等出租资源性的资产获得收入。第二，以投资收益为主，村镇以集体股权的方式投资参股企业获得收入。第三，以收益利润为主，村镇以农业及土地等集体性经营资产获得收入。

苏南地区的集体经济收入高于苏北地区。随着非农业产业的发展，尤其是乡村工业的发展，江苏村镇集体经济显著改善。此外，设施农业和规模农业也加快江苏集体经济收入。村镇土地是村集体经济发展的最重要的资产和资源，如土地出租、建厂房和商铺出租等可以推动集体经济收入增长。当然如果土地权属不明显，不善监管，则此类做法不利于村镇集体经济发展。另外，良好的交通条件对村镇的生产生活改善有重要作用，同时能推动集体经济收入较快增长。

4.2.4 村镇农民收入时空特征

农民人均纯收入、农民人均生活消费支出是农民生活条件的重要评估指标。本书从农村居民人均纯收入、农村居民人均生活消费支出、各项详细生活支出、农村恩格尔系数等来分析江苏省村镇居民生活时空特征。

（1）农民人均纯收入增长速度快，农民生活从小康迈入富足阶段

江苏省农民人均纯收入和支出呈现增长速度快、区域差异大的特征（图 4.13）。2017 年，江苏省农民人均收入达到 19 158.03 元，较全国的平均水平（13 432 元）高出 42.63%。2005—2017 年，江苏省村镇农民人均收入年均增长率达到 263.12%，非农产业型与传统农业型村镇收入差异显著，非农产业型的村镇比农业主导型的村镇年人均收入普遍高 5 000 元左右。工业型和商贸服务型的村镇就业机会多，居民人均收入增加明显。特别是苏南模式下的中小型企业创办，为附近农民劳动力就近就业和增收创造了条件。

与农民人均收入相似，江苏省农民人均生活消费支出也呈逐年上升趋势，从 2005 年的 3 567 元增长到 2017 年的 15 611.51 元，增长幅度达到 337.66%。农村恩格尔系数指农民的食品支出总额占个人消费支出的比重，是衡量农村生活富裕程度的标准之一。家庭收入越高，购买食物支出比重下降，就表明

富裕程度越高。江苏省的农村恩格尔系数逐年下降，从 2005 年的 44% 下降至 2017 年的 28.9%。国际标准认为家庭恩格尔系数在 20%～30% 为富足，在 40%～50% 为小康。据此标准，江苏省农民生活已从小康迈入富足阶段。

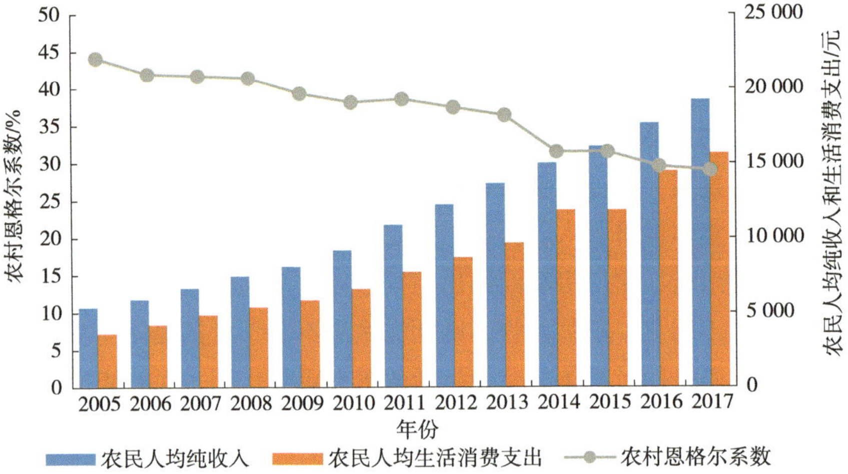

图 4.13　2005—2017 年江苏省农民收入和支出变化

从江苏省 2005 年和 2017 年农民人均生活消费支出项目来看（图 4.14），食品支出从 43.99% 下降到 28.89%，与农村恩格尔系数逐年下降结论一致。农民生活消费中文化教育娱乐项目支出占比也同样下降，从 13.43% 下降到 9.29%。农民生活消费中的居住消费上升比例最大，从 14.38% 上升到 21.75%，增加了 7.37%。这与随着城镇化和工业化，农民进城买房，房价上升给他们带来居住成本的增加有关。此外，交通和通信、医疗保健、家庭用品及服务支出比例也分别从 10.20%、5.58%、4.71% 上升到 16.78%、8.94%、6.11%，说明当地农民的物质水平和生活水平大幅提高。

（2）农民收入呈苏南至苏北圈层式递减，两极分化日益显著

自 2005 年以来，江苏省农民人均纯收入水平持续提升，县域和镇域间农民收入的区域差异不断拉大（图 4.15）。从空间分布来看，江苏省农民收入水平表现出由南到北圈层式递减的空间格局，苏南地区、苏中地区和苏北地区之间的农民收入区域差异显著，南北两极分化明显。2005—2017 年，农民收入热点从 92 个上升到 228 个；冷点数从 0 个上升到 290 个。热点区农民收入相对稳定，南京、镇江农村的农民收入处于领先地位。到 2017 年，热点区扩

大到苏南连片区，包括苏州、无锡、常州，并向周边地区辐射带动。苏南地区村镇企业快速发展，苏南模式取得显著成效，农村经济快速发展，使得农民受益较大。苏北地区村镇农民收入冷点集聚。2017 年，农民收入冷点区集中在宿迁、徐州、连云港、淮安等地区，苏北地区相对落后的局面尚未改变。冷热点空间集聚增强，苏南地区与苏北地区的农民收入差距越来越大。

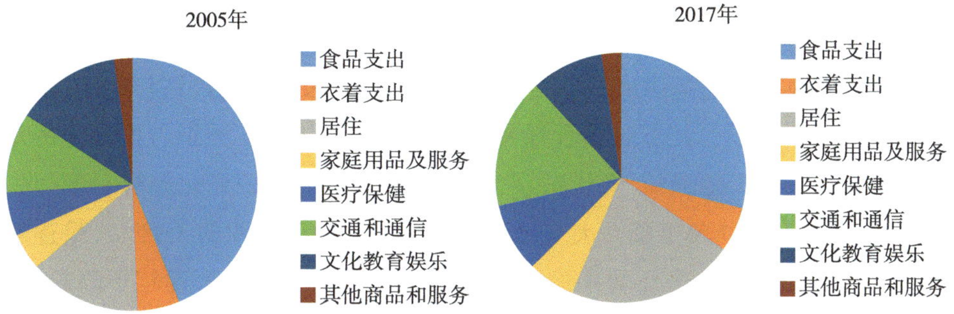

图 4.14　2005 年和 2017 年江苏省农民人均生活消费支出项目

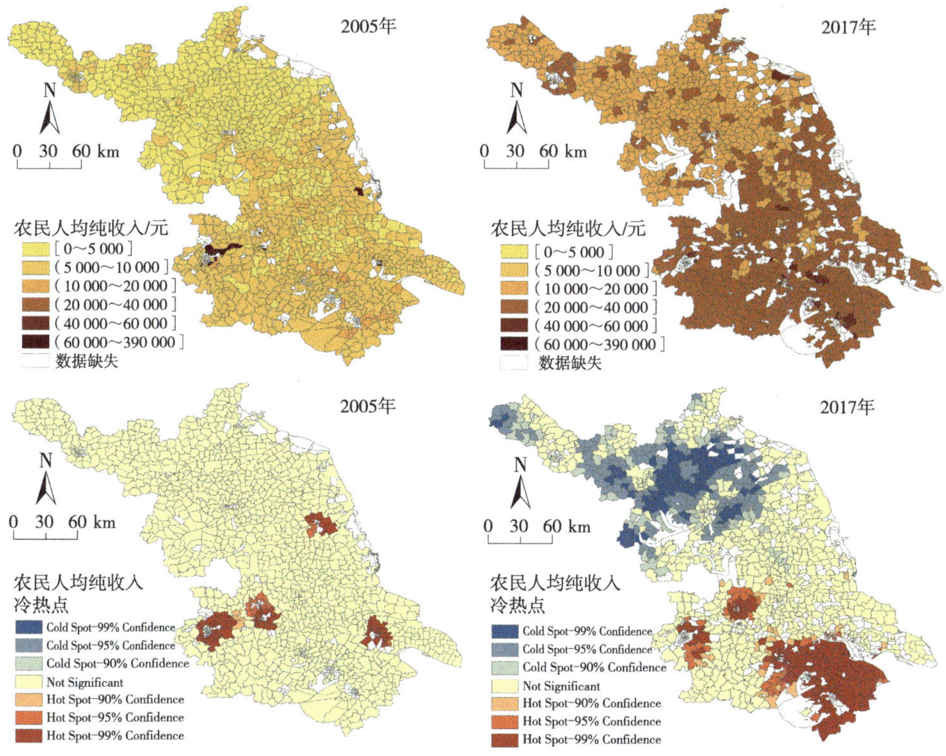

图 4.15　2005 年和 2017 年江苏省农民人均纯收入及冷热点分布

4.2.5 村镇农业生产时空特征

农业生产非粮化趋势明显，总体由粮食作物向经济作物种植转变，经济作物由棉花、油料种植向蔬菜种植转变。

江苏省村镇粮食播种面积呈先上升后下降的趋势（图 4.16），从 2005 年的 49 537.7 km^2 上升到 2016 年的 54 327 km^2，粮食播种面积上升幅度为 10.34%。到 2017 年粮食播种面积下降到 54 064.3 km^2，下降了 0.48%，耕地出现非粮化现象。耕地非粮化是耕地不再用于粮食作物种植改种其他经济作物的过程。从粮食的组成来看，江苏省粮食播种以稻谷和小麦为主，分别占粮食种植总面积的 42.10% 和 40.34%。稻谷、小麦与粮食的种植面积变化趋势一致，先逐年上升，到 2017 年下降。大豆播种面积占粮食种植面积的 3.68%，呈逐年下降趋势。此外，经济作物中的油料和棉花种植面积呈显著逐年下降趋势，2005 年至 2017 年，油料种植面积下降 51.38%，棉花种植面积下降最为显著，降幅高达 87.81%。江苏省村镇的蔬菜种植面积占农作物面积的 18.52%，呈先下降后上升趋势，2007 年蔬菜播种面积为 10 423.9 km^2，逐年上升到 2017 年的 14 076.6 km^2，上升幅度为 35.04%。江苏省的经济作物种植呈从棉花、油料种植向蔬菜种植转变的趋势。

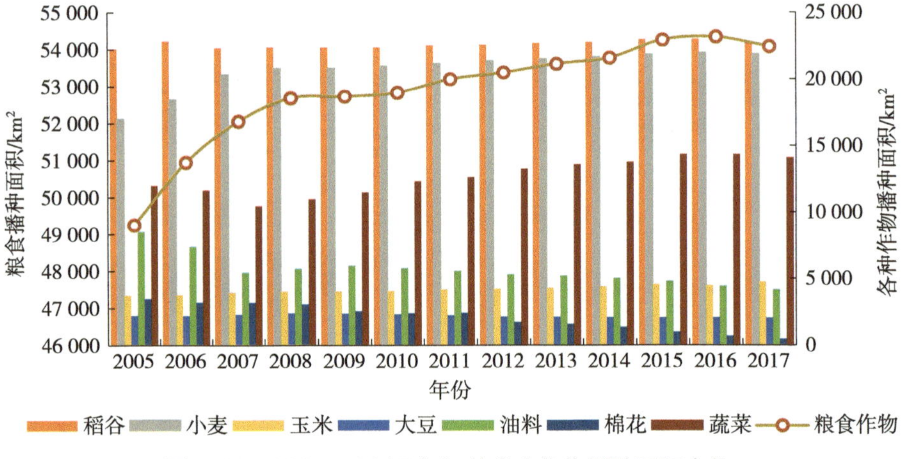

图 4.16　2005—2017 年江苏省农作物播种面积变化

与粮食和经济作物播种面积相对应的是产量的变动。江苏省粮食产量呈现波动上升并稳产的特点（图 4.17），2005—2017 年，从 2 936.94 万 t 上升到 3 539.83 万 t，增幅达 20.53%。人均粮食产量是评价区域粮食供需平衡的重要指标（李亚婷等，2014）。江苏省人均粮食产量从 580.04 kg 上升到 741.31 kg，增幅达 27.80%。2018 年中国人均粮食产量为 472 kg，江苏省人均粮食产量远高于全国平均水平，粮食供给能力显著提升。规模种植户数、专业种植村数均呈逐年增加趋势，规模经营能力增强。

2017 年，在各类农作物中，江苏省蔬菜产量最高，其次是稻谷、小麦和水果，它们的产量分别为 5 540.48 万 t、1 924.91 万 t、1 170.92 万 t 和 309.79 万 t。蔬菜产量逐年上升，增幅达 53.70%。稻谷和水果的产量上升并逐步趋于稳定，而小麦产量逐年上升。大豆、油料、棉花、糖料的产量都呈逐年下降趋势。

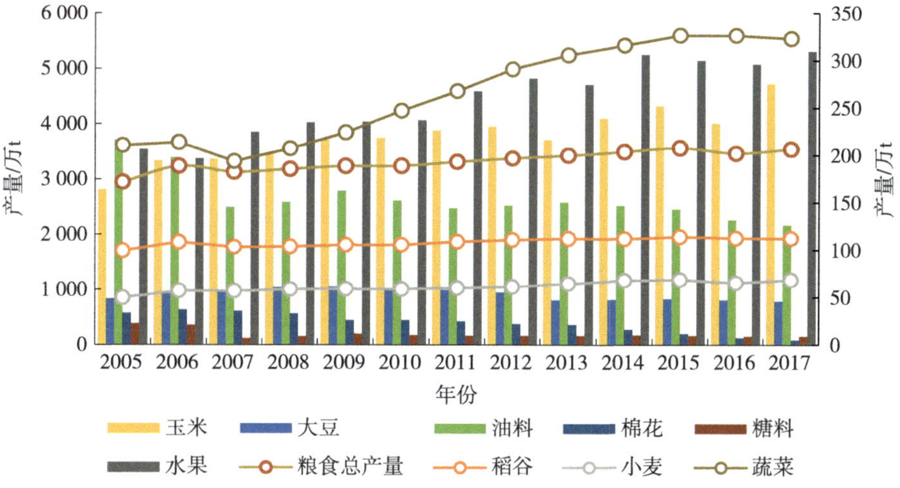

图 4.17　2005—2017 年江苏省农作物产量变化

从江苏省村镇养殖生产来看，水产品、猪肉、禽蛋、禽肉产量分别为 507.59 万 t、214.30 万 t、186.05 万 t、110.20 万 t。从养殖生产结构变化来看，蚕茧、牛肉、羊肉、奶类都呈逐年下降趋势，这些养殖业江苏省不是主产区，缺少产业竞争和原材料优势。江苏村镇水产品产量逐年上升，猪肉产量波动趋于稳定。

播种结构变化是国家政策和农户种植决策的综合结果。粮食作物的经济收益低，在市场影响下，农户会调整种植结构，优选种植经济作物。此外，在快速城镇化的江苏省，村镇劳动力变动、粮食种植成本趋高、农用地经济价值下降、城市建设用地扩张、耕地流失等也是非农化和非粮化出现的主要原因（陈江龙和曲福田，2006）。

4.2.6 村镇工业生产时空特征

（1）江苏省村镇主导产业从服装纺织、化工、机械等转变为电子电器、计算机通信、化工等行业，从劳动密集型转为资本密集型产业

江苏村镇主导工业产业从以劳动密集型的加工制造业为主，转变为以资本密集型工业为主。2000—2010 年，江苏省村镇主导产业是计算机、通信及其他电子设备制造业，黑色金属冶炼及压延加工业，服装和纤维制造业，化学纤维制造业，电器机械和器材制造业，化学原料及化学制品制造业，通用设备制造业等。到 2017 年，江苏省村镇的电器机械和器械制造业，仪器仪表和文化办公机械制造业，电力、热力生产及供应业，专用设备制造业等上升幅度较大。这说明，资本技术密集型行业竞争力提高，劳动资源密集型行业虽然仍是主导行业，但竞争优势明显下降。江苏省村镇工业转型发展速度先快后慢，主导产业虽然从服装纺织、化工、机械等转变为电子电器、计算机通信、仪器仪表、化工等行业，但工业结构的高级化还不够。虽然化学纤维制造业、化学原料和制造业一直在江苏省村镇产业中占主导地位，但技术和资本要求高的计算机、通信及其他电子设备制造业，电气机械制造业，仪器仪表文化办公制造业等逐步替代服装、普通机械、纺织等行业，工业结构逐步优化提升。

（2）江苏省村镇工业呈现南北高、中间低的“凹”型特征，苏南地区、苏中地区、苏北地区呈现资本技术密集型、劳动密集型、资源密集型工业分布差异特征

采集江苏省村镇工业企业样点 9 582 个，以电子类、冶金类、化工类为主，占工业总产值的 65.70%。这些企业主要分布于苏州、无锡、常州和长江沿岸地区，呈现南北高、中间低的“凹”型特征（图 4.18）。苏南地区乡村工业企业发展起步早，这与 20 世纪 80 年代苏南模式蓬勃发展壮大有关。近年来，江苏乡村工业开始转移，苏中地区和苏北地区的村镇工业企业也得到快速发展。

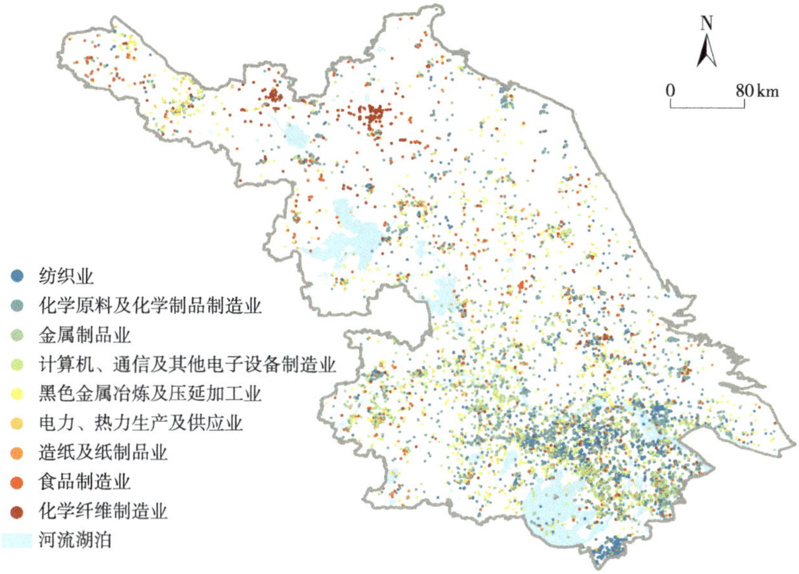

图 4.18　2017 年江苏省工业企业空间分布

苏南地区村镇工业发展早、经济规模大，村镇工业处于江苏省的领先地位，成为核心集聚地区。苏南模式曾经是全国村镇工业发展的示范。苏南地区的村镇工业发展主要依托市场，以资本技术密集型工业为主，包括通信制造业和电气制造业等；苏中地区村镇工业发展依托市场，以劳动密集型工业为主，包括纺织、皮革、服装等制造业；苏北地区村镇工业发展依托原材料，以资源密集型工业为主，包括农产品加工业、采掘工业等。由于环境管制、产业转移压力等因素影响，苏南地区逐渐向苏中地区和苏北地区转移，沿江地区村镇工业向沿海地区转移，村镇工业发展差距有逐渐缩小的趋势（图 4.19）。

江苏的工业型村镇对于农民收入和农村集体经济的拉动作用效果显著。例如，江阴市的新桥镇以海澜集团和阳光集团为主力，打造集毛纺服装生产、品牌连锁经营、总部研发销售、高端旅游度假、影视文化创意和生态旅游于一体的特色小镇。工业利税占村镇产业总利税的 97% 以上，成为苏南地区村镇企业发展的典型。2016 年，该镇地区生产总值高达 157.6 亿元，农民人均收入超过 42 000 元。

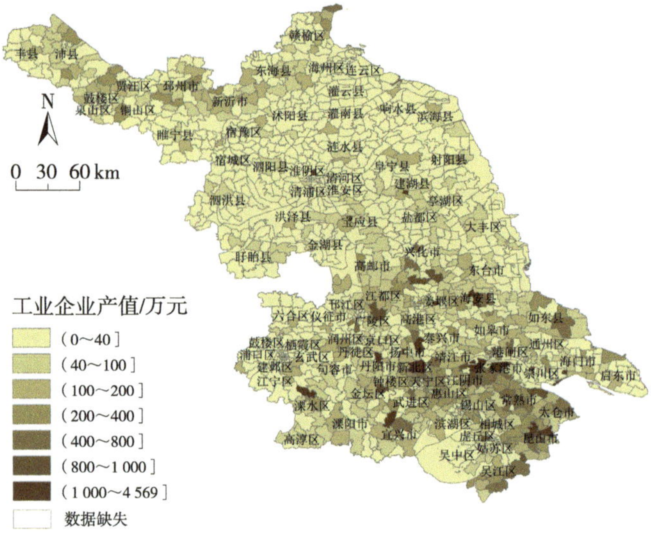

图 4.19　2017 年江苏省乡村工业企业产值空间分布

4.2.7　村镇基础设施时空特征

江苏省的村镇基础设施分布与区域经济发展水平密切相关，同时受到村镇所处区位地理条件和村集体收入的影响。区域的社会经济发展水平高和条件好、城镇化率高、政府重点规划引导的村镇，基础设施建设相对完善。距离城市较近的村镇，污水排放、垃圾收集、供水等容易进入城市的管网中，形成城乡一体化的基础设施网络。村镇基础设施覆盖率从苏南地区到苏北地区递减。供水、供电、互联网、污水排放、垃圾收集、有线电视等基础设施比例呈现苏南地区最高、苏中地区次之、苏北地区最低的特征。

从村镇供水设施来看，20 世纪 80 年代，村民主要通过打井、在附近沟塘取水等方式获取生活饮用水。1995 年前后，全省逐步开展农村供水改造工程，到 2005 年，江苏省大力推进区域供水工程，开展生活饮用水“达镇、进村、入户”和城乡“同源、同网、同质”一体化。从供电设施来看，江苏省供电设施村村覆盖，已实现“户户通电”。村民家里的有线电视覆盖率高达 100%（图 4.20）。村镇均已覆盖互联网设备，手机、电话通信设施使用率较高。江苏省垃圾收集设施主要有垃圾桶、垃圾箱和垃圾收集池三种。在有垃圾收集设施的村镇中，环境卫生较好，垃圾随意丢弃和破坏村容村貌的现象少有出现。在2000年以前，村里的垃圾随意丢弃到水池坑塘和田间地里的现象还较为普遍，目前在配置垃圾收集设施和保洁工作人员后，村镇的卫生环境得到极大的改善。江苏省的污水处理设施主要包括三种，即单家和多家分散处理、小型处理设施集中处理和纳入城镇污水集中处理管网，总体上仍然以分散处理的方式为主。

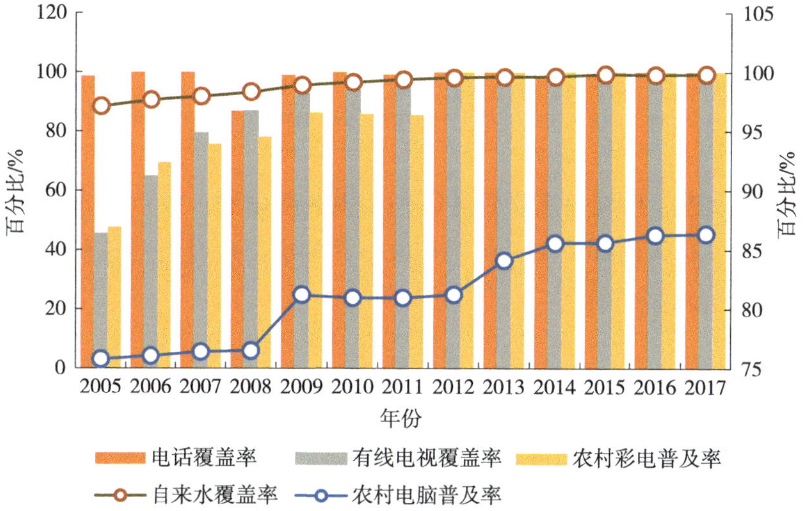

图4.20　2005—2017年江苏省基础设施覆盖率变化

教育基础设施方面，主要呈现向重点村镇集聚的特征（图4.21）。总体上江苏村镇教育基础设施覆盖率不高，覆盖面不全。随着义务教育的统筹布局，原有村庄中的小学被取消或者合并。家长不得不选择送孩子到周围的村镇就学，或者送去县城接受更好的教育。幼儿园兴办较多，学前教育受到重视。村镇优质教育资源分布不均衡。邻近城市或者县城及经济发展好的村镇的居民子女义务教育阶段读书方便。经济发展较差、距离偏远、交通不方便的村镇子女上学读书较困难，往往不得不异地择校。此外，偏远落后地区教育设施陈旧、规模小，同时面临就读人数减少、生源差等问题。

医疗卫生设施方面，村级医疗卫生设施配置率有所提高，尤其是苏北地区医疗卫生设施增加较快（图4.22）。村卫生室覆盖面广、成本低，大部分农民选择到就近的村卫生室看病，尤其是常见病。对于相对复杂的疾病，村卫生室也能起到转诊医院的作用。随着城乡医疗一体化的实施，以及农民医疗

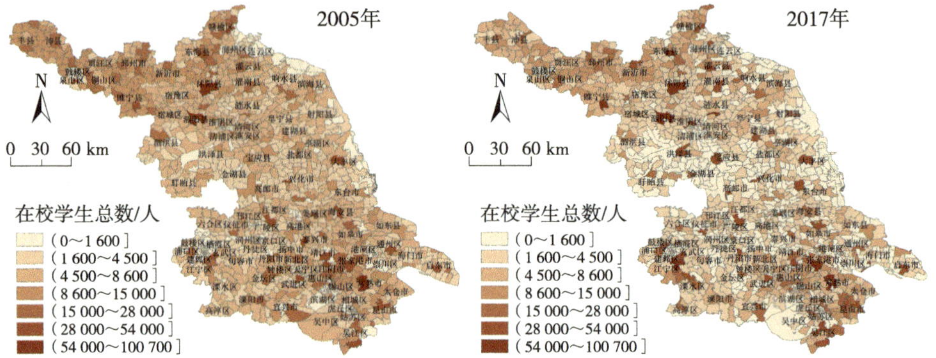

图 4.21 2005 年和 2017 年江苏省村镇在校学生数空间分布

保险工作的推进，村民会选择到县级和市级医院就医。改革开放后，特别是 2000 年以后，村级医疗卫生设施明显改善，基层医疗设施网络和服务水平都得到了很大的推进和提高。

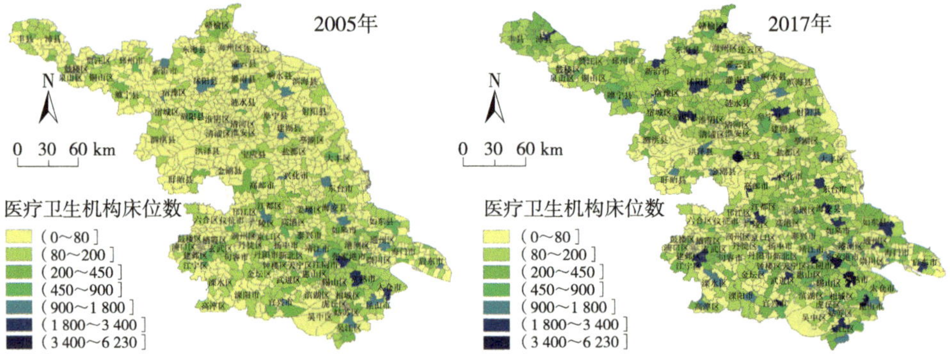

图 4.22 2005 年和 2017 年江苏省村镇医疗卫生机构床位数空间分布

文化体育设施覆盖方面，为满足村民多种类型的娱乐生活需求，村镇广泛建设了文化体育设施，包括图书室、文体活动室、绿化公园、户外体育健身活动地、戏台等。部分村镇还建立了历史纪念馆、名人故居等文化设施，增强村民文化自豪感和归属感。但也存在部分文化体育设施利用率较低的问题，体育设施建立容易，但是村民培养体育锻炼和健身的习惯是需要时间的。图书室和文化室由于书籍和报纸更新慢，上网设施配置低，缺乏专业管理人员维护等问题，也会导致其利用率低或难以满足村民需求。

村镇的养老设施建设刚刚起步，覆盖率较低。村镇的老龄化现象严重，养老需求大且养老形势严峻，大部分村民表示以后想在村里养老。江苏省的村镇养老设施分成两种，分别为养老院和养老区。养老院由个人或者村集体经营，其利用闲置房产或者租赁房屋，打造小型养老院，让村镇的高龄、病重、失能、空巢等老人解决就近养老问题。养老区是指老人仍旧住在自己家里，村集体建立集中餐饮区供应老人，或者统一建老年安置住房，老年人低价或者免费入住，方便子女、志愿者、集体人员、老年人之间互相照顾。

4.3 基于问卷调查的村镇发展功能的特征

为客观反映江苏省村镇发展的现状，针对村镇发展的主体受益者和参与者，在 2020 年 1 月 10 日至 6 月 3 日，利用问卷星发放问卷进行抽样调查，问卷共回收 543 份，其中有效问卷数量为 507 份，有效率是 93.37%。调研问卷内容包括村镇农户的农民生活、农业生产、基础设施、生态环境等。本书根据调研数据分别从以下几个方面进行分析研究。

根据农户问卷调查的结果，参加调研的男性比例为 56.55%，女性比例为 43.45%，与农村“男主外、女主内”的思想一致。各年龄段的比例是 18 岁以下（5.53%）、18～25 岁（36.61%）、26～30 岁（25.02%）、31～40 岁（19.49%）、41～50 岁（9.37%）、51～60 岁（3.01%）、60 岁以上（0.97%）。学历分布为初中（14.93%）、高中（17.98%）、专科（20.03%）、本科及以上（45.74%）、其他（1.32%）。调研人员分布于江苏省全覆盖 13 个市的乡镇，以泰州、徐州、南京等地市居多（图 4.23）。上述调研结果均符合正态分布的检验，说明问卷调研抽样符合随机性的要求。

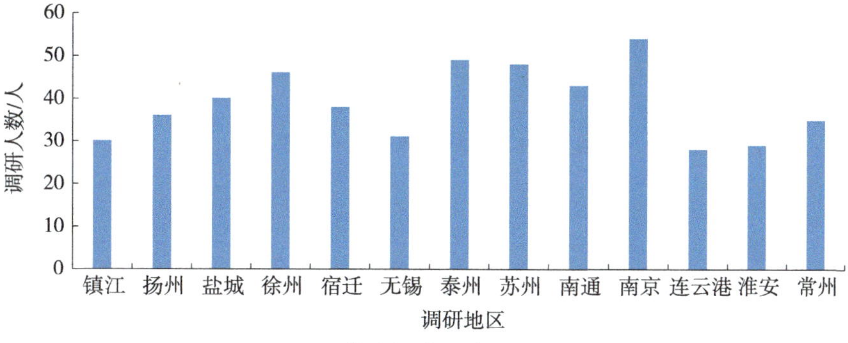

图 4.23　江苏省问卷调查农户地区分布

4.3.1 村镇农民生活状况

从家庭的人口规模来看，调查村镇农户家庭人口普遍为 3 人以上，3 人、4 人和 5 人（含）以上的家庭分布比例分别为 25.79%、37.93% 和 25.11%，说明三代和四代同堂的家庭人口规模占有一定比例。

调查农户家庭人均月收入分布情况为 1 000 元以下（3.59%）、1 000～2 000 元（14.34%）、2 000～3 000 元（20.91%）、3 000～5 000 元（32.12%）、5 000 元以上（29.04%），以 3 000～5 000 元收入为最多（图 4.24）。调查农户居民主要以打工（49.21%）、务农（24.83%）、经商或个体经营（19.87%）为主，苏南地区的乡村工业发达，经商或个体经营占比相对较高，所以人均纯收入也相对较高。调查中，家庭外出务工人数以 2 人为最多，占比为 31.14%；其次是 1 人，占比为 24.82%。江苏省的非农产业就业比例高，外出务工人员较多，这一方面更易于增加农民的家庭收入，但另一方面也会导致从事农业的劳动力流失，影响农业种植养殖业。调查农户居民每年支出最多的四项费用分别是生活费用（25.07%）、教育费用（20.26%）、住房费用（18.35%）、医疗费用（18.09%）。

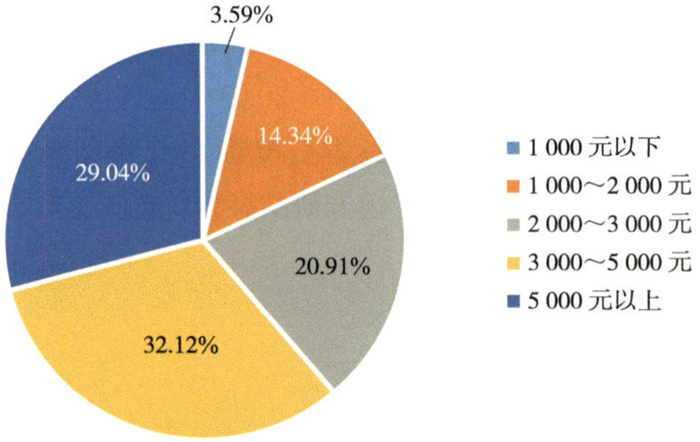

图 4.24　调查村镇农户人均收入

4.3.2 村镇农业生产状况

调查得知，农户种植粮食作物和经济作物占比分别为 35.92% 和 18.24%，两者都种植的占比为 26.09%，流转或者弃耕的农户占比为 19.75%（图 4.25）。在镇郊和重点开发村，农民土地流转的意愿更高。农村推行土地股份合作社制度，受到大量农民认可。调研中发现，劳动力外流易导致土地撂荒，特别是一些低产出和偏远的农地更容易被抛荒。

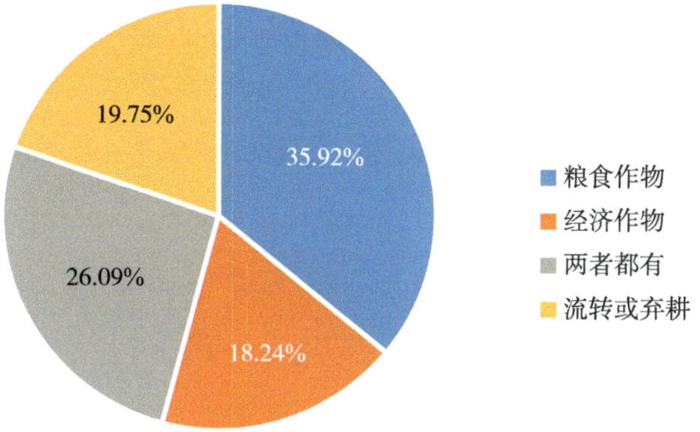

图 4.25　调查农户耕地种植和流转情况

从对农民未来经营方式和土地处置方式这两方面来看（表 4.2），农户调查中反映出仅有 15.48% 的农民想继续从事农业生产且 20.05% 的农民想承包土地进行规模经营，更多的农民选择将土地流转并外出打工，占比为 40.19%。因此，未来会有更多的农村土地进行流转，将来农业更趋于规模化经营。

表 4.2　问卷调查反映的农民未来生产经营意愿　　单位：%

序号	项目	占比
1	继续当前农业生产	15.48
2	承包他人土地，扩大生产规模	20.05
3	外出打工，将土地流转	40.19
4	经营“农家乐”等休闲农业	24.28

问卷调查反映的农村种植灌溉方式为渠灌或漫灌（47.63%）、天然灌溉（29.73%）、滴灌（5.28%）、其他（17.36%）。仅有 5.28% 的农户选择滴灌方式，用水不节约。

4.3.3 村镇基础设施保障状况

在调查村庄的农户中，有 93.85% 的农户已通自来水，但仍有 6.15% 的农户没有集中供水。在调查的农户中有 85.91% 的农户已经开展垃圾集中处理，但仍有 14.09% 的农户还没有开展垃圾集中处理。问卷调查反映的交通便利度情况显示，有 12.56% 的农户距离最近的县城车程在 10 分钟以内、有 26.90% 农户的车程在 10～20 分钟，有 27.49% 农户的车程在 20～30 分钟，有 31.23% 农户的车程在 30 分钟以上。总体上，农村与县城的距离开车 30 分钟以上的农户最多（图 4.26）。

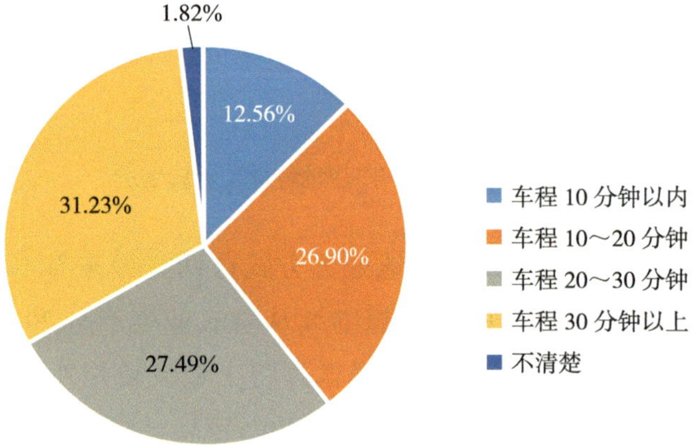

图 4.26　问卷调查反映的交通便利度

从问卷调查来看，卫生室和乡村医生已经普及，在教育设施方面，幼儿园和小学较为普及，初中和校车接送点次之。参与调查的农户中仍有约 6.34% 的农户所在村没有医疗基础设施，约 8.51% 的农户所在村没有教育基础设施，这反映出村镇教育、医疗、社会文化基础设施发展仍然不足。

4.3.4 村镇生态环境保育状况

问卷调查反映出江苏省水体富营养化问题普遍，48.53% 的调查农户反映村附近水体出现了富营养化，34.08% 的调查农户没有发现本村存在富营养化问题。在农用地的肥力方面与五年前相比（表 4.3），27.77% 的调查农户反映土壤肥力提高，24.67% 的调查农户反映土壤肥力没有变化，23.13% 的调查农户反映土壤肥力下降，即至少有 1/3 的土壤肥力发生下降的问题。畜禽粪便回田仍是较普遍的处理办法，约占调查养殖户的 37.42%，仅有 18.76% 的调查养殖户进行沼气处理，集中处理仅占调查养殖户的 19.27%，这说明养殖业带来的面源污染仍存在。

表 4.3　问卷调查反映的村镇土壤肥力变化　　单位：%

序号	项目	占比
1	土壤肥力提高	27.77
2	土壤肥力没有变化	24.67
3	土壤肥力下降	23.13
4	不清楚	24.42

4.4　本章小结

本章以分县和分镇的乡村统计数据和土地利用数据揭示江苏省村镇发展的人口、经济、土地、基础设施等核心功能要素的时空特征及演变趋势，总结和分析江苏省村镇发展现状和路径。

江苏省村镇人口具有总数大、密度大、下降缓慢的特点，在空间分布上苏北地区村镇人口密度高，苏南地区村镇人口密度低。村镇从业人数波动下降，从非农化加快向乡村工业转移；苏北地区村镇产业以农业为主，苏南地区村镇产业以工业为主。“农忙务农、农闲务工”和“离土不离乡”说明半工半农是江苏省村镇兼职型农民的特征。土地利用以耕地向村镇居民点用地转换，农业生产用地向农村生活居住用地转换为主。苏南地区耕地非农化问题突出，耕地面积减少最多。村镇人均住房面积增加，农村居民点用地效率低。农民人均纯收入增长速度快，农民生活从小康迈入富足阶段。农民收入按苏南、苏北圈层式递减，苏南、苏北两极分化显著。经济发展水平高和条件好、城镇化率高、规划政府重点建设的村镇基础设施建设相对完善。

江苏省村镇人均地区生产总值持续增加，产业结构以第二产业为主，第三产业上升显著。村镇经济冷热点空间分异显著，苏南地区经济两极化，总体呈集聚和扩散效应交替趋势。村镇集体经济改善，农民收入和生活改善显著。江苏省粮食产量呈波动上升并趋于稳定趋势，规模经营能力增强。江苏省蔬菜产量最高，其次是稻谷、小麦和水果。农业生产出现非粮化现象，经济作物从棉花、油料向蔬菜转变。乡镇工业从服装纺织、化工、机械等行业转变为电子电器、计算机通信、化工等行业，从劳动密集型转为资本密集型产业。江苏省村镇工业呈现南北高、中间低的“凹”型特征，苏南地区、苏中地区、苏北地区村镇工业分别以资本技术密集型、劳动密集型、资源密集型工业为主。

向江苏省农户发放调研问卷，进一步评估江苏省村镇的农民生活、农业生产、基础设施、生态环境等状况。调研结果均符合正态分布的检验，问卷调研符合抽样随机性。49.21% 的调查村民以打工为主，24.83% 的调查村民以务农为主，19.87% 的调查村民以经商或个体经营为主，苏南地区的乡村工业发达，经商或个体经营占比相对较高，非农产业就业比例高，外出务工普遍。在调查的农户中，人均月收入以 3 000～5 000 元收入为最多。40.19% 的村民选择将土地流转并外出打工，其最多，农民土地流转和土地入股合作社的意愿高，农业规模化经营趋势明显。48.53% 的调查农户所在村镇水体出现富营养化现象。至少有 1/3 的调查农户认为农用地土壤肥力出现下降现象。畜禽粪便回田仍是较普遍的处理办法，养殖业带来的面源污染仍然存在。

第五章

江苏省村镇发展功能格局演变和分类

明晰村镇发展功能对于准确定位村镇发展模式，实施差异化的乡村发展路径具有重要指导意义。村镇发展可以划分为经济发展、农产品供给、生态保育、社会保障四种功能，据此建立村镇发展功能评价指标体系与方法模型，从县域、镇域两个尺度研究 2005 年、2017 年村镇发展功能格局演变特征，识别村镇主导功能类型，提出村镇发展功能一级和二级分类方案。

5.1 村镇发展功能评价和分类模型方法

5.1.1 村镇发展功能评价和分类指标构建基本原则

村镇发展功能评价的目的在于揭示村镇发展和环境保护在地域上的空间分异特点。为了实现分类客观、真实和全面，结合村镇的地域特点，考虑成因、发展和共轭关系，完整性和综合性，全局性和典型性确定了以下 5 个评价指标选取的原则（陆玉麒，2007）。

5.1.1.1 主导性和综合性相结合的原则

综合性原则是根据自然和人文系统的多样性和复杂性，尽最大可能将体现地理分异的要素都包含在内，包括人口、经济、自然、区位、交通、农业、文化、生态、环境等。主要因素是根据不同的层级选择主要决定因素，重点考虑村镇功能分类中的主导因素，突出主导因素才能反映村镇发展和环境耦合协调本质，并在主导因素分析的基础上开展综合评价。

5.1.1.2 社会经济发展与生态环境一致性相结合的原则

村镇布局与发展以自然生态环境和地理资源禀赋为支撑，因此在指标选择时，应该考虑村镇的河流水文、地形地貌、生态景观等基础条件，并结合经济发展的现状和未来格局，把经济结构、产业类型相对一致的地区，自然资源和生态环境相对一致的地区，分别划为相应的类型。

5.1.1.3 行政区划完整性和空间斑块连续性相结合的原则

考虑到人文经济数据的完整性和可获取性，应以乡镇地域为基本空间单元，这样可以做到行政单元的全面覆盖，也可以保持行政边界的完整性，乡镇地域单元不再细化分割。此外，考虑到自然和人文要素的空间分异和复杂性，应将细小和碎片化的单元就近合并，用去小取大的方法来保持空间斑块的连续性，分析村镇功能区划的整体性和规律性。

5.1.1.4 自下而上和自上而下相结合的原则

功能分类初步是村镇社会经济、生态环境的综合评价，为了实现村镇发展功能效益最大化，采用自下而上的合并归纳方法，利于细小的空间单元精细化评估。功能分类的深入认识要考虑更大范围区域的差异化，采用自上而下的演绎的方法，利于更好地把握宏观格局。自上而下的定性分析可以宏观把握总体格局，自下而上的定量分析可以更精确地划定分类边界（段学军等，2011）。自上而下和自下而上的定性和定量分析相结合可以更准确地完成村镇功能分类，同时避免脱离现实和边界的过度破碎化。

5.1.1.5 科学性和可操作性相结合的原则

评价指标的选择能够反映村镇多功能发展的本质、内涵、机理和规律，指标必须有明确的意义和规范的统计方法。指标的选取要兼顾数据的可获取性、客观性和可对比性，采用统计数据或者调研数据，或者专家经验和政策权重等方法来预测未来格局。

5.1.2 村镇发展功能评价和分类的方法和模型

5.1.2.1 村镇发展功能评价和分类指标体系

村镇发展功能指标体系是由多种因素构成的复杂系统，由自然、经济、社会、生态、环境多层次、独立交互的子系统组成。评价指标体系包括功能层、指标层和计算方法三个层次。评价指标的权重由多位专家层次分析法（AHP）测算，用 Goepel 编写的 BPMSG 软件，同行专家分别确定权重后用 AHP 综合计算出来的。

江苏省是中国村镇发展的前沿地区，发达地区的村镇发展功能的指标体系具有重要参考意义（表 5.1）。农产品供给功能（Agricultural Products Supplying

Function，APF）评价主要考虑农业发展水平，农产品供给的多样性、数量、规模、结构等方面，选取粮食作物播种面积、蔬菜作物播种面积、肉类总产量、水产品产量这 4 个指标。经济发展功能（Economic Development Function，EDF）指标主要考虑村镇经济发展水平、产业结构、劳动力规模和质量等方面，选取规模以上工业企业个数、规模以上工业企业产值、市场个数、集贸市场成交额、50 m^2 以上的超市个数、住宿餐饮业企业个数 6 个指标。社会保障功能（Social Security Function，SSF）指标主要考虑的是村镇地域承载的农民生活保障能力和水平，选取区位，金融机构网点数，公园及休闲健身广场个数，街道居民最低生活保障人数，在校学生总数，图书馆、文化站个数，公共文化设施面积，医疗卫生机构个数，医疗卫生机构床位数 9 个指标。生态保育功能（Ecological Conservation Function，ECF）指标主要考虑村镇的生态环境基础条件以及村镇发展带来的生态环境压力，选取植被覆盖度、水域面积这 2 个指标。将农产品供给功能、经济发展功能、社会保障功能和生态保育功能指数累加可以测算村镇地域总体功能（Villages Overall Functions，VOF），用来表征村镇地域多功能发展状态。

表 5.1　村镇发展功能一级和二级分类指标体系

一级分类目标层	二级分类目标层	指标层	权重
农产品供给功能	粮食生产功能	X_1 粮食作物播种面积	0.054
	经济作物生产功能	X_2 蔬菜作物播种面积	0.052
	水产养殖功能	X_3 肉类总产量	0.059
		X_4 水产品产量	0.071
经济发展功能	工业发展功能	X_5 规模以上工业企业个数	0.021
		X_6 规模以上工业企业产值	0.033
	商业功能	X_7 市场个数	0.020
		X_8 集贸市场成交额	0.114
		X_9 50 m^2 以上的超市个数	0.038
	旅游业功能	X_{10} 住宿餐饮业企业个数	0.064
社会保障功能	居住功能	X_{11} 区位	0.006
		X_{12} 金融机构网点数	0.041

续表

一级分类目标层	二级分类目标层	指标层	权重
社会保障功能	居住功能	X_{13} 公园及休闲健身广场个数	0.036
		X_{14} 街道居民最低生活保障人数	0.018
	文化功能	X_{15} 在校学生总数	0.026
		X_{16} 图书馆、文化站个数	0.040
		X_{17} 公共文化设施面积	0.121
	医疗功能	X_{18} 医疗卫生机构个数	0.042
		X_{19} 医疗卫生机构床位数	0.048
生态保育功能	生物多样性功能	X_{20} 植被覆盖度	0.021
	水源涵养功能	X_{21} 水域面积	0.076

进一步对村镇发展功能进行二级分类，将一级的农产品供给功能、经济发展功能、社会保障功能和生态保育功能进一步细化（图 5.1）。农产品供给功能二级分类包括粮食生产功能、经济作物生产功能、水产养殖功能；经济发展功能二级分类包括工业发展功能、商业功能、旅游业功能；社会保障功能二级分类包括居住功能、文化功能、医疗功能；生态保育功能二级分类包括生物多样性功能、水源涵养功能。

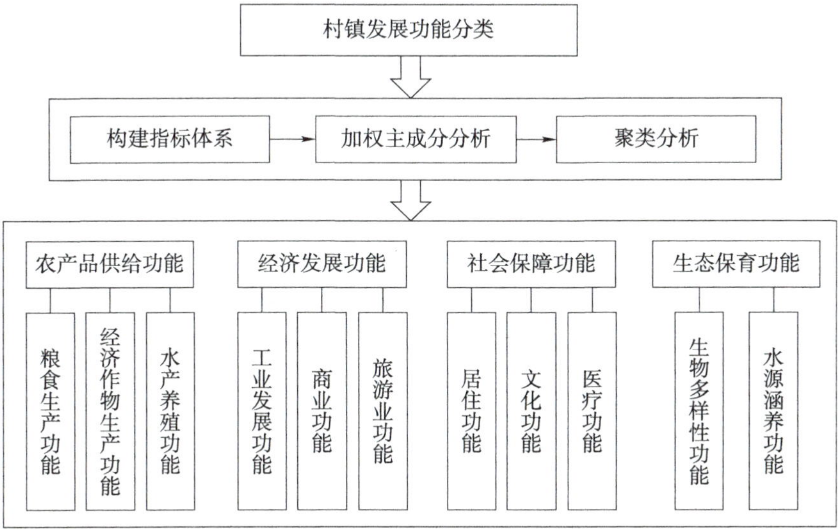

图 5.1 江苏省村镇发展功能分类指标体系

5.1.2.2 村镇发展功能评价模型

对指标体系的原始数据用极值法归一化计算，以削减原始数据量纲对评价结果的影响。

X_{ij} 为正的指标计算公式是

$$X'_{ij}=\frac{X_{ij}-X_{\min}}{X_{\max}-X_{\min}} \quad \text{（式 5.1）}$$

X_{ij} 为负的指标计算公式是

$$X'_{ij}=\frac{X_{\max}-X_{ij}}{X_{\max}-X_{\min}} \quad \text{（式 5.2）}$$

式中，X'_{ij} 是第 i 个样本 j 指标在归一化计算后的值；X_{ij} 是第 i 个样本 j 指标原始数据；$X_{\min}$ 和 $X_{\max}$ 分别是 j 指标的最小值和最大值。

对指标归一化之后，用加权平均法测算各镇的农产品供给功能（APF）、经济发展功能（EDF）、社会保障功能（SSF）、生态保育功能（ECF）。其中，农产品供给功能计算公式为

$$\mathrm{APF}_i=\sum X'_{ij}\times W_j \quad \text{（式 5.3）}$$

式中，APF_i 是 i 镇的农产品供给功能指数，W_j 是第 j 指标的权重，X'_{ij} 是第 i 个样本 j 指标在归一化计算后的值。其他功能指数计算方法以此类推。村镇地域综合功能（VOF）指数计算公式为

$$\mathrm{VOF}_i=\frac{\mathrm{APF}_i+\mathrm{EDF}_i+\mathrm{SSF}_i+\mathrm{ECF}_i}{4} \quad \text{（式 5.4）}$$

用 ArcGIS 软件的自然间断点（Jenks）分类方法对地域功能从高到低分类。

5.1.2.3 村镇发展功能分类

本书使用加权主成分距离的聚类分析方法，加上指标的权重来确定村镇功能分类。该方法可以有效解决传统聚类分析方法在某些特定情况下的失真问题，忽略了不同主成分指标对于分类重要性的空间差异，分类效果更实际和准确。加权主成分距离的聚类分析方法计算步骤如下。

（1）指标标准化。根据功能区需要选取 X_1～X_{21} 共计 21 个村镇指标，得

到样本矩阵，比较原始指标数据离散程度和数量级，为了减少量纲的影响，需要标准化处理数据，得到标准后的无量纲数据和标准化后的矩阵。

（2）构建关系矩阵和主成分分析。对标准化后的数据计算相关系数矩阵，KMO 检验和 Bartlett 球形检验及显著性，判断样本是否适合主成分分析，开始主成分分析时，计算关系矩阵或者协方差矩阵的特征值和向量，提取主成分指标因子，分析指标因子的载荷矩阵并对提取的主成分因子进行命名。设 F_1，F_2，…，F_s（$s \leqslant p$）是由 p 个维度指标向量 $X=(X_1, X_2, \cdots, X_p)$，提取主成分因子列向量，$I_1$，$I_2$，…，$I_n$ 是提取主成分因子后得到的样本行向量，F_{ij} 是第 i 个样本的第 j 个主成分因子（$i=1, 2, \cdots n$；$j=1, 2, \cdots, s$），加权主成分距离的聚类分析定义样本 I_i 和 I_j 的距离公式表达式为

$$d_{ij}(q)=\left[\sum_{k=1}^{s}\beta_k\left|F_{ik}-F_{jk}\right|^q\right]^{1/q} \quad \text{（式 5.5）}$$

式中，β_k（$k=1, 2, \cdots, s$）是主成分因子 F_k 对应的特征权重，并且 $\beta_1 \geqslant \beta_2 \geqslant \cdots \geqslant \beta_s$，$\sum_{k=1}^{s}\beta_k=1$。对不同主成分因子下的样本距离计算自适应赋权，得到的加权主成分距离矩阵是

$$\boldsymbol{D}=\begin{bmatrix} d_{11} & d_{12} & \cdots & d_{1n} \\ \vdots & & \ddots & \\ d_{n1} & d_{n2} & \cdots & d_{nn} \end{bmatrix} \quad \text{（式 5.6）}$$

式中，$d_{11}=d_{22}=\cdots=d_{nn}=0$，$\boldsymbol{D}$ 是对称矩阵，所以只需要计算上三角形部分（或者下三角形部分）。主成分因子 F_k 的特征权重 β_k，各主成分因子下的样本距离自适应赋权，没有改变对分类重要性的比例关系，因此本研究所定义和应用的加权主成分距离聚类分析是科学并符合现实道理的。

（3）聚类分析。聚类分析是按照指标的特征与属性，将村镇功能相似度较高的并为一类，是同一种类型中差别最小的，但是类型与类型之间的差异最大。为保持评价对象的客观可靠，本书选择层次聚类分析的方法，用欧几里得距离来表征类型之间的相似程度，计算公式为

$$d_{rk}=\min\left\{I_{ik}, I_{jk}\right\} \quad \text{（式 5.7）}$$

式中，r 是合并之后的新的类型；k 是合并之前的类型。

重复以上步骤，直到所有的镇域合并为一类。描绘合并过程，最后得到

系统聚类图谱。在系统聚类图谱上，结合实地考察和专家意见，对结果进行校正，将江苏省的村镇地域功能区划划为若干类型。

（4）确定功能类型。对某一类功能中所有镇的该功能对应的指标系数，测算单一功能类型中指标所占份额，对各镇的功能重要程度进行纵向排序。再对某一镇中进行横向的各功能之间的排序。根据权重系数对单一类型的功能做比较，权重系数的计算公式为

$$\lambda_{ij} = \beta_{ij} / \sum_{j=1}^{n} \beta_{ij} \qquad \text{（式 5.8）}$$

式中，λ_{ij} 是第 i 个区域第 j 个功能的权重系数；β_{ij} 是第 i 个区域第 j 个多功能综合权重系数。对聚类分析中划分的功能类型综合排序，最终确定划定村镇发展功能的类型，得到最终的分类方案。

5.2 江苏省村镇发展功能格局演变

5.2.1 江苏省村镇农产品供给功能格局演变

2005 年，江苏省农产品供给功能指数介于 0.006～0.984，APF 值大于 0.5 的县域有 25 个，占县域总单元个数的 26.60%（图 5.2）。APF 指数总体处于中等而稍微偏下的水平，这表明江苏省的农产品供给功能还有待完善。苏北地区的农产品供给功能总体大于苏南地区。农产品供给功能空间差异的主要原因是人口密度、耕地资源、工农经济效益的差距。宿迁市的沭阳县 APF 值最高达 0.984，泗洪县、兴化市、灌云县、东海县等传统粮食主产区的 APF 值也较高。徐州市泉山区 APF 值最低，说明其城市的郊区农产品供给功能较低，承担了更多的生态景观的功能。

2017 年，APF 值介于 0.000 2～1，APF 值大于 0.5 的县域有 23 个，占县域总单元个数的 24.46%。沿海地区的东台市、大丰市、滨海县、响水县的农产品供给功能明显提高，沿海区滩涂逐年增加，耕地资源也随之增加，土壤肥沃，水热匹配，生产条件较好。对经济作物和养殖业的产业培育也有一定的促进作用。宜兴市、吴江区、如皋市、如东县等农产品供给功能显著降低，苏南片区、市辖区及周边县（市）乡镇工业企业发达，建设用地扩张侵占农

田，耕地逐年减少，人口快速集聚使得其从传统的粮食生产区域转为粮食调进区域。耕地的非农化使得苏南地区和城郊区域农产品供给功能下降。

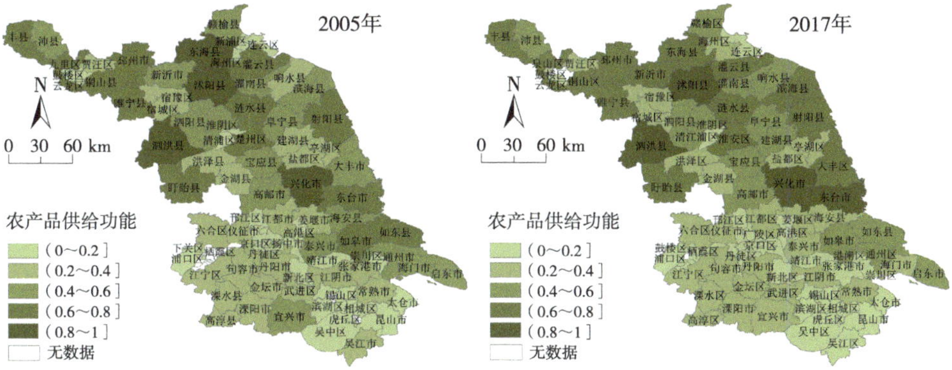

图 5.2　2005 年和 2017 年江苏省县域农产品供给功能演变

从镇域尺度农产品供给功能演变来看（图 5.3），村镇的农产品供给功能总体呈下降趋势。APF 均值从 0.416 下降到 0.325。农产品供给功能较高的位于城市的远郊县的村镇，乡村工业落后，交通条件不便利，农业生产发达，有良好的农作物生产条件。

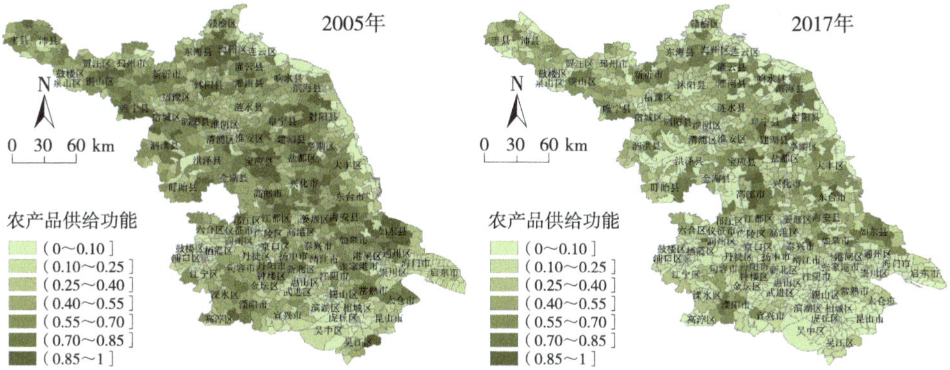

图 5.3　2005 年和 2017 年江苏省镇域农产品供给功能演变

5.2.2　江苏省村镇经济发展功能格局演变

2005 年，江苏省村镇经济发展功能指数空间差异悬殊较大（图 5.4）。苏州市的常熟市 EDF 指数高达 0.986，江阴市、张家港市、吴江市等 EDF 指数都很高，工业发展功能的价值占经济发展功能的主导位置。到 2017 年，江苏省的 EDF 指数与 2005 年分布格局大致相似，绝大部分的县域村镇经济功能得到提升，苏南片区、南京市经济发展的核心位置得到进一步稳固。2005—2017 年，EDF 指数大于 0.5 的占比从 40.12% 增加到 58.86%。苏南区域经济基础好、区位条件佳、乡村工业发达、地均财政收入和地均 GDP 产出都有较高的层次。苏北地区作为传统农区，经济提升较慢，在市场竞争中没有优势。

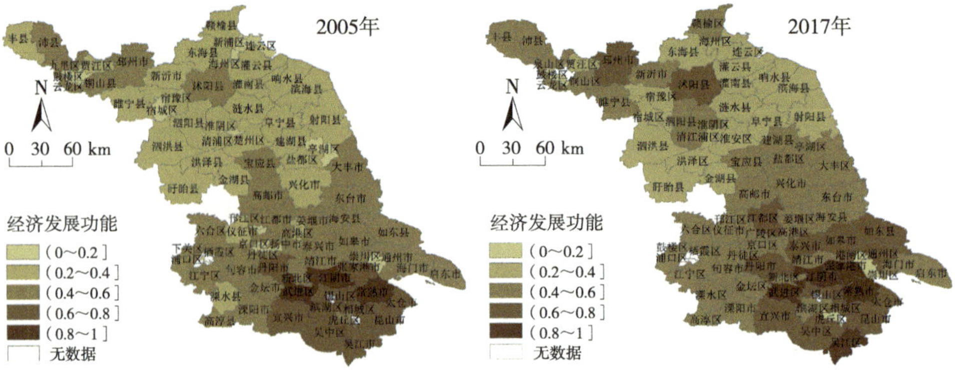

图 5.4　2005 年和 2017 年江苏省县域经济发展功能演变

从镇域尺度的经济发展功能来看（图 5.5），2005—2017 年，江苏省的村镇 EDF 指数从 0.352 增加到 0.624。经济功能较高的村镇主要位于苏南地区和城市近郊的村镇，到 2017 年，受到苏南地区的经济发展的带动，乡村工业企业逐步向苏中地区和苏北地区转移和发展。

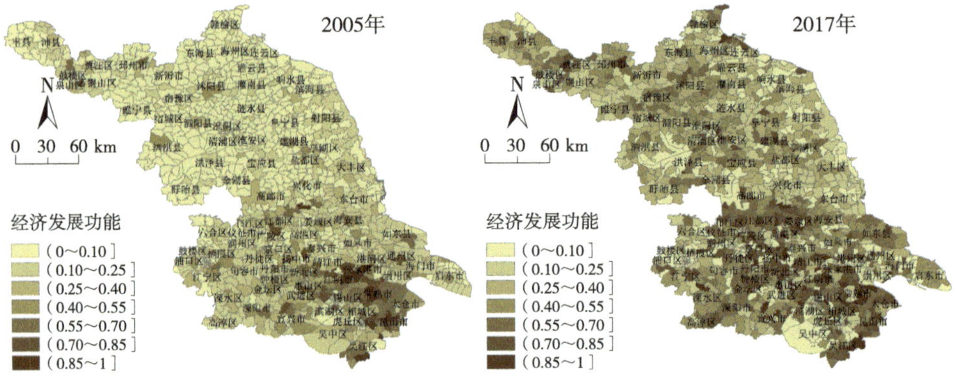

图 5.5　2005 年和 2017 年江苏省镇域经济发展功能演变

5.2.3 江苏省村镇社会保障功能格局演变

2005 年，江苏省的社会保障功能指数最小值是 0.28（连云港市东海县），最大值是 0.981（苏州市吴中区），大多数县域的 SSF 值介于 0.50～0.85，社会保障功能处于较高的水平。社会保障功能与经济发展梯度相似，苏南地区、苏中地区、苏北地区依次递减（图 5.6）。社会保障功能集中分布在市辖区及周边，这些县域的农民收入水平高、消费能力强、医疗和教育设施有保障。2017 年，江苏省的 SSF 指数的空间分布与 2005 年有相似的格局，但是大部分县域的村镇社会保障功能显著提高。苏北地区的整体社会保障功能提升较为明显，特别是邳州市、东海县、金湖县等。

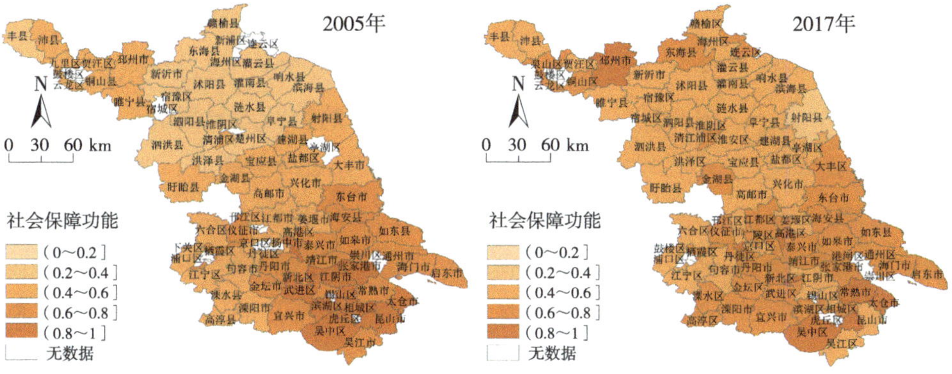

图 5.6 2005 年和 2017 年江苏省县域社会保障功能演变

从镇域尺度来看（图 5.7），社会保障功能 SSF 指数呈上升趋势，SSF 指数从 2005 年的 0.213 提高到 2017 年的 0.486。社会保障功能指数高且提升显著的区域位于城市近郊、县域中心和重点镇等。究其原因可以发现，村镇的社会保障功能与村镇的经济社会发展情况紧密相关，苏南地区的村镇城乡转型早，基础设施发展早，农民的生计方式多样，农民收入在全国领先，因而城市近郊、县中心和重点镇的村镇社会保障功能指数高。新沂市的新安镇、赣榆区的青口镇、射阳县的合德镇等 SSF 指数值高于 0.85，这几个地区的农民人均收入、恩格尔系数较高，形成了社会保障功能在空间上的“飞地”现象。

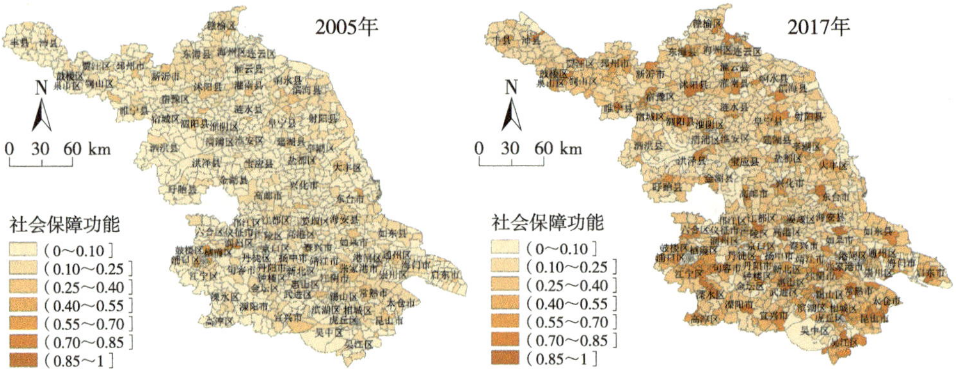

图 5.7　2015 年和 2017 年江苏省镇域社会保障功能演变

5.2.4　江苏省村镇生态保育功能格局演变

江苏省的生态保育功能指数主要位于 0.162～0.512，超过半数的县域位于平均水平之下（图 5.8）。江苏省生态保育功能的空间差异显著，呈现地带性的空间分布。一是在沿海地区的射阳县、大丰区、东台市、如东县等地，滩涂湿地比例高，鸟类、鱼类等生物多样性高，植被覆盖率高。二是在太湖沿岸的吴中区、宜兴市等地，水网密布，水源涵养功能强，生活污水处理率高，生态保育意识强。但是，在沿江地区的生态保育功能较低，因为沿江的化工产业集聚，工业污染强度大。2017 年较 2005 年，生态保育功能下降明显。沿海地区生态功能下降最为明显，这与长江沿岸化工转移至沿海有关。

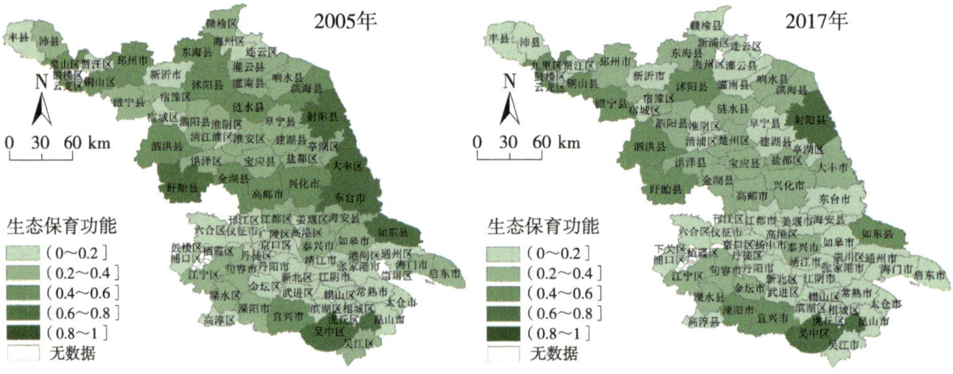

图 5.8　2005 年和 2017 年江苏省县域生态保育功能演变

从镇域尺度来看（图 5.9），村镇的生态功能呈下降趋势，县中心和重点镇的下降趋势较明显，这主要是因为经济发展功能对生态功能的侵蚀和取代。到 2017 年，全省的村镇生态保育功能较为均质，多数在 0.05～0.28，村镇的生态保育功能需要进一步提升，生态保护意识需要进一步强化。

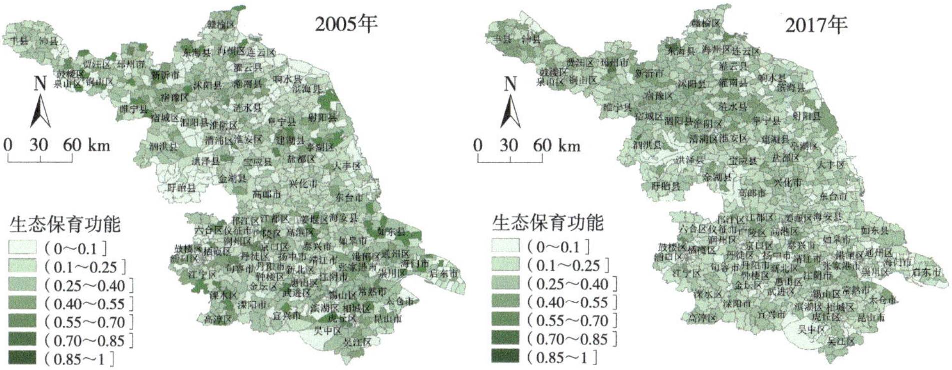

图 5.9　2005 年和 2017 年江苏省镇域生态保育功能演变

5.2.5　江苏省村镇综合功能格局演变

村镇发展多功能是村镇综合发展情况的表征，从宏观上可以看出村镇地域发展的空间异质性（图 5.10 和图 5.11）。江苏省村镇发展功能指数为 0.241～0.673，平均值为 0.485。高值区主要位于环太湖的县镇，该地区地势平坦、水网密度大，靠近上海，有良好的经济基础、地理区位和自然条件，基础设施完善，一直是江苏省开发强度较高的地区。苏南地区的非农化速度超过苏中地区、苏北地区，村镇工业迅速崛起，非农化决定了农民的人均收入，也决定了村镇的社会保障功能和经济发展功能。该区域典型的苏南模式成为村镇发展的先行典范区。高值及较高值还位于苏中地区和苏北地区的县中心和重点镇，该区域紧邻经济发展的核心区，其政府的政策倾斜引导，村镇功能相对完善。村镇地域功能低值区主要位于连云港、宿迁、淮安等村镇，该县（区）的村镇发展滞后，距离长三角核心区较远，村镇工业发展落后，农村劳动力流失，其村镇面源污染重，村镇的环境保护压力大，农村生活保障和条件亟待改进，也是乡村振兴的困难区域。

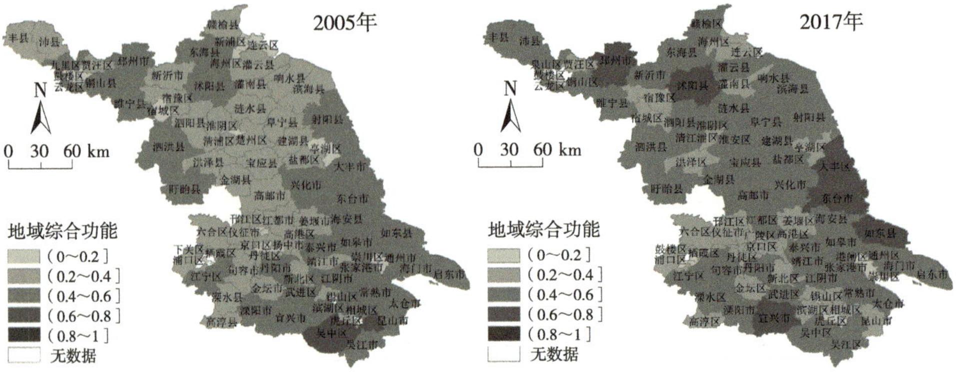

图 5.10　2005 年和 2017 年江苏省县域村镇发展多功能演变

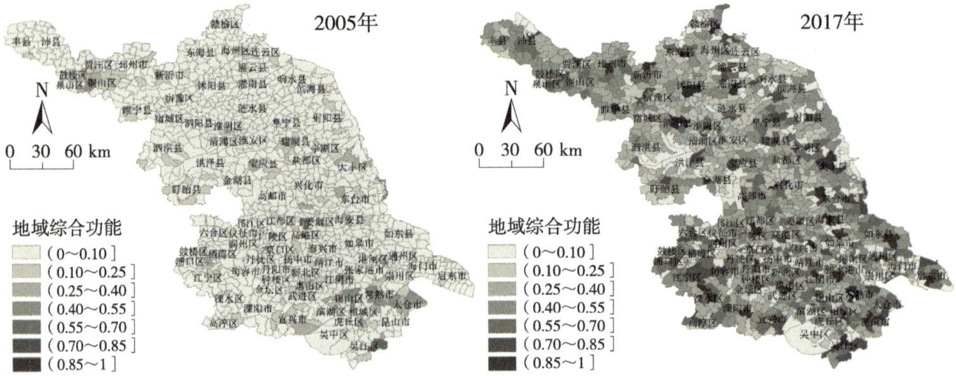

图 5.11　2005 年和 2017 年江苏省村镇发展多功能演变

5.3　江苏省村镇发展功能分类方案

5.3.1　基于田野调查的江苏省村庄类型识别

笔者作为江苏人，踏足过江苏省 13 个市，先后去江苏省村镇调研 21 天，深入调研 7 市 25 县 64 个村镇。结合江苏省住房和城乡建设厅组织摸底调研编撰的《2012 江苏乡村调查》及 13 本市级调查报告，由全省 305 名科研人员、630 多名基层工作人员深入农村开展社会访谈和田野调查。在江苏省 283 个不同类型的样本自然村，每个村庄选择 20 户农户当面访谈，形成 283 份典型村庄深度剖析报告。综合以上调查报告，笔者结合自己的实际田野调查进行修正，最终形成江苏省村庄类型的空间格局。

根据江苏省农村统计年鉴（村卡）社会经济统计数据，结合前人的研究，本书根据村庄的第一二三产值比例划分产业类型，第一产业比重大于 50% 的村庄是农业主导型村庄，第二产业比重大于 60% 的村庄是工业主导型村庄，第三产业比重大于 50% 的村庄是服务业型主导的村庄，或者在村统计数据中是景观旅游名村。如若一二三产业比例都不大于 50%，将一二三产业比例标准化后排序计算。部分村庄无数据时，则根据村委会填写的主导产业类型进行划分。

江苏省农业主导型村庄有 159 个，占比为 56.18%；非农产业主导型村庄有 124 个，占比为 43.82%。农业主导型村庄主要分布在苏北地区，工业主导型村庄主要分布在苏南地区和苏中地区，服务业主导型村庄主要分布在南京市和苏州市的城郊（图 5.12）。

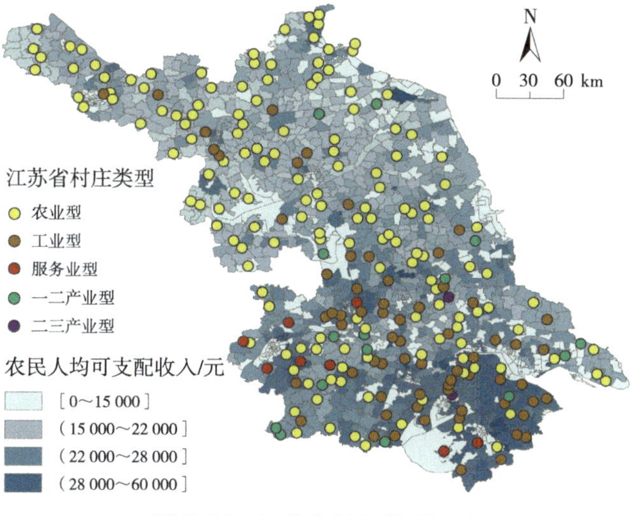

图 5.12　江苏省村庄类型识别

5.3.1.1　农业主导型村庄

江苏省农业主导型村庄呈现“靠水吃水、靠山吃山”的传统农耕特征。小麦和水稻种植分布于平原地区，水产养殖分布于水网地区，茶叶苗木分布于丘陵山区。江苏省农业主导型村庄可以分为三种类型，分别为传统农业型村庄、设施农业型村庄、特色优质农业型村庄。

传统农业型村庄大部分家庭保留自留地，进行精耕细作家庭农业，生产率低下，以传统种植业或者渔业为主。如连云港市灌云县小伊镇和淮安市金湖县前锋镇的村庄，农民人均纯收入不到 9 860 元，处于全省较低水平，传统农业型主导的村庄日益减少。设施农业型村庄以种植大户、合作社、农业基地、大棚高效种植等为主。特色优质农业型村庄以富有地域特色的品牌农产品成为乡村农业发展优势为特征，如苏州的“阳澄湖大闸蟹”成为国家地理标志产品，其养殖面积达 1.65 万亩，产量达 1 400 t。

5.3.1.2 工业主导型村庄

工业主导型村庄多分布在苏南地区和苏中地区，这和 20 世纪 80 年代乡镇手工业企业繁荣发展相关。主导产业包括服装纺织、机械制造、计算机通信、食品加工等，以劳动密集型制造业居多。村庄和城镇互动紧密，劳动力呈从农村到城镇双向流动趋势。甚至有些村镇城市化率很高，形成“超级乡村社区”，基础设施和产业结构也和城市相似。如无锡市江阴市新桥镇，户籍人口为 2.4 万人，常住人口近 6 万人，是超级乡村社区的典型。2017 年新桥镇生产总值达 157.6 亿元。以阳光和海澜两大集团为基础，有中国最大的职业服装和毛纺面料生产基地。形成工业向园区、农业向规模化、农民向社区“三集中”规划建设。建成安置小区超 120 万 m^2，教育、医疗、污水管网基础设施全覆盖。90% 的农田实现规模经营，土地流转价格每亩在 1 000 元以上，规模种植红豆、山药等经济作物。

5.3.1.3 服务业主导型村庄

服务业主导型村庄是分布在南京和苏州的村庄，主要是开展生态旅游。江苏省乡村自然环境优美、乡土文化深厚，休闲度假的生态旅游业逐渐兴起。服务业为主导的村庄以农业规模化生产和旅游消费为主，增加了农户的就业机会，吸引外出务工返乡，使得乡村环境品质改善，村民收入提高。其主要包括四种发展模式，即优越生态景观资源植入旅游功能模式、依托人文历史资源发展模式、传统工艺文化发展模式、农业观光和农产品“农家乐”模式。

南京市江宁区谷里街道周村世凹桃源，地处牛首山南麓，三面环山，依托丰厚的牛首山水资源、历史人文优势，以及金陵四十八景的祖堂振幅、牛首烟岚、郑和墓等景点，被称为“牛首文化第一村”，成为江宁的“五朵金花”之一。其以徽派建筑为特色，游人可亲山近水。该地接待游客 21 万人次，旅游收入为 695 万元，全村经济收入为 539 万元，农民人均纯收入为 17 863 元，很多外出打工人员返乡开“农家乐”。

5.3.2 江苏省村镇发展一级功能分类方案

选取 2017 年村镇地域多功能评价数值结果，采用系统聚类的分析方法，对江苏省村镇的主导功能进行聚类分区。江苏省村镇主导功能区划最终划分为农产品供给、经济发展、社会保障和生态保育四大主导功能（图 5.13）。

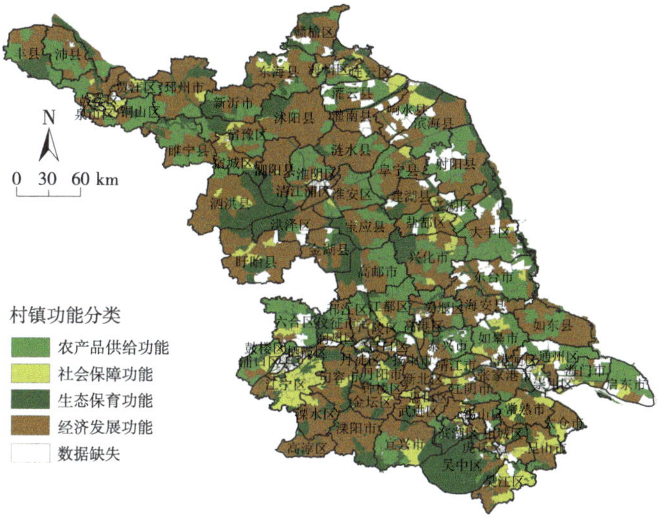

图 5.13 江苏省村镇发展一级功能分类方案

5.3.2.1 农产品供给主导功能类

江苏省农产品供给主导功能区共有 396 个乡镇，占所有乡镇比例的 26.77%，主要位于苏中地区和苏北地区的大丰区、灌云县、睢宁县、射阳县等。该区域属于平原，地形平坦、土地肥沃，具有中大型农业机械设备使用的条件，农业机械化水平高于全国平均水平。该区域是国家商品粮基地、名酒生产基地、水产品基地、蔬菜副食品基地等。蔬菜、瓜果、海水和淡水养殖、杨树类的速生经济林等有较强的竞争优势。长三角地区的“菜园子”和农业休闲旅游的“花园子”保障了长三角和江苏省的农产品供给功能。该区域优势农产品集中，专业生产布局逐渐形成；粮食单产水平较高，优势显著，也是江苏省粮食保障重要地区；农田基础设施好，淮河、大运河等水资源丰富，农业生产保持稳定；区域农村人口密集，农村劳动力兼工兼农，以农业为主；农村非农化不显著，村镇经济发展缓慢，对于周边农村的辐射力弱；村镇的医疗等社会保障欠缺；长期的耕作使得农业面源污染存在。

5.3.2.2 经济发展主导功能类

经济发展主导功能区共有 626 个村镇，占比 42.32%，主要分布在苏南地区，以及苏中地区、苏北地区部分村镇。工业村、近郊村和中心村以及有产业特色村，村镇经济发展突出，产业集群或者特色产业显著。苏南地区、苏中地区和苏北地区的经济发展呈现梯度差异。以 2017 年为例，苏南地区村集体经济村均收入为 4 808 万元，苏中地区村均收入为 1 062 万元，苏北地区村均收入为 401 万元，苏南地区约是苏北地区村均集体收入的 12 倍，约是苏中地区村均集体收入的 4.5 倍。乡镇工业占比为 60% 以上，以机械、纺织、食品工业等为主。江苏省的经济发展差异和改革路径与发展条件相关，也和自然资源、人口、交通、基础设施相关。苏南地区的区位条件、经济基础、技术、人力等都好于苏中地区和苏北地区。苏南地区乡镇企业也显著优于苏中地区和苏北地区，农民的南北收入差距很大。政府鼓励南北合作，推动苏北地区乡镇工业的发展，使劳动力质量和数量提升。非农产业的发展增加了农民的收入，乡镇工业发展增加了农民在农业和工业的就业机会，也提高了农民工资性的收入。江苏省的村集体经济主要有五种形式。一为工业园区型，即建立工业园区及标准厂房，收企业的租金和管理费，固定资产增值。二为资源依赖型，即借助矿产、土地、水等自然资源发展建材、金属冶炼等企业。三为股份合作型，即农民以土地入股集中经营参与分红。四为产业服务型，即用“农户＋公司”的方式，发挥农产品特色，开展农产品加工、销售、物流等产业，农民在农场和公司就业和提供服务。五为资产经营型，即利用空置和闲置的资产和场地，面向市场需求进行资本运作，使资源和场地升值。

江苏省超过 70% 的农村劳动力在非农领域就业，增加了农民工资性的收入，农民外出打工经商，带着资金、技术和经验返乡创业。苏南地区通过推进合作社股份，增加了农民集体经济收入。农业多功能发展，农副产品加工业、乡村旅游业、农村电子商务业等增加了农民家庭经营收入。如沭阳县、东台市、睢宁县等发展电子商务业，溧阳市、宜兴市、江宁区等发展乡村旅游业。

5.3.2.3 社会保障主导功能类

社会保障功能区呈现地带性差异，相对集聚。江苏省社会保障主导功能区共有 137 个乡镇，占比为 9.26%，主要分布于江宁区、浦口区、吴江区、昆山市、宜兴市等的村镇，以苏南地区、南京市和沿江的村镇居多，以重点镇、城郊村为主。社会保障与城镇化率和经济发展情况有正相关关系。社会保障主要包括基本生活饮用水、公交站、医院、卫生防疫站、中学、小学、幼儿园、垃圾收集点、污水处理设施、公共阅览室、健身设施、养老院和医疗保险等。社会保障主导功能区与城市中心、县中心等距离较近，其工业化与城镇化推进快速，村镇发展基础好，区位优势突出，交通便利，人口较集中，人口、产业和土地非农化显著，二三产得到很好发展。城市公共服务易于向该区域的村镇辐射和延伸，教育和医疗等基础设施较普遍和完善，农村医疗保险和最低生活保障较好，社会管理的功能比较强大，社会保障功能的指数比较高。

5.3.2.4 生态保育主导功能类

江苏省生态功能有生物多样性、水源涵养、水土保持等功能，包含饮用水水源保护区、自然保护区、森林公园、风景名胜区、地质公园、历史文化遗产、重要湿地和水体等。江苏省生态主导功能的村镇共有 235 个，占江苏省所有村镇的 15.89%。具体包括大丰麋鹿国家自然保护区、洪泽湖湿地自然保护区、盐城湿地珍禽国家级自然保护区、太湖风景名胜区、长江饮用水水源保护区等所在的村镇。主要位于泗洪县、吴中区、洪泽区、丰县、兴化市等地区的村镇，涵盖了江苏省生态环境较敏感区和生态功能较重要区。其中，长江、太湖、骆马湖、高邮湖等村镇维持了水源涵养、洪水调蓄、水土保持功能，也维持了生态安全格局，保护了水生生物多样性，缓解了水土流失，增加了生态服务功能。该区域还承担保障了全省生活用水安全，保证南水北调水质水量。沿海湿地、句容宝华山等是重要野生植物和动物的栖息地或者生境，有利于对麋鹿、丹顶鹤、白鹤等濒危和珍稀野生动植物进行保护，恢复和维持了生态多样性的生态系统。此外，该区域拥有怡人舒适的清新空气、自然优美的乡野风情、历史悠久的传统文化、丰富的休闲观光旅游资源，且生态环境好，工业和农业污染轻。但该区域人口较少，经济基础薄弱，村镇社会保障和公共服务滞后，洪涝、滑坡等灾害发生的可能性较高。

5.3.3 江苏省村镇发展二级功能分类方案

江苏省村镇发展一级功能分类相对笼统，不能细化村镇的类别，也不能发现村镇发展差异的主要原因。苏南地区、苏北地区、苏中地区同一功能差异也很大。因此，本书结合江苏省南北地域特征，结合一级功能分类的评价结果和村镇发展的实际需求，将江苏省村镇分类进一步细化为 11 个二级功能分类（图 5.14 和表 5.2），包括粮食生产功能、经济作物生产功能、水产养殖功能、工业生产功能、商业功能、旅游业功能、居住功能、文化功能、医疗功能、生物多样性功能、水源涵养功能。

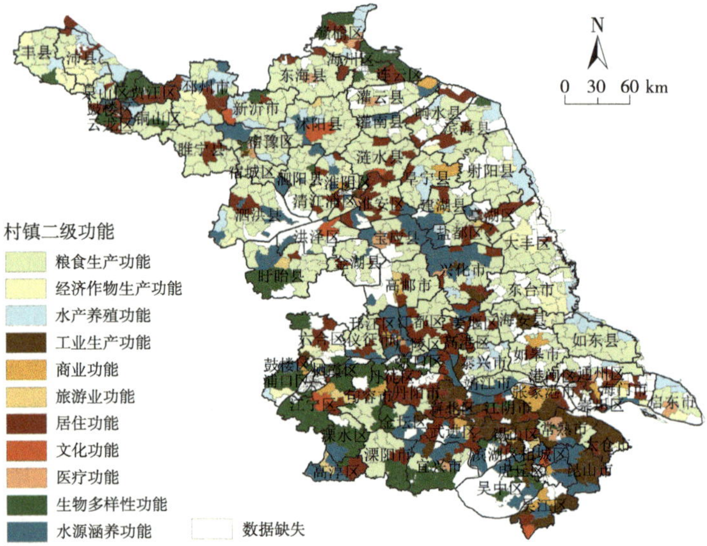

图 5.14 江苏省村镇发展二级功能分类方案

表 5.2　村镇发展二级功能分类数据

序号	二级功能	镇数 / 个	占比 /%
1	粮食生产功能	423	28.45
2	经济作物生产功能	101	6.79
3	水产养殖功能	50	3.36
4	工业生产功能	134	9.01
5	商业功能	29	1.95
6	旅游业功能	21	1.41
7	居住功能	224	15.06
8	文化功能	12	0.81
9	医疗功能	16	1.08
10	生物多样性功能	114	7.67
11	水源涵养功能	147	9.89
12	数据缺失	216	14.53

粮食生产功能是江苏省最主要的农业功能，主要分布在灌云县、灌南县、新沂市、射阳县等村镇，该功能村镇共有 423 个，占比为 28.45%。该功能区主要位于苏北平原，土壤肥沃，耕地资源相对丰富，农业化规模化和机械化水平高，是江苏省主要的粮食主产区。经济作物生产功能主要分布在六合区、东台市、大丰区、淮阴区、沛县的村镇，共有 101 个镇，占比为 6.79%。该区域主要发展果蔬、苗木和药材等经济作物，具有农副产品精细流水加工线，运用"农业 + 互联网"的思路，拓展农产品销售渠道，同时拓展农业多功能发展。水产养殖功能村镇主要分布在沿海和沿湖的泰兴市、如东县等村镇，共计 50 个镇，占比为 3.36%。江苏拥有太湖、洪泽湖、阳澄湖等 290 个大小湖泊，并且临海，具有富有特色的渔业经济。虾蟹的养殖比例最大，阳澄湖大闸蟹、盱眙小龙虾、中洋河豚、长江三鲜、太湖三白等都是著名的养殖产品。

工业生产功能主要位于苏南地区的苏锡常（苏州、无锡、常州 3 市），共有 134 个村镇，占比为 9.01%。该地区自然条件优越，人口稠密。传统的家庭手工业众多，集镇密集，受到上海等大城市的经济辐射强，交通便利，文化程度高，干部的技术和管理水平高，这些让苏南地区的乡村工业成为苏南模式的样板。商业功能村镇主要分布在苏南地区的张家港市、吴中区等村镇，共计 29 个镇，占比为 1.95%，该区域快速工业化和城市化，地区商贸业发展繁荣，引领了村镇的商业服务升级，实现了村镇的地区经济的转型，优化了地方村镇的经济结构。旅游业功能的村镇主要分布在城市的近郊区如南京高淳区和江宁区等，共 21 个镇，占比为 1.41%。江苏省在自然环境、人文内涵等方面具有优势，苏南地区由于人口密集且经济发达，高端乡村旅游休闲类的度假产品有特色，苏中地区的乡村旅游结合了名胜古迹和历史文化底蕴，而苏北地区依靠独特的自然资源条件，打造出渔港风情、乡村扶贫等模式。

居住功能的村镇分布在江苏省全域，呈现散落状分布，共计 224 个，占比为 15.06%。居住是乡村最主要的承载功能，居住功能受到农村的人居环境综合影响。村镇的道路、水电、垃圾收集基础设施、生态环境、文化体育休闲设施，都是影响村镇居住功能的主要原因。文化功能的村镇和医疗功能的村镇占比较小，分别有 12 个和 16 个，占比分别为 0.81% 和 1.08%。文化功能村镇文物遗存丰富，具有古街文化建筑和历史建筑。医疗功能村镇主要分布于苏南地区城郊，医疗基础设施受到城市辐射较强。

江苏省的村镇生态保育功能包括生物多样性功能和水源涵养功能。生物多样性功能村镇共计 114 个，占比为 7.67%，这些村镇植被覆盖度高，绿地面积大，农民对村镇的居住生态环境较为满意。水源涵养功能村镇主要分布在太湖、洪泽湖、高邮湖沿岸的村镇，共计 147 个，占比为 9.89%，江苏省水域面积大约为 1.73 万 km^2，占国土总面积的 16%。水网密布，大小河流共有 2 900 条左右，水资源充沛，是南水北调东线的水源地，村镇水源涵养功能很重要。

5.4 江苏省村镇发展功能演化阶段及过程

通过对江苏省村镇发展的历史梳理，结合农村发展政策、时代背景及村镇功能研判，将江苏省村镇发展功能演化分为四个阶段（图 5.15 和图 5.16）。

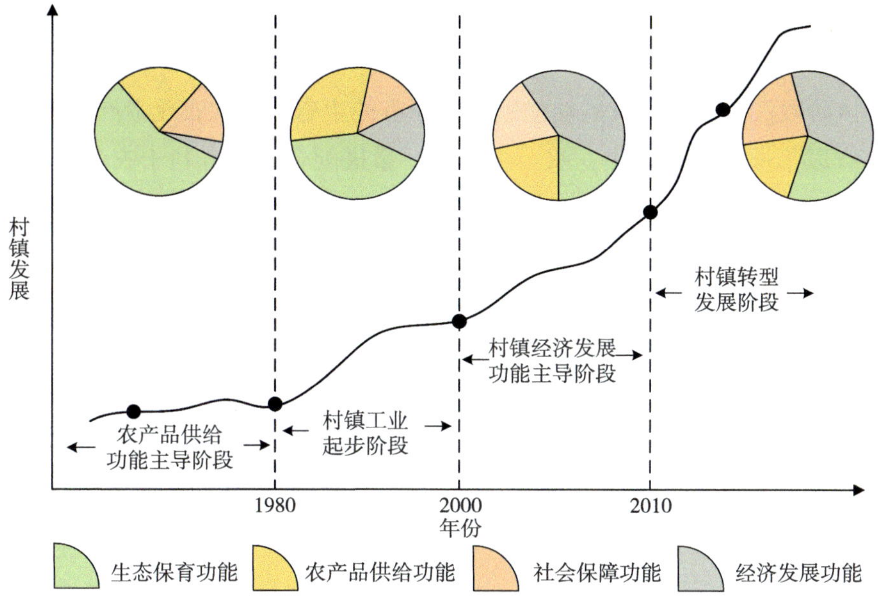

图 5.15　江苏省村镇发展功能时间演化

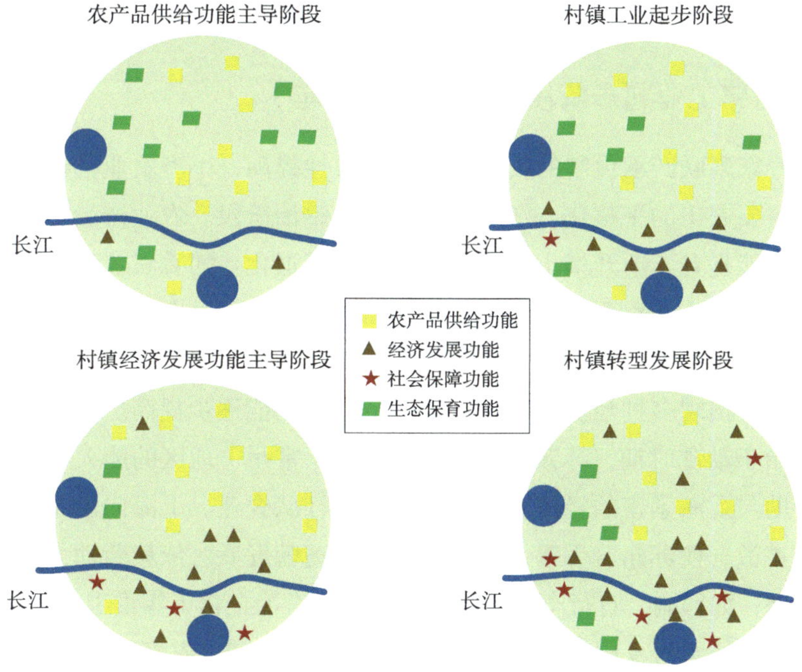

图 5.16　江苏省村镇发展功能空间演化

5.4.1 农产品供给功能主导阶段（中华人民共和国成立前—1979 年）

该阶段江苏省村镇发展功能以保持原有的生态功能和农业生产功能为主。江苏省以平原和低山为主，水、土、热要素搭配合理，有利于农业生产，较适合水稻、小麦、茶、桑、果木等生长。河流湖泊水网密集，水资源丰富，适合渔业发展，土壤肥力高，有机质含量高，适合稻麦轮作。优越的自然资源禀赋，也让江苏省大部分村镇主要保持生态保育功能。在自给自足的小农生产时期，江苏省农业粮食种植以水稻、小麦为主，采用“牛拉人耕”“靠天吃饭”的传统精耕细作方式（刘煦，2016）。耕地分布于宅基地附近，较为分散，耕作半径是农业生产活动的空间。同时，种植棉麻、桑蚕、茶叶、棉花等，满足了农民基本生活，并维持了些许社会保障功能，可通过运河、长江开展国内外的贸易。此外，为满足农民的基本生活资料消费需要，在乡村轻工业的发展初期，本地农业产出小麦、棉花等农产品，村镇出现规模经营面粉、榨油、纺织等轻工业，以及与农业生产配套的农机具工业和零件生产工业，还有在农药、化肥等方面，生产技术落后，生产能力不足。该阶段的轻工业布局接近以农业为基础的原材料和成品消费区是重要的经济原则。

5.4.2 村镇工业起步阶段（1980—1999 年）

随着家庭联产承包制的发展，农民积极性提高，小型农业机械化也逐步展开，需要农田的平整化，江苏省进入农田整治阶段。农业产量提高，农产品供给功能提升，新开垦土地使生态功能出现退化。随着农业生产能力的提高，江苏省人地关系紧张，人均耕地面积仅为 0.6 亩，土地产出的粮食无法养活农村人口，大量的劳动力被解放转移至轻工业和手工业，乡镇工业出现增长势头，并出现多种经济形势繁荣，经济发展功能逐步提高。江苏省的村镇工业起始于动乱时期，苏锡常（苏州、无锡、常州）地区的能人发挥创新精神，借助与上海紧密的经济联系，创办农村社队企业。上海向沪宁铁路沿线的工业扩散，使苏州、无锡、常州近代工业蓬勃发展。依赖劳动力技术的手工业发展，如印刷、自行车、服装等行业，还有冶金化工等重工业企业发展。农业集体化经营为乡村工业提供了初始资金，出现“以农养工”，部分农业生产功能转为以乡镇工业为导向的经济发展功能。

5.4.3 村镇经济发展功能主导阶段（2000—2009年）

江苏省农产品供给类型也从单一走向多元化。农田在规模种植后获得的经济效益又刺激了农户扩展更大的规模。政府给予种植粮食补贴，帮助农户成立专业的合作社。农村进入机械化时代，机械耕作模式普及。随着人民收入水平和生活质量的提高，农产品的需求量增大，特别是蔬菜和水果的需求量急剧上升，人们的饮食结构也发生改变，粮食的结构下降。蔬菜、水果、花卉苗木等经济作物，亩均收入比粮食高出几倍，农户为了追求经济收益，纷纷转而种植经济作物。对于村镇工业，外企和私企的进入打破了原有的苏南模式，开始进行乡镇企业的产权制度改革，开创了外资、民营和股份制三种经济形势共存模式，形成了规模园区化和农村新型社区的格局，村镇工业有序地集中和集约发展。以化工、冶金、纺织、电力等重工业为主的国营大型企业为主，还有以消费和外向产业为主的企业，村镇工业产值不断上升。总体来说，该阶段村镇经济发展功能逐步提高，生态保育功能有所下降。

5.4.4 村镇转型发展阶段（2010年至今）

江苏省工业各行业系统逐渐完善，在空间上形成分工和协作的产业链。工业的大规模发展，特别是大耗水、大耗电的化工等行业发展，对环境污染造成了严重的影响，且对环境特别是长江水环境的依赖较大。随着环境规制强度的提高和环保成本的增加，化工业等向环境规制强度低的地方迁移。对沿江小散乱化工整顿，并向环境容量大、环境规制强度低的沿海迁移。村镇工业类型由纺织、电力、机械业逐步转为电子和信息业等，对生态环境的压力也减小，生态保育功能有所提高。村镇产业发展过程中涌现了一二三产业融合的发展模式，以农业为基础，发展观光农业和特色农业，发展“专业合作社＋农户＋基地”的新组织群体，打造“观光＋旅游＋采摘”的新模式。村镇农业不单有农产品生产和加工，高收益的服务业也逐渐进入农业体系，推动了农业高精尖技术和集群式发展。伴随着农业现代化和工业可持续发展，江苏省村镇发展开始逐渐转型重构，社会保障功能和经济发展功能均得到显著提高。

5.5 江苏省村镇发展功能演化机制

村镇发展功能在更替和演进过程中，受到资源条件、经济基础、地理区位、城市影响及政府政策等内在和外在的驱动同时影响。各种因子在交互作用时表现出八种力量，即环境约束力、资源支持力、农户自发力和文化根植力四种内在驱动力，以及工业化驱动力、城市辐射力、市场影响力和政策推动力四种外在驱动力（图 5.17）。各种力量相互作用，共同推进着村镇的功能演化、产业重组、空间重构和环境风貌的改变。不同主体功能的村镇功能区，自然资源禀赋和社会经济基础各不相同，村镇发展的支撑条件也不同，各种驱动因素的作用路径和程度也有差异，推动着村镇功能向不同方向转型，且其具有不同的演化特征（图 5.18）。本书分别研究经济发展功能、农产品供给功能、社会保障功能和生态保育功能四个方面，从发展功能演化速度、演化机制、演化模式、演化方向四个视角阐述村镇发展功能演进机制。

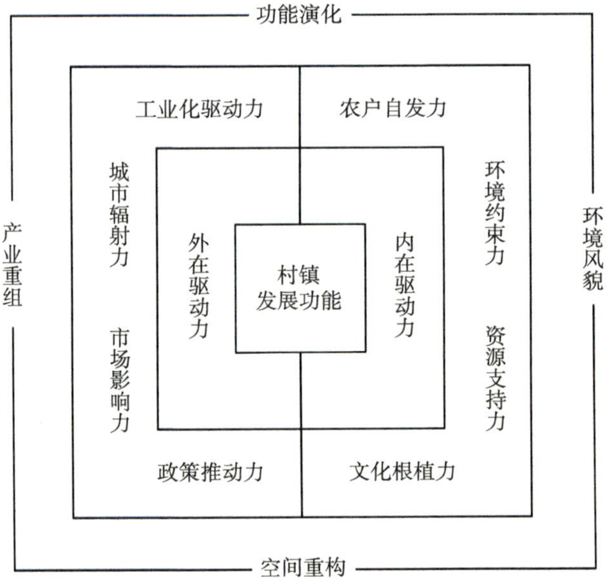

图 5.17 村镇发展功能演变机制

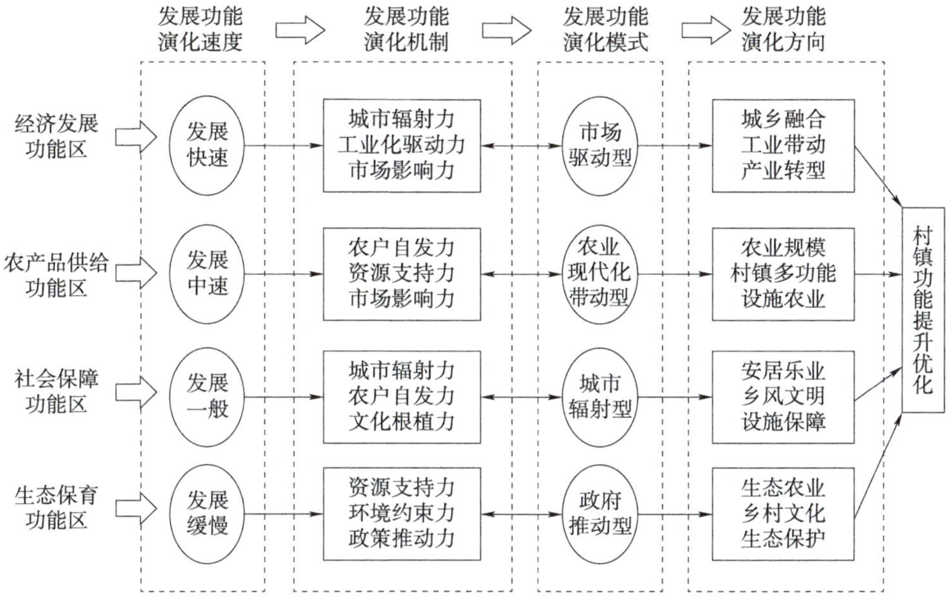

图 5.18　各功能演化差异化机制

5.5.1　村镇经济发展功能演化机制

经济发展主导功能区主要分布在苏南地区，以及苏中地区、苏北地区等部分村镇。工业村、近郊村和中心村以及有产业特色村，村镇经济发展突出，产业集群或者特色产业显著。该区域人口和经济密集，村镇的社会经济基础较好，城市的辐射作用强，区位较好，城市基础设施可以延伸带动，产业、人口、土地的非农化现象突出，二三产业发展较快。在城市辐射力、工业化驱动力和市场影响力的综合作用下，村镇发展迅速，甚至转成部分城市区域。经济发展功能区村镇发展主要是市场驱动型。

5.5.2　村镇农产品供给功能演化机制

江苏省农产品供给主导功能区主要位于苏中和苏北地区。该区域属于平原，地形平坦、土地肥沃，属于粮食高产区，农村人口较多，农业产值比例相对较高，经济基础一般，工业化速度一般，农业生产条件相对较好，基本农田建设和基础设施工程易推广，农业现代化程度高，农业产业化发展，上海、南京和苏州等大城市的农副产品市场较大，农民生活和收入水平相对较高。该区域主要属于农业现代化带动型，在自然资源支持，农户自发力推动，农耕文化对农户的根植力，农业政策影响，大城市的市场影响下，农产品供给功能区村镇发展较快。

5.5.3 村镇社会保障功能演化机制

江苏省社会保障主导功能区主要分布于江宁区、浦口区、吴江区、昆山市、宜兴市等的村镇，以苏南地区、南京市和沿江的村镇居多，以重点镇、城郊村为主。该地区距离城市较近，有更多的就业发展机会，农户生计较为多样化，居住功能突出。受区位、农业基础等因素的综合影响，公共基础设施较好的村镇吸纳人口居住和集聚，使社会保障功能村镇不断演进和优化。因为该类村镇同时受到文化根植力、农户自发力和城市辐射力多重影响和作用，属于城市辐射型。

5.5.4 村镇生态保育功能演化机制

江苏省生态功能有生物多样性、水源涵养、水土保持等功能，包括太湖风景名胜区、长江饮用水水源保护区等所在的村镇。受村镇自然资源环境、地形基础、保护政策限制，村镇发展功能演变缓慢。随着乡村旅游业的发展，以及人们对大自然生态环境的追求，生态农业逐渐发展，该类型村镇提升缓慢，属于政府推动型，同时受到资源支持力和环境约束力的共同作用。

5.6 本章小结

本章选择村镇经济发展等指标，建立村镇多功能评价指标体系，利用层次分析法、聚类分析方法，研究 2005 年和 2017 年县域、镇域两个尺度的村镇发展功能演进格局，识别村镇经济发展、农产品供给、生态保育、社会保障四种主导功能类型和空间格局，确定村镇发展功能一级和二级分类方案。

农产品供给功能方面，苏北地区大于苏南地区，因为苏北地区村镇人口密度高、耕地资源较好。此外，城市远郊县的村镇农产品供给功能较高，乡村工业落后，交通条件不便利，农业生产发达，有良好的农作物生产条件。经济功能较高的村镇主要位于苏南地区和城市近郊的村镇，工业发展功能的价值占经济发展功能的主导位置。苏南区域经济基础好、区位条件佳、乡村工业发达、地均财政收入和地均 GDP 较高。社会保障功能与经济发展梯度相似，苏南地区、苏中地区、苏北地区呈递减趋势。社会保障功能集中分布在市辖区及周边，这些县域的农民收入水平高、消费能力强、医疗和教育设施有保障。城市近郊、县中心和重点镇的村镇社会保障功能指数高。江苏省生态保育功能在沿海地区、太湖沿岸等水源涵养和生物多样性功能较强的地区。

通过对江苏省深入调研 7 市 25 县 64 个村镇，结合江苏省住房和城乡建设厅组织农村田野摸底调研报告，对江苏省 283 个村庄类型进行划分。江苏省农业主导型村庄占比为 56.18%，非农产业主导型村庄占比为 43.82%。农业主导型村庄主要分布在苏北地区，工业主导型村庄主要分布在苏南地区和苏中地区，服务业主导型村庄主要分布在南京市和苏州市城郊。江苏省农业主导型村庄呈现“靠水吃水、靠山吃山”的传统农耕特征。农业主导型村庄可以分为三种类型，即传统农业型、设施农业型、特色优质农业型。工业主导型村庄主导产业包括服装纺织、机械制造、计算机通信、食品加工业等，以劳动密集型制造业居多。服务业为主导的村庄主要是开展生态旅游业，包括四种发展模式，即优越生态景观资源植入旅游功能模式、依托人文历史资源发展模式、传统工艺文化发展模式、农业观光和农产品“农家乐”模式。

江苏省村镇一级功能分类最终划分为农产品供给、经济发展、社会保障和生态保育四大主导功能。农产品供给主导功能类村镇主要位于苏中地区和苏北地区的大丰区、灌云县、睢宁县、射阳县等。该区域是国家商品粮基地、名酒生产基地、水产品基地、蔬菜副食品基地等。蔬菜、瓜果、海水和淡水养殖、杨树类的速生经济林等有较强的竞争优势，该区域农田基础设施好，农业生产保持稳定。经济发展主导功能类村镇主要分布在苏南地区，以及苏中地区、苏北地区部分村镇。工业村、近郊村和中心村以及有产业特色村的村镇经济发展突出，产业集群或者特色产业显著。乡镇工业发展促进农民就业，也提高了农民工资性的收入。江苏省社会保障主导功能类村镇分布以苏南地区、南京市和沿江的村镇居多，以重点镇、城郊村为主。社会保障主导功能区离城市中心、县中心等较近，村镇发展基础好，区位优势突出，交通便利，人口较集中，城市公共服务易于辐射和延伸至村镇，教育和医疗等基础设施较普遍和完善，社会保障功能的指数比较高。江苏省生态功能主导功能类村镇涵盖了生态环境较敏感区和生态功能较重要区。长江、太湖、骆马湖、高邮湖等村镇维持了水源涵养、洪水调蓄、水土保持功能。沿海湿地、句容宝华山等是麋鹿、丹顶鹤等重要野生植物和动物的栖息地或者生境。

结合江苏省南北地域特征，一级功能分类的评价结果和村镇发展的实际需求，将江苏省村镇分类进一步细化为11个二级功能分类，包括粮食生产功能、经济作物生产功能、水产养殖功能、工业生产功能、商业功能、旅游业功能、居住功能、文化功能、医疗功能、生物多样性功能、水源涵养功能。

村镇在发展功能更替和演化过程中，同时受到资源条件、经济基础、地理区位、城市影响及政府政策等内在和外在的驱动影响。各种因子在交互作用时表现出八种力量，即环境约束力、资源支持力、农户自发力和文化根植力四种内在驱动力，以及工业化驱动力、城市辐射力、市场影响力和政策推动力四种外在驱动力。分别研究经济发展功能、农产品供给功能、社会保障功能和生态保育功能四个方面，从发展功能演化速度、演化机制、演化模式、演化方向的视角阐述村镇发展功能演化机制。

第六章

不同功能村镇发展的影响因素和驱动机理

前文分析了江苏省村镇发展过程和功能分类，基于上述研究结果，本章开展村镇发展影响因素和驱动机理的理论和实证研究。首先，基于村镇功能各要素时空发展结构和变化，用空间计量分析识别村镇发展的主控因子和定量分析因子的相关性大小。基于不同类型村镇的发展过程，剖析农业功能型和工业功能型村镇发展的主要影响因素和驱动机理，提升村镇发展功能和空间优化水平。

6.1 村镇发展的影响因素和驱动机理

村镇系统是各要素相互影响和相互作用的具有一定功能和结构的开放系统。村镇发展的主要影响因素分为内生和外生两大类（Terluin，2003）。内生因素包括资源环境、自然条件、人力资本、经济基础、地理区位、社会发展等因素，构成村镇系统的内缘系统。外生因素包括政府政策、城市化、工业化、专业技术、市场等因素，构成村镇系统的外缘系统（Li et al.，2019）。在村镇发展进程中，内缘系统和外缘系统各要素之间进行能量流、物质流、资本流和信息流的交换和流动，是以人口、产业、土地为核心，村镇发展功能、经济结构、社会关系均发生演变和分异，并重塑空间体系、产业结构、生态价值、乡风文明等格局的过程。从村镇的内生因素和外生因素两个角度，诊断村镇发展的主要因素和驱动机理，研究内外要素的相互作用规律和途径，归纳村镇发展的作用机理和普适性规律。

6.1.1 村镇发展的内生型影响因素

6.1.1.1 地理区位

区位构成了村镇的宏观地理背景，直接关系到村镇生产场所和居住的空间分布，影响村镇之间的能量流、物质流和信息流的速度和频率，因此，地理区位可以加速或者阻碍村镇的发展进程（贺艳华等，2018）。由于村镇经济活动的非均衡性和地域特征，村镇在不同的空间位置，具有资源约束、市场约束、人力约束等，而产生不同的经济利益和社会效益。靠近中心城市，村镇可以受到产业、人口、空间、资本的辐射，也更容易向城市提供生态、土地、文化等资源。邻近交通要道或者交通条件的改善，会促进村镇市场的繁荣，提升农产品集中、转运和交易的能力。距离风景名胜区近，旅游客源的集中和分散，可通过食宿消费促进周边村镇农产品等经济发展。地理区位通过交通、市场、信息等影响村镇非农产业的发展，重塑经济地理空间。

6.1.1.2 自然资源环境

资源环境和自然条件构成了村镇社会经济发展的本底和基础，也是村镇系统发展的空间载体，村镇的发展依赖自然资源环境要素系统的投入和相互作用，维持基本的生活、生产和生态功能（Domon，2011）。土壤、水文、地形、光照、气候等要素为农业生产奠定了物质能量基础。水土资源、化石能源、矿产资源为工业生产提供了基础，决定了工业的能源和原材料的空间格局。在工业化后期，优良生态环境和居住环境成为工业发展新的决定因素。

6.1.1.3 经济基础

村镇原有的经济水平和产业结构等让村镇发展具有路径依赖，从而决定了村镇未来发展的潜力和发展方向，构成村镇发展的重要物质保障和经济支柱。村镇居民的农业种植习惯、种植优势，让村镇农业生产逐渐高效化和专业化，改变了传统农业破碎化和分散化的特征，提高了现代农业的生产效率，也为村镇转移剩余劳动力提供了前置条件。通过农村承包制的实施，多种农业经营模式，优化农业生产结构，带动特色农业生产基地和龙头企业，将农业生产与加工、市场结合，实现生产和经营的规模化、专业化和标准化。村镇在历史上从事手工业、经商，市场氛围浓厚，可以沿袭传统的工业和商业背景，实现村镇快速发展。工商等非农化释放土地潜力，为村镇的空间重构提供动力。原有的经济基础决定了物质资本的富裕程度，对村镇发展起到重要的支撑作用。因此，村镇原有的经济基础成为村镇规划的重要考量。但随着市场化的进程，经济基础也成为非必要条件，政府的规划和扶持、产品要素的稀缺性等也可以吸引物质资本，为村镇发展提供有效路径。

6.1.1.4 人力资本

村镇的人力资本主要包括普通民众劳动力和高级能人。普通民众劳动力包括从事农业活动、工业生产等，掌握基本技能的劳动力（Fan，2005）。高级能人包括村镇发展的经济、政治、管理、文化、技术等能人。

村镇的工业发展和专业农业生产整合，依赖具有企业家精神和市场敏锐度的经济能人。经济能人具有一定的经济资本积累和企业家能力，对村镇产业的方向和类型选择具有关键作用，还能拓展国内外的销售渠道，组织农民和农产品进入市场竞争（高更和等，2011）。村镇的村容村貌、基础设施建设依赖具有统筹协调、沟通安排的管理型能人和政治能人，通常以村长、村书记为主。以村委会为中心，团结村民的凝聚力和战斗力，培养普通民众的共同思想，将民众的才华和热情转入村镇产业发展的各种实践中。村干部也可以通过争取政府部门的支持，对村镇稀缺生态和文化资源进行整合，推进村镇股份制改革和资金的高效周转利用，帮助村民实现致富。村镇的乡风文化建设、道德风气传播通常依靠文化能人，这有利于村民统一价值观，团结一致，对于村镇的管理和提高发展水平具有基础铺垫和促进作用。村镇的农业技术发展、工业技术引进需要具有一定创新能力和文化学历的技术型能人。农民自学果蔬的种植技术、养殖技术、设施农业技术，可提升复种指数和增加经济效益。

6.1.1.5 社会资本

社会资本中的社会关系网络结构、社会资金等对村镇的发展起到重要的促进作用。村民之间通过社会关系交流种植养殖技术，以及沟通市场销售渠道，降低了沟通和交易成本。村民和科研院校合作，提高了技术转成成果的概率，提高了产品质量和核心竞争力。与其他个体和组织合作，构成产业链重要环节，可降低物质成本，促进产品和产业链升级、整合，提升竞争力。村镇的发展水平和方向很大程度依赖于村镇与外界联系的紧密程度和范围，有利于产品的研发、政策的把控、市场的倾向、销售渠道的开拓，有助于能人自身生产和整个村镇的发展。社会资本的内部和外部联络，有助于村镇发展和价值提升，还有利于带动周边区域的整体发展。

6.1.1.6 文化特征

村镇的文化特征是村民的道德、风俗、价值取向、信仰等习惯和才能的综合。村镇文化具有显著的地域特征，价值观和思考方式影响村民的生活方式、生产结构、社会责任等主体行为，还包括风俗习惯、传统历史、社会关系网络等隐性文化。传统文化中形成的创新精神、思考范式、进取激进、开放竞争等也影响着民众的行为方式，对村镇发展有正向的促进影响。相反，偏远落后地区，陈旧封闭保守的文化特征，让民众形成安于现状、拒绝创新、缺少合作的精神面貌，对村镇的发展产生阻碍效应。人类在满足低层次的物质需求后（包括对粮食和工业产品的需求），更加重视精神文化需求，包括生态环境服务功能和历史传统文化精神，村镇在生态、文化等方面也形成市场驱动，实现了城乡的地域要素流动，促进了村镇的良性发展。村镇的民俗习惯和风貌是地域文化的载体，通过公共服务和基础设施的搭建，可以发展文化创意和旅游等特色产业，同时传承民众对乡土文化、乡风乡情的精神依赖和情感需求。

6.1.2 村镇发展的外生型影响因素

6.1.2.1 政策制度

村镇的发展包括产业、消费、就业、城乡区别、资源利用、环境保护、居住、基础设施等多方面，涉及经济、空间、社会等，间接或者直接地与村镇的土地、户籍、社保、规划等一系列政府的政策和配置制度有关。政府政策的引导力主要体现在干预资源的配置，让土地、资本、生态等稀缺资源分配于不同的经营主体，产生不同的利益和效益，在不同区域之间有序地优化利用和流通（Liu et al.，2011）。耕地承包经营权利在农户之间的流转，使农业形成规模经营，有利于现代农业的发展和农业生产效率的提高，对散和小的农户也形成了打压和侵害。城乡用地的“增减挂钩”政策，虽然解决了低效农业用地的整合问题，但是也造成了部分农民发展权利的剥夺（李赞红等，2014）。城乡二元体制的改革，使乡镇企业获得了充分自由发展的市场环境和体制制度，推动了村镇工业的经济增长和劳动力人口的转移，出现了苏南模式。户籍制度的改革，让农民可以摆脱土地的束缚，这推动了流动人口在城乡之间的快速迁移。村镇地区的乡镇合并、乡转为镇、村村合并等政策，不同等级单元之间的政权差异大，行政区划对村镇的发展有一定程度的推动作用。村镇社会保障制度可以缓解农民的医疗、养老需求和困难。政府投资有利于村镇的通水、通电、道路等基础设施建设。同时，政府投资对村镇的产业结构、类型、规模和技术引导，影响了资源要素在村镇的合理有效配置，对村镇经济社会的发展具有支撑和引导作用。

6.1.2.2 市场需求

市场体制下要素市场和产品市场的变化促进村镇的经济发展。市场需求的规模、类型、结构、潜力对村镇发展影响重大，随之带来的技术、劳动力、资本、金融、信息等要素在市场作用下进行资源重新配置，推动着村镇产业的合理演进，对村镇经济社会空间结构影响颇深。村镇产品和服务符合市场需求，能合理配置资源，村镇会得到较快发展；相反，产品和服务不符合市场需求，销售会陷入困难，阻碍村镇发展。人们对于优美生态环境的日益追求，使村镇的生态保育功能日益显著，有机农业、生态旅游等新兴产业得到发展，良好的生态环境逐渐成为村镇发展的重要生产要素。为满足村民的生活需求，村镇的初始功能是农产品生产和加工功能，包括种植和养殖业。在工业市场需求的促进下，以劳动力、原材料、交通等要素为引导，部分村镇开展工业产品的生产功能。在城市发展对土地稀缺资源的市场需求下，开展村镇土地整治和整合。市场需求成为村镇发展的主要推手，推动村镇的农业、工业、旅游等产业合理布局与发展。

6.1.2.3 专业技术

农业种植养殖技术、交通运输技术、工业制造技术、信息技术等创新和改进都对村镇的就业结构、经济基础、产业结构、生活方式有重大影响。农业生产技术和机械技术提高了农业生产效率，改善了传统农业方式，使耕地流转重新配置农村劳动力，为农业的专业化、规模化提供了有力支撑，也为农民的集中居住、住房改善提供了先决条件。此外，矿产的冶炼技术、大棚温室培育技术、养猪技术、鱼类养殖技术、建造房屋技术等让村镇形成专业技术人才的集聚，也对专业村的形成有决定性作用。村镇的专业技术大多数是民众引进或者改进的外来技术，由于文化知识水平的限制，较少有原创性技术，因此专业技术是外生型影响因素。如果政府组织专家对农民进行专业技术培训，农民能学习适当的农业种植养殖技术，成为掌握核心农业技术的职业农民，收入低的农民可改善生活，村镇的产业和社会经济也会得到相应发展。

6.1.2.4 社会进程

全球化、城市化、工业化是城乡发展的必经历程，社会进程改变着城乡的价值观、生活方式、生产结构，促进了村镇的经济发展（Liu et al.，2014）。

全球经济网络推动村镇的发展。在全球商品市场影响下，国外的大宗粮油商品涌进（Woods，2012），江苏省的传统小农经济受到了很大的冲击，农业的现代化、集约化有了发展的机会。全球化的外商投资加速了苏南地区村镇的快速工业化，劳动密集型产业让人口在江苏省的工业型村镇集聚，加速了非农业化和非粮化进程。全球文化的渗透也让村镇的本土文化受到了影响，乡村文化和传统文化面临冲击，乡村的亲缘关系、道德伦理也趋向不稳定性（朱竑等，2009）。全球化下生产要素对于资源重新分配，是江苏省村镇发展的经济、空间、社会等变化的隐形推手。

城市化的过程，推动着城乡之间的土地、人口、产业、资金和技术等要素的重新配置和流转。城市生产要素的集聚，让大量劳动力离开村镇到城市打工，并将关键技术和资本带回到村镇，让村镇的农业技术、组织结构、生产方式、文化观念都得到不同程度的发展和重构。

在工业化背景下，依赖矿产资源、交通区位等，村镇由传统农业向工业主导型转变，提供大量的就业岗位给农村剩余劳动力，形成典型的苏南模式，村镇经济水平大幅提高。村镇工业化让本地农民就近城镇化，白天镇上工厂务工，晚上返回村里居住，农民“离土不离乡”，乡镇工业逐渐向基础设施条件好的镇区工业园区集中。乡镇工业由过去的技术含量少、粗放经营的劳动密集型产业向技术密集型和资本密集型产业转变，管理方式和经营模式向国际接轨。

6.2 指标体系及模型选取

村镇发展受内生型和外生型的影响因素共同作用。内生型影响因素包括经济地理区位、自然资源环境基础、经济基础、人力资本、社会资本和文化特征。外生型影响因素包括政府政策制度、市场需求、专业技术和社会发展进程“三化”。各种要素、各类子系统和各影响因素之间相互作用、相互反馈，推动着不同类型村镇发展的动态有序演化。本章基于第四章江苏省村镇发展功能要素的时空格局演变，以 2005—2017 年的村镇发展为因变量，以内生型和外生型影响因素为自变量因子，用计量模型方法，测算江苏省农业功能型和工业功能型两种类型的村镇发展的影响因素和驱动机理。

6.2.1 指标体系选取

根据第五章村镇功能分类，基于以上对村镇发展的影响因子和作用的框架，以镇为基本研究单元，分别选择农产品供给功能、经济发展功能、社会保障功能和生态保育功能的自变量和因变量的影响因素。农产品供给功能村镇选择农业生产总值和农民人均纯收入作为因变量。农产品供给功能村镇选择区位条件、地形条件、耕地面积、流转土地、水文资源、经济基础、劳动力数量、能人因素、交通可达性、政策倾向、交易市场、农业技术、龙头企业带动、城镇化作用力 14 个变量因子（表 6.1）。

表 6.1 江苏省农产品供给功能村镇发展影响因素变量

类别	变量因素	变量因子	变量描述
内生型因素	地理区位	区位条件	与城市和县城中心的直线距离
	自然因素	地形条件	高程大小
	资源禀赋	耕地面积	耕地面积 / 户籍人口
		流转土地	流转土地面积
		水文资源	与 4 级以上河流和 10 km^2 以上湖泊的距离
	经济基础	经济基础	村镇集体经济收入
	人力资本	劳动力数量	第一产业从业人数
		能人因素	种植大户的数量、畜禽养殖大户数量
	交通条件	交通可达性	国道、省道路网密度的交通可达性
外生型因素	政策制度	政策倾向	是否重点镇
	市场需求	交易市场	以粮油、蔬菜、水果、水产、养殖为主的交易市场个数
	科技技术	农业技术	农业技术服务机构从业人员数
	品牌效应	龙头企业带动	市级以上农业龙头企业销售收入
	社会发展进程	城镇化作用力	中心城市和县城的城镇化率及镇到其距离的综合作用

经济发展功能村镇选择工业生产总值和农民人均纯收入为因变量，选择区位条件、水文资源、耕地面积、经济基础、劳动力数量、交通可达性、金融信贷、政策倾向、固定资产投资、污水处理、工业技术、城镇化作用力12个变量因子（表6.2）。

表6.2　江苏省经济发展功能村镇发展影响因素变量

类别	变量因素	变量因子	变量描述
内生型因素	地理区位	区位条件	与城市和县城中心的直线距离
	资源基础	水文资源	与4级以上河流和10 km^2 以上湖泊的距离
		耕地面积	耕地面积 / 户籍人口
	经济基础	经济基础	村镇集体经济收入
	人力资本	劳动力数量	第二产业从业人数
	交通条件	交通可达性	国道、省道路网密度的交通可达性
	社会资本	金融信贷	金融机构网点数
外生型因素	政策制度	政策倾向	是否重点镇
	基础设施	固定资产投资	固定资产投资完成额
	环境规制	污水处理	生活污水集中处理率
	科技技术	工业技术	高技术产业企业数
	社会发展进程	城镇化作用力	中心城市和县城的城镇化率及镇到其距离的综合作用

社会保障功能村镇选择农民人均纯收入作为因变量。社会保障功能村镇选择区位条件、耕地面积、水文资源、经济基础、劳动力数量、交通可达性、政策倾向、基础设施8个变量因子（表6.3）。

表6.3　江苏省社会保障功能村镇发展影响因素变量

类别	变量因素	变量因子	变量描述
内生型因素	地理区位	区位条件	与城市和县城中心的直线距离
	自然因素	耕地面积	耕地面积 / 户籍人口
	水文资源	水文资源	与4级以上河流和10 km^2 以上湖泊的距离
	经济基础	经济基础	村镇集体经济收入
	人力资本	劳动力数量	常住人口数
	交通条件	交通可达性	国道、省道路网密度的交通可达性

续表

类别	变量因素	变量因子	变量描述
外生型因素	政策制度	政策倾向	是否重点镇
	基础设施	基础设施	生活垃圾处理率
			生活污水集中处理率

生态保育功能村镇选择农民人均纯收入作为因变量。生态保育功能村镇选择区位条件、地形条件、耕地面积、生态状况、水文资源、环境质量、经济基础、劳动力数量、能人因素、交通可达性、政策倾向、基础设施、环境规制 13 个变量因子（表 6.4）。

表 6.4　江苏省生态保育功能村镇发展影响因素变量

类别	变量因素	变量因子	变量描述
内生型因素	地理区位	区位条件	与城市和县城中心的直线距离
	自然因素	地形条件	高程大小
	资源禀赋	耕地面积	耕地面积 / 户籍人口
		生态状况	植被覆盖度
		水文资源	与 4 级以上河流和 10 km^2 以上湖泊的距离
		环境质量	水质达标率
	经济基础	经济基础	村镇集体经济收入
	人力资本	劳动力数量	常住人口数
		能人因素	种植大户的数量、畜禽养殖大户数量
	交通条件	交通可达性	国道、省道路网密度的交通可达性
外生型因素	政策制度	政策倾向	是否重点镇
	基础设施	基础设施	生活垃圾处理率
			生活污水集中处理率
	环境规制	环境规制	环境治理费用

6.2.2　计量回归模型

由于每个时间断面的村镇发展指数都存在空间自相关性，即存在空间的依赖性，在普通的面板数据模型基础上，加入时间和空间效应的空间计量模型，用于探究各影响因素对于江苏省村镇发展时空格局演变及其影响程度。

传统的 OLS 方法较少关注空间关联，本书用空间计量模型考察江苏省村镇发展的影响因素。空间计量模型主要有两类，即空间滞后模型（SLM）和空间误差模型（SEM）。

SLM 探讨江苏省邻近村镇对本区域是否具有空间溢出效应，即相邻区域村镇发展程度对江苏省总的村镇发展的影响，计算公式为

$$y_{it}=\delta\sum_{j=1}^{n}w_{ij}y_{jt}+\beta x_{it}+u_i+\lambda_t+\varepsilon_{it},\ \left[\varepsilon_{it}\sim i.i.d\left(0,\delta^2\right)\right] \quad (式 6.1)$$

式中，y_{it} 是因变量村镇发展指数在第 i 个截面单元和第 t 个时期的数值；i 是截面维度，i=1，2，3，…，n；t 是时间维度，t=1，2，3，…，t；δ 是空间自回归系数；x_{it} 是自变量在第 i 个截面第 t 时期的数值；β 是自变量回归系数；u_i 表达的是空间固定效应；λ_t 表达的是时间固定效应；w_{ij} 是空间矩阵中的一个元素；ε 是误差项。

SEM 用于研究存在扰动误差项中的空间依赖作用，用于计算邻近村镇的因变量的误差冲击对本村镇的发展指数的影响程度，即部分空间相关因素通过误差项对村镇发展指数的影响，计算公式为

$$y_{it}=\beta x_{it}+u_i+\lambda_t+\varphi_{it},\ \varphi_{it}=\rho\sum_{j=1}^{n}w_{ij}\varphi_{it}+\varepsilon_{it},\ \left[\varepsilon_{it}\sim i.i.d\left(0,\delta^2\right)\right] \quad (式 6.2)$$

式中，φ_{it} 是空间自相关的误差项；ρ 表达的是误差项的空间自相关系数；β 表达的是自变量回归系数；u_i 代表空间固定效应；λ_t 代表时间固定效应。

6.3 不同功能村镇发展的影响因素和驱动机理的实证研究

6.3.1 农产品供给功能村镇发展影响因素及驱动机理

模型检验结果表明，OLS 和 SLM、SEM 两类模型对比，SLM、SEM 的各种检验值均比不考虑空间自相关的 OLS 模型有所改善，这表明控制了空间滞后性和空间依赖性的经济模型更优化。拟合优度 R^2 从 0.732 5 增加至

0.765 2，logL 由 -26.594 7 提升至 -16.478 4，AIC、SC 也分别由 75.189 4、106.732 1 降低至 56.956 8、91.367 2，证明考虑了空间效应的 SLM 和 SEM 因提高了模型的拟合度而更可取。基于 Rook 的空间权值矩阵的 LM（lag）为 19.569 3，大于 LM（error）的 11.840 1，LM（lag）比 LM（error）更为显著，且基于 Rook 的空间权值矩阵的 LM（lag）和 RLM（lag）值均通过了 10% 水平显著性检验，因此，对江苏省农业主导型的村镇样本点的农业生产总值和农民人均纯收入 SLM 更为可取，计量模型能够通过检验。对每个因素的影响大小和作用机理进行分析和解释（图 6.2 和表 6.5）。

6.3.1.1 地形条件

江苏省农业主导型村镇以蔬菜（22.3%）、水果（21.9%）、粮食（19.8%）、水产动物（12.1%）、花卉苗木（10.3%）、茶叶（4.9%）等为主。地形条件与农业生产总值和人均农民纯收入均呈负相关，相关系数分别为 -0.102 和 -0.176。平原地区有利于粮食、蔬菜、养殖村庄的集聚，丘陵地区有利于水果、茶叶、林木等村庄发展。粮食种植村庄主要分布在平原，如宜兴有机大米、射阳大米等。江苏省粮食以水稻和小麦两季种植为主，水稻插秧需要大水漫灌，丘陵地区不利于蓄水，也难以灌溉。蔬菜种植村庄易在平原集聚，丘陵地区因为交通不便利，阻碍了蔬菜种植。水果和茶叶种植主要分布于丘陵地区，如泗洪冬枣、阳山水蜜桃、雨花茶叶等。

6.3.1.2 土地资源

耕地面积和流转土地两个因素与农业生产总值和人均农民纯收入均呈正相关，耕地面积和农业生产总值相关性最大，在 5% 水平下显著，相关系数为 0.354。人均耕地面积大，土地资源丰富，土地易流转并形成规模种植和规模效益。粮食、林木的种植对于土地投入的需求量大。人均耕地面积对于蔬菜的集聚有负向作用，蔬菜的亩产量较大，经济效益好，需要大量的人力，人均耕地面积大反而有反向作用，这符合要素禀赋理论，也称作 H-O 理论。不同农作物的生产由资源禀赋、技术优势和生产函数决定，根据自身的优势进行农业生产和专业化分工（吴娜琳等，2013）。

6.3.1.3 劳动力资源

模型结果显示，劳动力资源和农业生产总值显著性 5% 以下的相关性系数为 0.223，劳动力资源和人均农民纯收入相关系数为 -0.022。人力劳力对于劳动密集型的农作物种植村庄有正向作用。因为不同的农作物具有不同的种植周期和属性，因此对劳动力的时间投入也不一样。蔬菜、花卉、水果需要农户投入更多的劳动力，丰富的劳动力资源有利于该类村庄的发展。

6.3.1.4 能人推动

能人推动对于种植养殖集中村镇起着关键作用。模型结果显示，能人因素和农业生产总值的相关性系数为 0.141，在 10% 水平下显著。能人一般具有敏锐的洞察市场能力，洞悉政府政策，有尝试新项目的冒险精神，并通过师徒、亲戚、朋友等关系在村内农户之间传播。农民看到能人在项目中赚钱，也会跟随从事这项项目。“跟风”现象如“人看着人，村看着村，农民看着村干部”在村庄中农户的种植决策中具有风向引导性影响，农户与村庄的种植决策遵循近邻扩散理论，距离越近种植意愿越接近（图 6.1）。

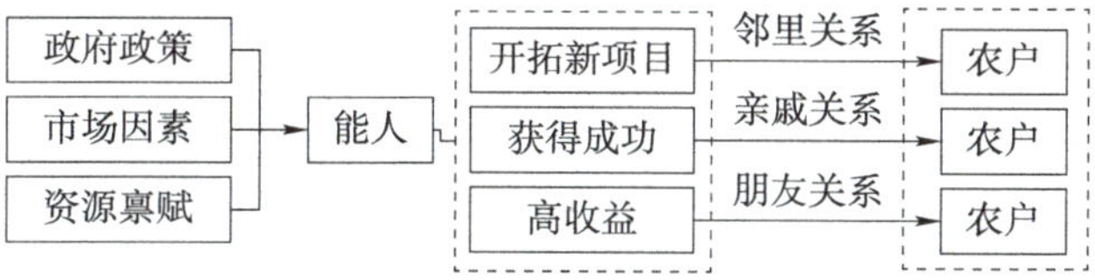

图 6.1　能人对农业型村镇发展的作用机理

6.3.1.5 经济基础

模型结果显示，经济基础和农业生产总值、人均农民纯收入均呈正相关，分别在 10% 和 5% 水平下显著，相关性系数是 0.156 和 0.231。农业的规模种植需要经济投入，包括土地租赁、化肥农药、农业机械设备、劳动力等生产成本。经济基础好的农户通过初期的资金积累，如流转的土地租赁，购买种子、化肥、农药、机械设备，扩大种植规模，技术革新和提升种植品种档次，从而增加农民收入。农户形成专业化分工，有人负责种植养殖生产；有人负责联络销售获得市场信息，抵御市场价格波动；有人负责宣传、打造品牌效应。这也符合产业集群中的“路径依赖”观点。良好的经济基础决定资金、基础设施情况，以及对种植专业技术人才的培养。

6.3.1.6 市场区位

不同的地理区位和空间位置有不同的成本、资源、市场、技术约束，产生不同的潜在经济价值。市场因素和农业生产总值、人均农民纯收入在 10% 和 5% 水平下显著，相关系数分别为 0.141 和 0.256。地理区位对农业主导型村镇发展的影响最早是杜能的农业区位论。在“孤立国”假设下，距离市场近，地租增加而运费减少，城市近郊种植体积大笨重作物，或者新鲜易腐烂的消费品，形成农业杜能圈结构（乔家君等，2014）。

距离县城、城市中心越近，越有利于农业村镇的发展，县城和城市中心是市场和信息的集散地。不同类型的农产品对于市场的敏感性不同。因为蔬菜以直接消费和鲜嫩为特征，而蔬菜水分含量大，又较容易变质，因此对交通要求很高，距离批发市场近更容易形成蔬菜种植集聚。城市和县城中心对蔬菜市场需要多，距离消费市场近可以降低蔬菜的运输成本。同样对于水果种植村庄，水果容易破损和需要保鲜；花卉种植的村庄，花卉具有时令和季节性特征。因此，水果和花卉也是距离城市和县城消费市场越近，交通、物流和销售的金钱成本与时间成本越低，有利于水果、花卉、蔬菜种植村庄的规模和专业化发展。同时，蔬菜、水果、花卉种植的亩产经济效益好，能承受城郊昂贵的土地租金。与城市和县城的距离对粮食和林木种植的村镇发展影响较小，远离城市的土地价格较为便宜，农用地不容易破碎，流转程度高，易形成规模化农业生产。随着农产品市场化的进程，市场因素对农产品的种植和生产影响越发显著。批发市场对农产品的销售集散、价格调控、信息交流、市场判断起到重要作用。

此外，霍伊特模型认为市场需求对本地的就业人数和产品产出数量通过乘数效应促进当地的经济增长，市场规模较大的区域或经济体可以通过依赖本身的力量让地方经济持续增长，而规模很小的区域或者经济体没有办法通过自身的力量来驱动经济增长。在实地村庄调研中可以看出，市场可以促进农产品的种植抉择、多样性、农产品加工和销售形式，推进培育新的农作物产品以适应市场不断变化的需求，如蔬菜、水果的品种和上市季节（图 6.2 和表 6.5）。

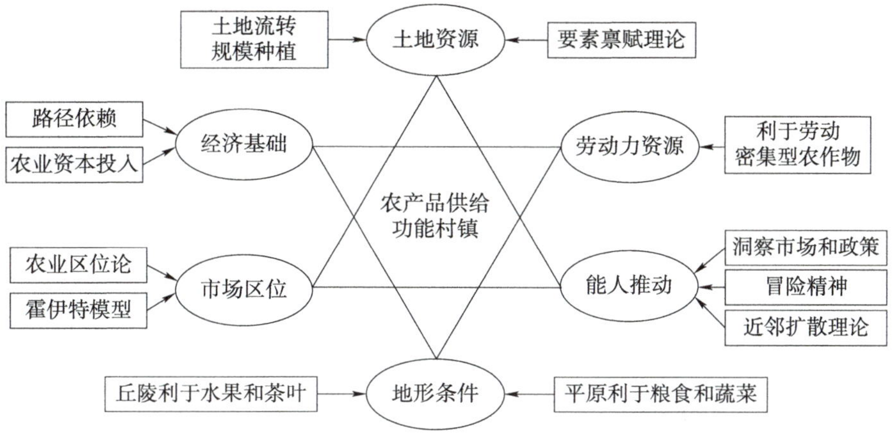

图 6.2　农产品供给功能村镇发展影响因素和驱动机理

表 6.5　农产品供给功能村镇发展影响因素模型分析

变量因子	变量描述	农业生产总值	人均农民纯收入
区位条件	与城市和县城中心的直线距离	0.231*	0.128
地形条件	高程大小	−0.102	−0.176
耕地面积	耕地面积 / 户籍人口	0.354**	0.063
流转土地	流转土地面积	0.102	0.045
水文资源	与 4 级以上河流和 10 km^2 以上湖泊的距离	0.002	−0.023
经济基础	村镇集体经济收入	0.156*	0.231**
劳动力数量	第一产业从业人数	0.223**	−0.022
能人因素	种植大户的数量、畜禽养殖大户数量	0.141*	−0.005
交通可达性	国道、省道路网密度的交通可达性	0.228**	0.269**
政策倾向	是否重点镇	0.010	0.027
交易市场	以粮油、蔬菜、水果、水产、养殖为主的交易市场个数	0.141*	0.256**
农业技术	农业技术服务机构从业人员数	0.142*	0.181*
龙头企业带动	市级以上农业龙头企业销售收入	0.328**	0.225*
城镇化作用力	中心城市和县城的城镇化率及镇到其距离的综合作用	0.051	0.038

注：**、* 分别表示 5% 和 10% 水平显著性统计。

6.3.2 经济发展功能村镇发展影响因素及驱动机理

江苏省的经济发展功能主要是以工业为主导的村镇，本节以工业型的村镇为典型，对这些村镇的模型研究结果表明，基于 Queen 的空间权值矩阵的 LM（lag）17.060 5 大于 LM（error）3.155 0，且 LM（lag）和 RLM（lag）值均通过了 10% 水平显著性检验，因此对于江苏省工业功能型村镇的发展用 SLM 更可以解释。以下对每个因素的影响大小和作用机理进行分析和解释（图 6.3 和表 6.6）。

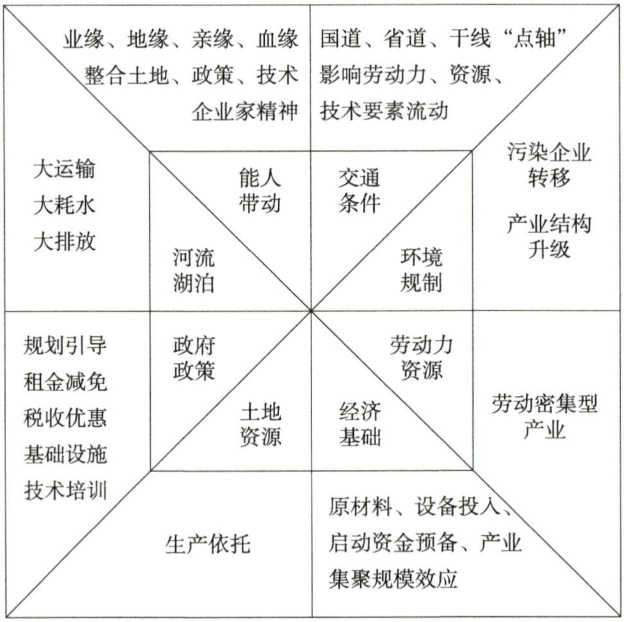

图 6.3　经济发展功能村镇发展影响因素和驱动机理

表 6.6　经济发展功能村镇发展影响因素模型分析

变量因子	变量描述	工业生产总值	人均农民纯收入
区位条件	与城市和县城中心的直线距离	0.048*	0.035
水文资源	与 4 级以上河流和 10 km^2 以上湖泊的距离	0.052	0.047
耕地面积	耕地面积 / 户籍人口	−0.093	−0.230**

续表

变量因子	变量描述	工业生产总值	人均农民纯收入
经济基础	村镇集体经济收入	0.288**	0.263**
劳动力数量	第二产业从业人数	0.564**	0.436**
交通可达性	国道、省道路网密度的交通可达性	0.271**	0.087
金融信贷	金融机构网点数	0.199**	0.196**
政策倾向	是否重点镇	0.167	0.124
固定资产投资	固定资产投资完成额	0.492**	0.011
污水处理	生活污水集中处理率	0.196**	0.233**
工业技术	高技术产业企业数	0.739**	0.256**
城镇化作用力	中心城市和县城的城镇化率及镇到其距离的综合作用	0.182	0.101

注：**、* 分别表示 5% 和 10% 水平显著性统计。

6.3.2.1 能人带动

企业家是工业型村镇发展的重要推动力。拥有企业家精神的农民，因为外部力量的影响，综合有利信息，结合本地的土地、人脉、技术资源，开办乡村企业，营销产品、管理工人和技术创新。通过业缘、地缘、亲缘和血缘，农户和亲戚、邻居、好友、致富能人和先导专业户联系而形成社会网络体系。“亲帮亲、邻带邻”的方式，促进了早期家庭作坊式的乡村工业企业的发展。先导专业户向外围扩散，使得专业户和工厂在空间上集聚，道路、电力等基础设施更完备，形成了产业链和因果循环集聚而降低了边际经营成本。商业网络联络代替了传统的社会关系网络的过程，也是从家族企业到分工合作生产再到创新发展网络的过程。

6.3.2.2 劳动力资源

劳动力资源因素和工业生产总值、人均农民纯收入在 5% 显著性水平下，相关性系数分别为 0.564 和 0.436。江苏省手工业的劳动密集型企业较为发达，对于劳动力数量很依赖。服装纺织、食品饮料、木材家具业与劳动力数量正相关，这三类产业属于劳动密集型产业。

6.3.2.3 政府政策

政策倾向和工业生产总值、人均农民纯收入相关性系数分别为 0.167 和 0.124。对于广大农村，百姓民间力量较弱，村域的发展依托市场和社会资源，而社会资源多掌握在政府部门手中。政府通过规划引导、税收优惠、土地租金减免、基础设施建设、技术培训创新，主导乡镇工业的发展方向和竞争力（乔家君等，2008），通过民间金融和小额信贷等集聚工业发展资金。

6.3.2.4 土地资源

耕地面积和工业生产总值、人均农民纯收入均呈负相关，相关系数分别为 -0.093 和 -0.230。人均耕地越少的地方乡村工业发展越好，耕地少让更多的农民寻找其他生计，解放出很多的农民劳动力，为乡村工业的初始发展提供原始的劳动力资源。土地向规模化经营集中、企业向工业园区集中、居住向社区集中的“三集中”政策提高了土地利用效率。

6.3.2.5 河流湖泊

水文资源和工业生产总值、人均农民纯收入相关系数为 0.052 和 0.047。造纸类企业分布在环太湖区，纸浆制作过程中需要大量的水，太湖流域河网密布，具有优势条件。化工产业主要分布在长江沿岸村镇，临近长江港口，便于石油等原材料运输，长江径流量大为化工产业提供较大的污染排放水环境容量。近期由于沿江化工企业“关改搬转”（相关部门通过鼓励企业利用新技术、采用新工艺、生产新产品赢得未来竞争新优势，要求传统产业改造升级）的政策实施，大量化工企业往沿海转移，化工对于水资源和港口有依赖性。金属冶炼和机电装备企业也主要分布在长江沿岸，特别是造船和重型机械需要依托长江港口，需要稳定的长江岸线，金属冶炼需要大运输量的原材料，生产需要消耗很多水资源，金属冶炼和机电装备有大耗水、大运输、大排放的特点。

6.3.2.6 交通条件

交通运输成本对于乡镇工业企业的区位选择非常显著。交通条件和工业总产值在 5% 显著水平下相关系数为 0.271。随着工业园区基础设施的完善，乡村工业企业主要沿着国道、省道、干线路网，形成“点轴”分布模式。沿沪宁、宁杭、京沪和沿江高速公路形成“四横四纵四联”的网络。京沪、宁杭高铁的开通对于苏南地区向苏北地区乡镇工业转型有明显作用。交通条件还影响劳动力、资源、技术等要素的流动。化工、机械、金属冶炼等大宗原材料乡镇工业对于交通运输的依赖性较强。

6.3.2.7 经济基础

经济基础和工业生产总值、人均农民纯收入在 5% 的显著水平下相关系数是 0.288 和 0.263。乡镇工业需要大量原材料的购买、生产设备的投入，生产方式的选择、启动资金的预备、产业规模的增大，都依赖于乡镇和农户的经济基础。产业集聚的规模效应使得销售、运输、生产、技术等成本降低，路径依赖带来新生力量的不断补充，集聚带来产品知名度的提高，这些均对乡镇工业的发展起促进作用。

6.3.2.8 环境规制

由于乡镇的环境规制力度低，粗放经营增长的模式带来了乡镇工业对环境的严重污染。污水处理率与工业生产总值和人均农民纯收入在 5% 显著水平下相关性分别为 0.196 和 0.233。长江、太湖、京杭运河等出现水质恶化和水源地污染的情况，太湖流域尤其突出，2007 年太湖水华事件暴发，乡镇工业开始外移、整改和环境管制。随着 2016 年长江大保护政策的实施，江苏省村镇的化工产业向沿海转移。环太湖流域计算机通信、电子信息工业乡镇工业发展快，这主要是因为太湖流域的环境治理力度加大，减轻了环境污染的压力，乡镇工业产业结构经历了纺织、电力、化工、机械、电子、信息技术升级演变过程。

6.3.3 社会保障功能村镇发展影响因素及驱动机理

从 OLS 模型来看，所选取的指标通过了 10% 显著性检验，模型具有解释力。空间回归系数 ρ 和空间误差系数 λ 估计值都为正，表明社会保障功能村镇发展具有空间依赖性。用 SLM 和 SEM 的拟合优度 R^2 来评价模型对影响因素的解释度，SLM（0.617）大于 SEM（0.524），SLM 的拉格朗日乘数值较大（29.01），而拉格朗日乘数值越大，模型模拟效果越好，因此选择 SLM 为社会保障功能村镇发展影响因素模型的最佳模型，相应的模型解释变量如下（图 6.4 和表 6.7）。

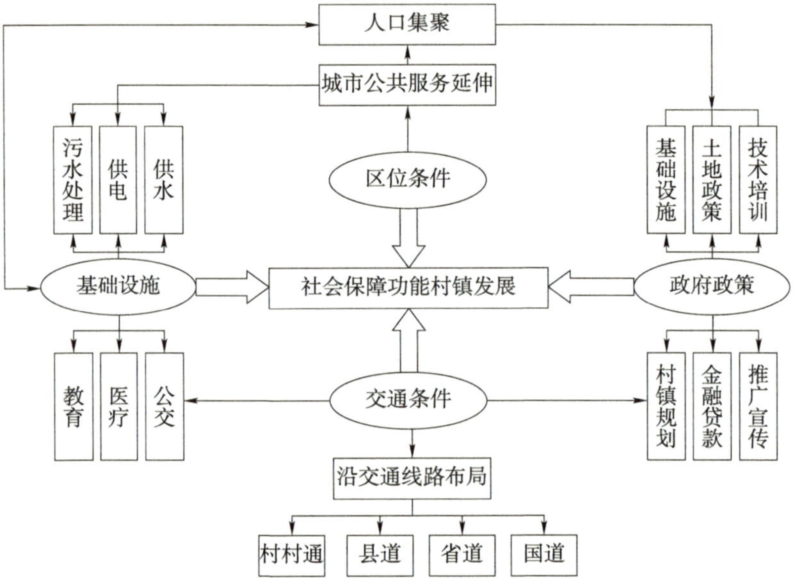

图 6.4　社会保障功能村镇发展影响因素和驱动机理

表 6.7　社会保障功能村镇发展影响因素模型分析

变量因子	变量描述	人均农民纯收入
区位条件	与城市和县城中心的直线距离	0.223**
耕地面积	耕地面积 / 户籍人口	−0.130
水文资源	与 4 级以上河流和 10 km^2 以上湖泊的距离	−0.049
经济基础	村镇集体经济收入	0.275**
劳动力数量	常住人口数	0.263*
交通可达性	国道、省道路网密度的交通可达性	0.195**
政策倾向	是否重点镇	0.152*
基础设施	生活垃圾处理率	0.073
	生活污水集中处理率	0.121*

注：**、* 分别表示 5% 和 10% 水平显著性统计。

6.3.3.1 区位条件

区位条件是社会保障功能村镇发展的基本前提。良好的地理区位影响着社会保障功能村镇的空间集聚格局。区位条件对社会保障功能村镇农民人均收入的影响很大，弹性系数为 0.223。村镇与城市和县城的距离影响着基础设施、文化和信息的辐射度。社会保障主导功能的村镇均离城市中心、县中心等较近，区位优势突出，工业化与城镇化推进快速，人口较集中，人口、产业和土地非农化显著，第二三产业得到很好的发展。城市公共服务易于向该区域村镇辐射和延伸，教育和医疗等基础设施较普遍和完善。

6.3.3.2 交通条件

村镇的交通可达性系数为正，系数为 0.195 且显著，说明村镇交通可达性越高，交通条件越好，越有助于社会保障功能村镇农民收入的增加。农户的生活生产依赖良好的交通条件，村镇发展功能的演变也发生在交通线路规划和建设区域。为了满足农户与外界的信息沟通和物质交换，农户对交通条件的要求不断增高，追求柏油和水泥马路的“村村通”的条件。农户在交通便利的道路两边建设房屋并居住，改善的道路带来了社会效益和经济效益。大部分社会保障功能村镇距离城市和县城较近，沿着交通线路进行扩散，分布在国道、省道和县道等级公路两侧。

6.3.3.3 基础设施

村镇是人口居住、生活和生产的重要载体和场所。社会保障功能的村镇能更好地吸引人口。人口的居住要依靠社会保障，主要包括基本生活饮用水、公交站、医院、卫生防疫站、中学、小学、幼儿园、垃圾收集点、污水处理设施、公共阅览室、健身设施、养老院和医疗保险等。基础设施对社会保障功能村镇的人均农民纯收入有正向影响，生活垃圾处理率和生活污水集中处理率这两种基础设施提高 1%，人均农民纯收入就能分别提高 0.073% 和 0.121%。社会保障功能村镇得到城市辐射的基础设施，教育和医疗等基础设施较普遍和完善，农村医疗保险和最低生活保障较好，社会管理的功能比较强大，社会保障功能的指数比较高。基础设施的大力建设对村镇人居环境品质的提高起到重要作用。

6.3.3.4 政府政策

政府作用对社会保障功能的村镇有很重要的正向推动影响，政府通过多种政策支持推动其发展。政府政策可以提供金融贷款支持，加强基础设施建设，影响村镇规划布局，组织村镇技术能手和干部能人学习新的技术，通过推广宣传创新技术使其广泛扩散。农民迁居的政策也促进了社会保障功能村镇的集聚发展。

6.3.4 生态保育功能村镇发展影响因素及驱动机理

关于江苏省生态保育功能村镇发展的影响因素模型，需要对 SEM 和 SLM 进行选择。通过对比拟合优度 R^2 和自然对数似然函数值 logL 大小选择模型。根据模型结果，SEM 的 R^2（0.627）及 logL 值（230.56）均大于 SLM 的 R^2（0.536）及 logL 值（216.74）。本节研究选择 SEM 作为基准模型，分析各影响因素对生态保育功能村镇发展的影响程度，各因素解释度如下（图 6.5 和表 6.8）。

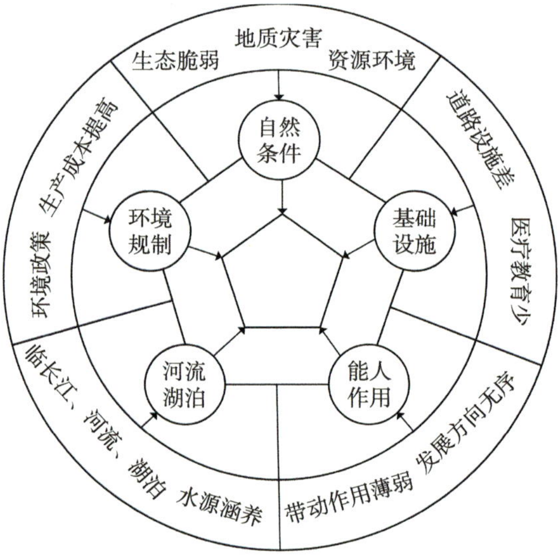

图 6.5 生态保育功能村镇发展影响因素和驱动机理

表 6.8　生态保育功能村镇发展影响因素模型分析

变量因子	变量描述	人均农民纯收入
区位条件	与城市和县城中心的直线距离	−0.167
地形条件	高程大小	−0.083
自然条件	植被覆盖度	0.216*
耕地面积	耕地面积 / 户籍人口	0.052
水文资源	与 4 级以上河流和 10 km^2 以上湖泊的距离	0.253**
经济基础	村镇集体经济收入	−0.113
劳动力数量	常住人口数	−0.086
能人因素	种植大户的数量、畜禽养殖大户数量	−0.102*
交通可达性	国道、省道路网密度的交通可达性	−0.127*
政策倾向	是否重点镇	−0.004
基础设施	生活垃圾处理率	0.062
	生活污水集中处理率	−0.098
环境规制	环境治理费用	0.105*

注：**、* 分别表示 5% 和 10% 水平显著性统计。

6.3.4.1　自然条件

生态保育功能的村镇大多是临近长江、河流、湖泊且以平原为主的村镇，其地势平坦，土地资源相对丰富，自然资源环境禀赋好，基础设施限制小，也利于大规模农业种植养殖。但是由于靠近长江、河流、湖泊等，也容易遭受多次大面积洪涝灾害，给村镇发展和农业设施带来毁灭性打击，因此也逐渐成为蓄滞洪区，原来生态脆弱或者地质灾害频发的地区，通过移民的方式把分散的村民集中搬迁到新的村镇，生态保育功能日益凸显。另外，江苏有部分丘陵地区的村镇，地形起伏较大，不利于水土保持，但是植被覆盖度很高，植被覆盖度与农民人均纯收入呈正相关，相关系数为 0.216。其物种丰富和生物多样性指数高，地形起伏大，较不利于交通、供水等基础设施布局，农业种植和乡村工业较难发展，因此生态保育功能突出。

6.3.4.2　基础设施

生态保育功能村镇的农户收入水平低，村镇的各种基础设施不完善，道路的等级和通达性比较差，外出打工经济实力强的农户选择在城市和县城购房居住，村庄的住宅越发空置，村庄空心化增加。生态保育功能的村镇，各种政治制度不完善也不健全，农民受教育水平低，思想比较固执和保守，对外界新的事务和信息不容易接受，不愿意大胆尝试，农户对于自身权利认知差，农民的教育权、就业权和社会保障权等不能被保障。医疗和教育制度也不完善，没有诊所和卫生室等医疗机构，教师的学历低且素质不高。

6.3.4.3 能人作用

能人在村镇的发展过程中，发挥了模范先锋、技术传播、管理经营等作用。生态保育功能的村镇一般缺少能人或者能人的带动作用比较薄弱。能人因素与生态保育功能村镇的农民人均纯收入呈负相关，相关系数为 -0.102。在村镇发展遇到困难时，村镇的农户缺少引领示范作用，并呈现各自为战的局面，村镇发展方向无序，分散经营对外界环境应对能力较弱，使得这些村镇发展态势呈现衰落状态。

6.3.4.4 河流湖泊

在 5% 水平显著性统计下，村镇与河流湖泊的距离和生态保育功能的村镇农民人均收入回归系数为 0.253。在村镇发展的初级阶段，水成为生命之源，也成为农户生存根本，村镇多集聚在河流周围，并呈现依河而建、逐水而居的态势。村镇的居住布局均质且紧密。随着饮水和调水的技术改善，农户的生产和生活用水得到保障，村镇对于河流的依赖逐渐减小。由于物质信息的交换，村镇发展转而对交通条件依赖。随着河流的污染增加和水源过度开发，环境容量下降，环保要求提升，距离重要河流和湖泊较近的村镇成为区域水源涵养、水土保持、生物多样性保护等生态保育功能的重要生态源。

6.3.4.5 环境规制

环境规制对生态保育功能的村镇有重要影响。村镇环境治理费用对农民人均收入有正向影响，回归系数为 0.105。农产品供给村镇会带来范围广、分散大的面源污染。经济发展功能村镇带来强度高的工业点源污染，传统的村镇轻工业和重工业的原材料、生产过程和生产工艺都会产生一定的环境污染，相应的环境污染治理费用也会增加。随着国家和江苏省对环境保护的要求提高，政府出台的一系列的环境政策使村镇发展功能向环境友好型的生态保育功能转变，限制了污染强度较大的经济发展功能的发挥。同时，在农产品加工和工业加工品生产过程中，由于环境规制带来的成本升高和利润下降，使得农产品供给功能和经济发展功能逐渐转变、更改和退化。

6.4 本章小结

村镇发展受内生型和外生型的影响因素共同作用。内生型影响因素包括经济地理区位、自然资源环境基础、经济基础、人力资本、社会资本和文化特征。外生型影响因素包括政府政策制度、市场需求、专业技术和社会发展进程“三化”。各种要素、各类子系统和各影响因素之间相互作用、相互反馈，推动不同类型村镇发展的动态有序演化。本章基于第四章江苏省村镇发展要素的时空格局演化，以 2005—2017 年的村镇发展为因变量，以内生型和外生型影响因素为自变量因子，用计量模型方法，测算江苏省农产品供给功能、经济发展功能、社会保障功能和生态保育功能村镇发展的影响因素和驱动机理。

农产品供给功能村镇选择农业生产总值和农民人均纯收入作为因变量。地形条件、土地资源、劳动力资源、能人推动、经济基础、市场区位对不同农业种植类型有不同作用机理。经济发展功能村镇选择工业生产总值和农民人均纯收入为因变量。能人带动、劳动力资源、政府政策、土地资源、河流湖泊、交通条件、经济基础、环境规制对不同产业结构的工业型村镇发展具有不同作用机理。社会保障功能村镇选择农民人均纯收入为因变量。区位条件、基础设施、交通条件和政府政策对社会保障功能村镇发展有不同影响。生态保育功能村镇选择农民人均纯收入为因变量。自然条件、基础设施、河流湖泊、能人作用、环境规制对生态保育功能村镇有不同的作用机理。

第七章

江苏省村镇发展功能的环境效应

本章基于江苏省村镇的大气、水、土壤环境质量空间格局特征，研究村镇农业发展功能和工业发展功能的村镇发展对环境的影响，农业功能型村镇从化肥、农药使用等的变化，利用计量模型定量分析村镇发展对农业面源污染的影响，进而揭示该类村镇环境效应特征。工业功能型村镇从乡镇企业不同工业结构废气和废水的排放强度，结合大气、水、土壤环境质量变化，研究不同工业发展与环境效应的定量关系。对江苏省村镇环境质量进行评价，利用系统动力学模型对村镇发展与村镇环境质量关系进行模拟，揭示不同功能村镇发展与环境污染的关系。

7.1 研究数据和方法

7.1.1 研究数据

江苏省大气污染物数据来自中国环境监测总站公布的实时监测数据，以及中国空气质量实时发布平台，共 268 个监测站点。本书选择 $PM_{2.5}$、PM_{10}、SO_2、NO_2、CO、O_3 6 种常规监测大气污染物以及空气质量指数（AQI）作为衡量大气污染的指标。观测数据质量符合《环境空气质量指数（AQI）技术规定（试行）》（HJ 633—2012）和《环境空气质量标准》（GB 3095—2012）。研究时段为 2014 年 1 月 1 日—2018 年 12 月 31 日，时间精度为 1 小时。数据处理遵循《环境空气质量标准》（GB 3095—2012），保证数据的准确性和有效性。

在江苏省地质局开展的农业生态地球化学调查支持下，得到江苏省土壤重金属的监测数据。采样过程结合网格采样法和 3S 技术，根据研究区域的土壤类型图和土地利用图，使用 ArcGIS 9.3 软件根据 1 km × 1 km 的网格在数字底图上排列采样点，共有 26 451 个采样点。实地采样中，根据预设的采样点周边实际环境适当调整，采集 0～20 cm 表层土壤，混合装袋，样品原始重量大于 1 kg。采样时用 GPS 记录每个采样点的经纬度，并详细记录采样点周围的环境信息。土壤样品经过自然风干、研磨和过筛等前期处理，制成待测土样。测定方法参考《土壤环境监测技术规范》（HJ/T 166—2004）。分析方法采用国家一级土壤标准物质（GBW 系列）检验，回收率介于 100%±10% 之间，测试方法、准确度可靠。

江苏省河流湖泊水质数据来自江苏省环境科学研究院，共有 186 个监测点的月监测数据，监测指标包括化学需氧量、五日生化需氧量、氨氮等监测数据。水质类别参考《地表水环境质量标准》（GB 3838—2002），结合江苏省生态环境厅公示数据。

工业企业污染源普查数据来自各地市环境保护局普查共计 9 582 个企业样本点，包括企业点位、企业名称、行业类型、工业总产值等经济统计数据，以及化学需氧量、氨氮、总磷、石油、废水、废气、二氧化硫、烟尘等污染物的排放量基础数据。

江苏省县域化肥、农药使用数据来自江苏省农村统计年鉴（县卡）数据。农业面源驱动因素的数据来自江苏省农村统计年鉴（镇卡）数据。

7.1.2 研究方法

7.1.2.1 普通克里格法

普通克里格法是地统计学的主要内插方法。基于变异函数模型和结构分析，它是局部区域中区域变量的无偏最优估计。考虑已知样点和预测点的空间方位关系，不同的普通克里格法使用半变异函数，当区域变量满足二阶平稳性和本征假设时，半变异函数用以下公式计算：

$$\gamma(h)=\frac{1}{2N(h)}\sum_{i=1}^{N(h)}\left[Z(x_i)-Z(x_i+h)\right]^2 \qquad （式 7.1）$$

式中，$\gamma(h)$ 是半变异函数；h 是步长或之后距离；$N(h)$ 是距离等于 h 的样点的对数；$Z(x_i)$ 为区域化变量在 $Z(x)$ 位置 x 处的土壤重金属实测值。

半变异函数拟合模型包括线性模型、指数模型、球形模型、高斯模型，它们反映了区域变量的随机性和结构。在普通克里格空间插值过程中，选择最佳拟合模型有助于提高插值精度。

7.1.2.2 土壤重金属污染负荷指数法

土壤重金属污染负荷指数（Pollution Load Index，PLI）是 Tomlinson 等提出的对于重金属污染评价的方法，表达各重金属污染的时空变化以及贡献度。

其计算公式为

$$\mathrm{CF}_i = c_i / c_n \qquad (式 7.2)$$

$$\mathrm{PLI} = \sqrt[n]{\mathrm{CF}_1 \times \mathrm{CF}_2 \times \cdots \times \mathrm{CF}_n} \qquad (式 7.3)$$

式中，CF_i 是重金属元素 i 的污染指数；c_i 是重金属元素 i 的浓度；c_n 是重金属元素 i 的评价标准，本书采用江苏省土壤背景值作为评价标准。借鉴前人研究，重金属的 CF 值和 PLI 值的分级标准如表 7.1 所示。

表 7.1　重金属 CF 和 PLI 的污染分级标准

序号	CF 值	PLI 值	分级标准
1	CF≤0.7	PLI≤0.7	无污染
2	0.7＜CF≤1	0.7＜PLI≤1	轻微污染
3	1＜CF≤2	1＜PLI≤2	轻度污染
4	2＜CF≤3	2＜PLI≤3	中度污染
5	CF≥3	PLI≥3	重度污染

7.1.2.3　环境质量评价指标体系和方法

环境质量评价遵循独立性、层次性、可量性等原则。考虑村镇发展对环境影响的方向和程度，分别针对水、大气、土壤环境，从环境质量、污染排放、环境压力等角度，构建村镇环境质量综合评价的指标体系。基于此，利用层次分析法和专家咨询法确定指标的权重，进行江苏省村镇环境质量综合评价分区。各指标根据对环境质量的影响效应分成正负两类。正效应指标的提升可以正面提高环境质量，负效应指标的提升会降低环境质量。具体指标和结果见表 7.2。

表 7.2　江苏省村镇环境质量评价指标体系

类型	指标名称	单位	权重	影响效应
水环境质量	氨氮浓度	mg/L	0.071	–
	化学需氧量浓度	mg/L	0.065	–
	生化需氧量浓度	mg/L	0.058	–
	单位面积化肥施用量	kg/km^2	0.047	–

续表

类型	指标名称	单位	权重	影响效应
水环境质量	单位面积农药使用量	kg/km^2	0.043	−
	万元工业产值的氨氮废水排放量	kg/ 万元	0.067	−
	水资源量	m^3	0.072	+
大气环境质量	$PM_{2.5}$ 浓度	$\mu g/m^3$	0.065	−
	NO_2 浓度	$\mu g/m^3$	0.069	−
	SO_2 浓度	$\mu g/m^3$	0.063	−
	万元工业产值的氮氧化物废气排放量	kg/ 万元	0.063	−
	万元工业产值的二氧化硫废气排放量	kg/ 万元	0.059	−
土壤环境质量	Cd 浓度	mg/kg	0.067	−
	Pb 浓度	mg/kg	0.062	−
	植被覆盖率	—	0.058	+
	土壤综合 PLI	—	0.071	−

注：+ 是正效应，− 是负效应。

环境质量的评价方法主要有向量模法、系统动力学、多目标决策分析和模糊综合评判等方法。本研究主要用向量模法和系统动力学方法，在本节中主要用向量模法去评价村镇环境质量，系统动力学在下一节评价。向量模法是较为常见的综合评价方法，用在不同时间同地方的纵向和同时间不同地方的横向环境质量综合对比。

向量模法通过建立指标体系，量化过程分析，计算获得 0～1 的无量纲值。该组评价值可以用于反映村镇环境质量空间的相对大小，越接近 0 的值，说明该地区的村镇环境承载力越低；越接近 1 的值，说明该地区的村镇环境承载力越高，环境容量较大，对村镇发展的支撑功能越强。

利用向量模法评价村镇环境质量的具体步骤如下。

（1）根据前面构建的江苏省村镇环境质量指标体系，共有三组，分别是村镇水环境质量 6 个指标，村镇大气环境质量 5 个指标，村镇土壤环境质量 4 个指标。具体的指标评价分值，组可以用 E_j（j=1，2，3）表示，每个指标确定权重是 W_i（i=1，2，…，n），具体数值见表 7.2。

（2）将各指标值根据正负效应以及（式 7.4）进行归一化处理，负效应指

标需要取倒数来获得和正效应指标相同的作用程度，再进行下一步计算，公式为

$$\bar{E}_{ij}=E_{ij}/\sum_{j=1}^{m}E_{ij}\ (j=1，2，\cdots，m) \quad （式 7.4）$$

（3）同样，村镇环境质量评价值的大小可以用归一后的向量模表达，公式为

$$\left|\bar{E}_j\right|=\sqrt{\sum_{i=1}^{n}\left(nW_i\cdot\bar{E}_{ij}\right)^2}\ (i=1，2，\cdots，n) \quad （式 7.5）$$

由此可以得到江苏省村镇环境综合质量评价值，包含不同方面的指标评价值都可以用上述方法计算得到村镇水环境质量、村镇大气环境质量、村镇土壤环境质量。

7.1.2.4 农业面源污染驱动因素模型

本书的农业面源污染驱动因素实证模型公式为

$$\mathrm{ANP}=\beta_0+\beta_1\mathrm{VP}+\beta_2\mathrm{AS}+\beta_3\mathrm{AES}+\beta_4\mathrm{ATP}+\beta_5\mathrm{PS}+\mu \quad （式 7.6）$$

式中，因变量是农业面源污染（ANP）；自变量分别是村镇人口规模（VP）、农业结构（AS）、农业经济规模（AES）、农业技术进步（ATP）、种植结构（PS）；μ 是随机的扰动项，表示无法反映的因素。

农业面源污染（ANP）以氨氮和生化需氧量为代表；村镇人口规模（VP）用村镇的人口数量表达；农业结构（AS）用种植业的产值与农业总产值的比例代表；农业经济规模（AES）用历年农业生产总值表示；农业技术进步（ATP）用农业高新技术占比表示；种植结构（PS）用粮食播种面积和经济作物播种面积的比表示。

7.2 江苏省村镇环境质量空间差异

7.2.1 江苏省村镇大气污染空间特征

江苏省 2014—2018 年大气污染物的年际变化见图 7.1，不同污染物的年际变化不同。江苏省空气质量年均值整体呈下降趋势，空气质量明显好转。其

中，$PM_{2.5}$、PM_{10}、SO_2、CO、NO_2 的浓度呈逐年下降趋势，O_3 的浓度呈波动下降。2018 年，$PM_{2.5}$、PM_{10}、SO_2、CO、NO_2、O_3 平均浓度分别为 38.35 $\mu g/m^3$、74.35 $\mu g/m^3$、12.88 $\mu g/m^3$、0.85 $\mu g/m^3$、26.88 $\mu g/m^3$、64.68 $\mu g/m^3$，其中 SO_2、CO、NO_2、O_3 符合国家标准，但 $PM_{2.5}$ 和 PM_{10} 的污染物年均浓度仍分别超标 0.10 倍、0.06 倍，高于世界卫生组织（WHO）空气质量标准的 2.84 倍、2.72 倍。

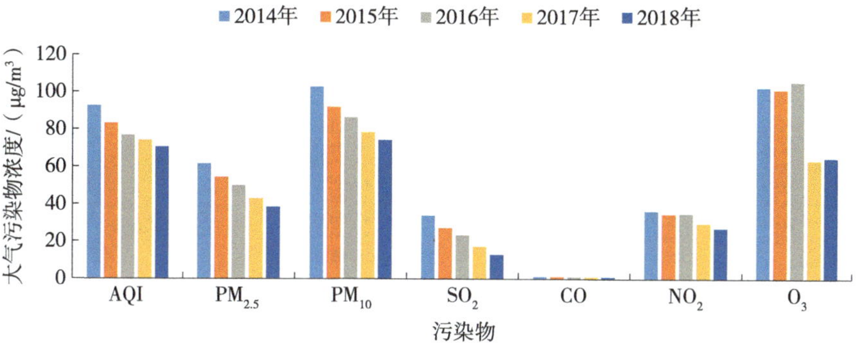

图 7.1　2014—2018 年江苏省大气污染物平均年变化

对江苏省 2014—2018 近 5 年首要污染物出现的天数进行统计，发现 $PM_{2.5}$ 的污染天数最多，占全部污染天数的 38.46%。首要污染物是 PM_{10}、NO_2、O_3、SO_2 和 CO，其污染天数所占比例分别为 26.81%、15.34%、13.36%、3.31% 和 2.72%。

江苏省县域的 6 项大气污染物空间分布特征不尽相同，在空间上呈现一定的集聚特点（图 7.2）。江苏省县域 $PM_{2.5}$ 浓度在 37.30～57.36 $\mu g/m^3$，年均值都已超过二级浓度限值（35 $\mu g/m^3$）。$PM_{2.5}$ 浓度高值区主要分布于徐州、宿迁、淮安、南京等地区。PM_{10} 浓度在 47.77～108.89 $\mu g/m^3$，超过二级浓度限值（70 $\mu g/m^3$）的县城有 51 个，占总数的 53.68%，最高值出现在徐州市沛县。这与北方徐州市供暖有关，供暖期间大量煤炭燃烧，颗粒物排放量大。中国城市 SO_2 浓度在 10.68～15.03 $\mu g/m^3$，没有城市超过二级浓度限值（60 $\mu g/m^3$），SO_2 在江苏省县域污染程度较轻。SO_2 最高值出现在徐州市，这可能与该地区电厂燃煤与工业锅炉排放有关。中国城市的 CO 浓度在 0.74～0.91 $\mu g/m^3$，所有城市都没有超过二级浓度限值（4 $\mu g/m^3$）。CO 高值区分布于南京、无锡、常州等地。中国城市 NO_2 浓度在 31.42～41.51 μg/m^3，其中超过二级浓度限值（40 μg/m^3）的县域有 5 个，占比为 5.26%，最高值出现在苏州、无锡、常州等地。NO_2 形成以苏南地区为中心的相对高浓度区，这主要与苏南地区乡镇工业企业发达有关。

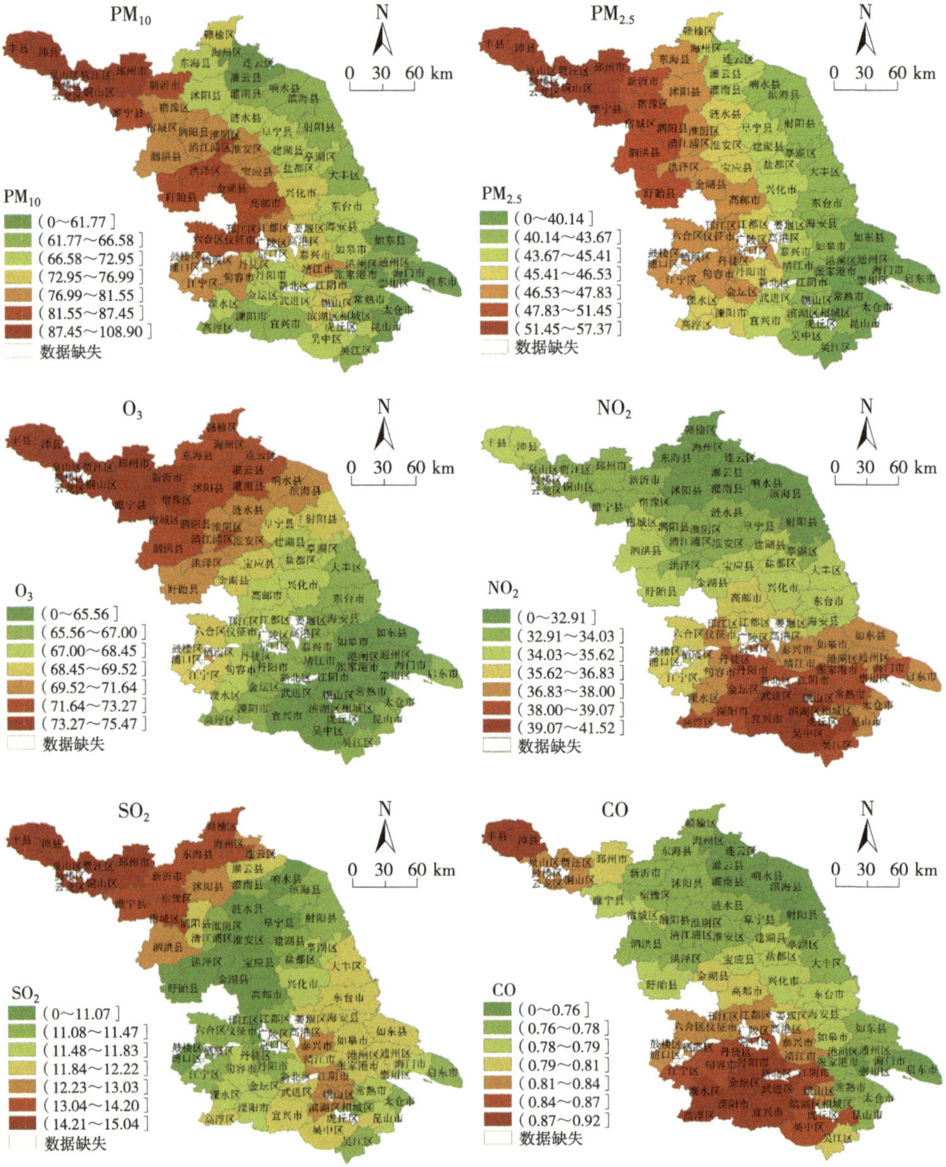

图 7.2 江苏省空气污染空间分布

7.2.2 江苏省村镇水污染空间特征

以氨氮、化学需氧量、生化需氧量 3 个水质指标浓度的空间格局，来评估江苏省的村镇水污染的空间格局特征。

江苏省的村镇氨氮指标浓度呈现苏南地区高于苏北地区的特征，苏南地区的张家港市、江阴市、锡山区等是江苏省氨氮浓度最高的地区，高达 2.63 mg/L，高于《地表水环境质量标准》（GB 3838—2002）的Ⅴ类水质限值 2 mg/L，属于劣Ⅴ类水质。该地区乡镇工业企业特别发达，氨氮排放量较高。武进区、新北区、如皋市、如东县、泰兴市、丹阳市等水质标准是Ⅴ类水质标准。其他苏南地区和苏中地区以Ⅲ类和Ⅳ类水为主。苏北地区以Ⅱ类和Ⅲ类水质为主（图 7.3）。

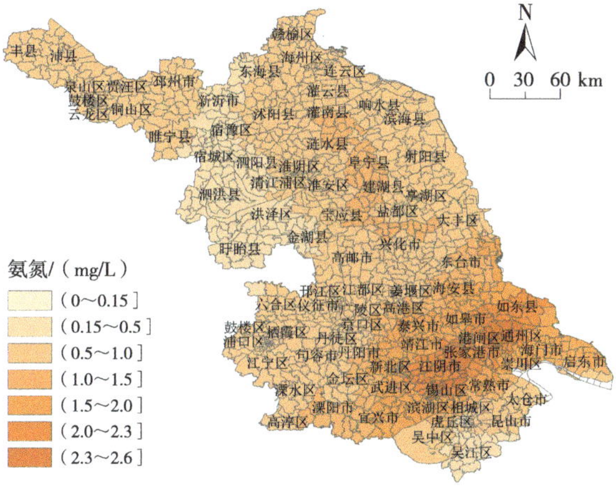

图 7.3 江苏省村镇氨氮浓度空间分布

江苏省的化学需氧量空间分布（图 7.4），以长江沿岸、洪泽湖及周边地区污染为主，张家港市、栖霞区、六合区、洪泽区、金湖县等村镇化学需氧量在 20～26.3 mg/L，属于Ⅳ类水质。其他苏中地区的村镇属于Ⅲ类水质。而连云港市、徐州市的部分村镇水质较好，属于Ⅱ类水质。

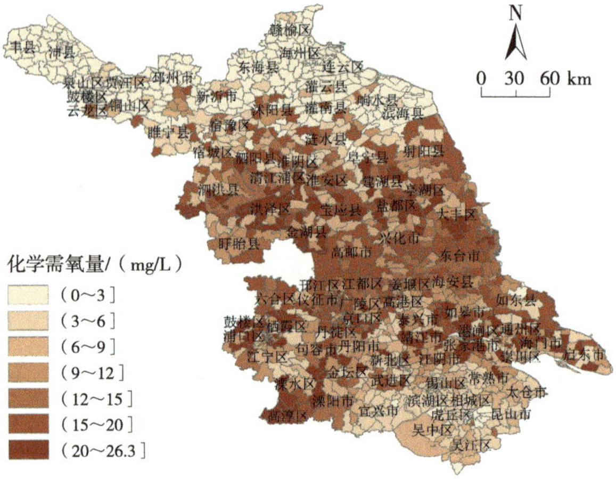

图 7.4　江苏省村镇化学需氧量浓度空间分布

江苏省的生化需氧量空间分布（图 7.5），以长江沿岸、环太湖北部、苏南地区污染为主，主要分布于丹徒区、新北区、泰兴市、江阴市等村镇，浓度在 4～7.27 mg/L，为Ⅳ类和Ⅴ类水质，该区域分布众多的乡镇工业企业，以化工、冶金为主。苏北地区以Ⅱ类和Ⅲ类水质为主，灌云县、海州区、响水县、睢宁县等为Ⅲ类水质，苏北地区以农业种植为主，农业面源污染对水质有一定影响，农田径流产生的有机和无机污染物使得地表水富营养化。

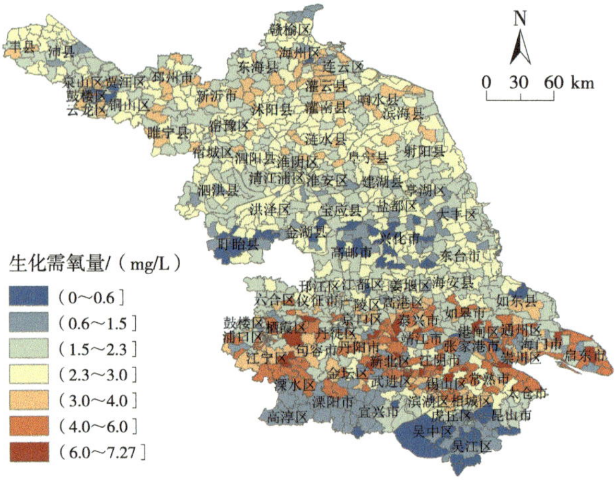

图 7.5　江苏省村镇生化需氧量浓度空间分布

7.2.3 江苏省村镇土壤污染空间特征

7.2.3.1 江苏省土壤污染总体含量特征

在研究区的土壤类型图、土地利用图等基础上，利用 ArcGIS 9.3 软件在数字底图上按照 1 km × 1 km 网格布设采样点，共有 26 451 个采样点。

对江苏省表层土壤样品重金属含量进行经典统计学分析（表 7.3）。结果显示，土壤中重金属 Cd、Pb、Cr、Cu、Zn、Hg、As 含量的平均值分别为 0.147 mg/kg、26.3 mg/kg、75.82 mg/kg、25.76 mg/kg、71.97 mg/kg、0.80 mg/kg、9.33 mg/kg。这些元素的平均值均未超出《土壤环境质量标准》（GB 15618—1995）二级标准的限值。土壤重金属含量均超标，Cd、Hg、As、Cu、Zn、Cr、Pb 的样本超标率分别为 0.34%、0.28%、0.19%、0.14%、0.11%、0.04%、0.03%，表现为 Cd＞Hg＞As＞Cu＞Zn＞Cr＞Pb。这说明该地区土壤中重金属 Cd、Hg、As、Cu、Zn、Cr 和 Pb 均有不同程度的积累，污染也相对普遍。

表 7.3 江苏省土壤重金属含量统计（n=26 451）

重金属元素	最小值 /（mg/kg）	最大值 /（mg/kg）	平均值 /（mg/kg）	标准差 /（mg/kg）	变异系数	江苏土壤背景值 /（mg/kg）	国家土壤环境质量Ⅱ级标准 /（mg/kg）	样本超标率 /%	中位数
Cd	0.033	22.80	0.147	1.78	1.21	0.116	0.6	0.34	0.13
Pb	11.4	1 932	26.3	20.82	0.79	20.39	350	0.03	25.10
Cr	16.6	459	75.82	15.32	0.2	65.72	250	0.04	74.40
Cu	5.89	756	25.76	11.69	0.45	22.78	100	0.14	24.70
Zn	18.1	1 021	71.97	26.56	0.37	73.02	300	0.11	68.09
Hg	0.001	8.09	0.80	0.14	0.175	0.16	1	0.28	0.04
As	2.15	245	9.33	3.8	0.41	8.80	25	0.19	9.01

7.2.3.2 江苏省土壤重金属含量空间分布特征

由半方差函数理论模型的拟合结果可知（表 7.4），江苏省土壤中重金属 Cd、Zn、Hg、As 的变异函数理论模型都符合指数模型，Pb、Cr 都符合高斯模型，Cu 符合球状模型。各重金属元素的有效变程（a）在 30 000～1 001 125 m，表明各种重金属元素迁移和循环机制有所不同。重金属元素的决定系数（R^2）全都大于等于 0.677，R_{SS} 较小，说明模拟效果较好，也代表本研究中理论模型的选择很符合地统计分析的基本要求。Kolmogorov-Smirnov（K-S）检验表明各重金属符合正态分布，可以进行克里格插值。重金属 Pb、Cr、Zn、Hg 和 As 的基底效应［Co/（Co+C）］小于 0.25，这 5 种元素的空间变异性以结构性变异为主，变量具有强烈的空间相关性。Cd 的基底效应大于 0.75，以随机变量为主，变量的空间相关性很弱，受人为活动影响较大。Cu 的基底效应在 0.25～0.75，呈中等程度的空间相关性，表明 Cu 很有可能受到自然以及人为因素的综合作用。

表 7.4　重金属含量的半方差函数理论模型及相关参数

变量	理论模型	块金值（Co）	基台值（Co+C）	基底效应［Co/（Co+C）］	变程（a）/m	残差平方（R_{SS}）	决定系数（R^2）
Cd	指数模型	0.025 5	0.0255	1.00	493 272	4.001×10^{-4}	0.677
Pb	高斯模型	294	2 698	0.109	1 001 125	896 270	0.839
Cr	高斯模型	297	2 704	0.110	987 269	874 865	0.751
Cu	球状模型	78	188.4	0.414	372 000	42 816	0.723
Zn	指数模型	123	721.2	0.171	84 000	278 759	0.761
Hg	指数模型	0.000 01	0.015 4	0.000 6	30 000	2.248×10^{-4}	0.682
As	指数模型	1.45	14.32	0.101	57 000	167	0.854

在变异函数拟合的基础上，进行普通克里格插值，得到江苏省土壤重金属含量空间分布情况（图 7.6）。总体看，江苏省土壤中 7 种重金属空间分布呈带状、岛状格局，各重金属元素均出现含量高值区，表明该区域人类活动对土壤中重金属含量有负面效应。

Cd、Cr、Cu 和 Zn 含量的空间分布格局较相似。重金属浓度呈沿长江带状分布、沿太湖周边岛状分布的空间格局。结合江苏省土地利用分布图，5 种重金属含量较高的区域与城郊和县镇的建设用地格局基本一致。As 含量呈梯度分布，总体表现为由西北部向东南部递减的梯度变化。As 可能受农田种植和化肥施用的影响较大。Hg 和 Pb 空间分布特征与其他几种重金属有明

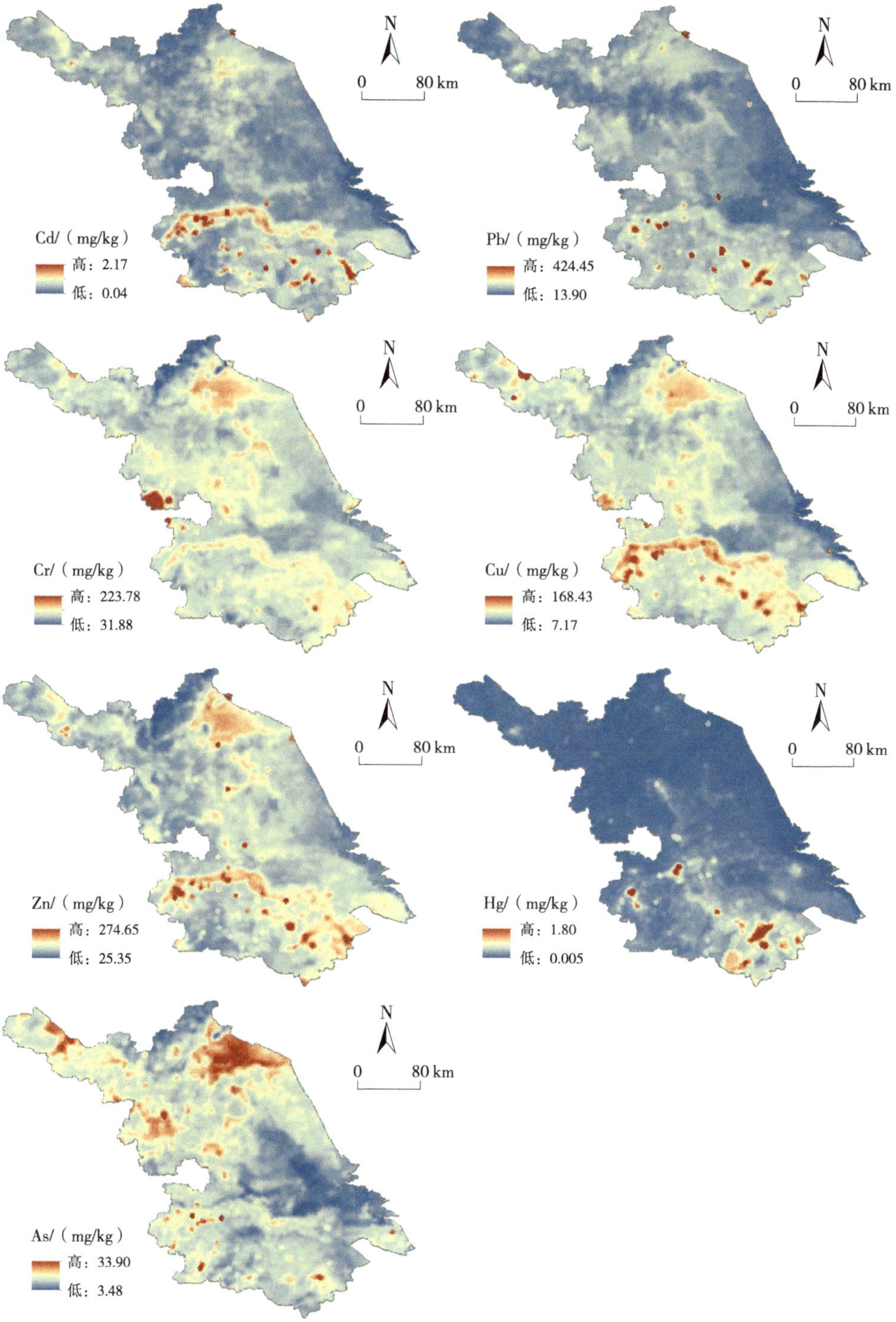

图 7.6　江苏省土壤重金属含量空间分布

显的不同，含量高值区呈岛状零散分布，集中分布在苏州、南京、无锡、常州等城市郊区的村镇，它们属于江苏省乡村工业最发达的地区。

土壤是具有空间变异属性的自然综合体，基于地统计方法的克里格插值方法，计算江苏省土壤重金属单项污染指数（CF）和综合 PLI 的空间分布（图 7.7），更直观地了解土壤重金属污染的空间分布格局。

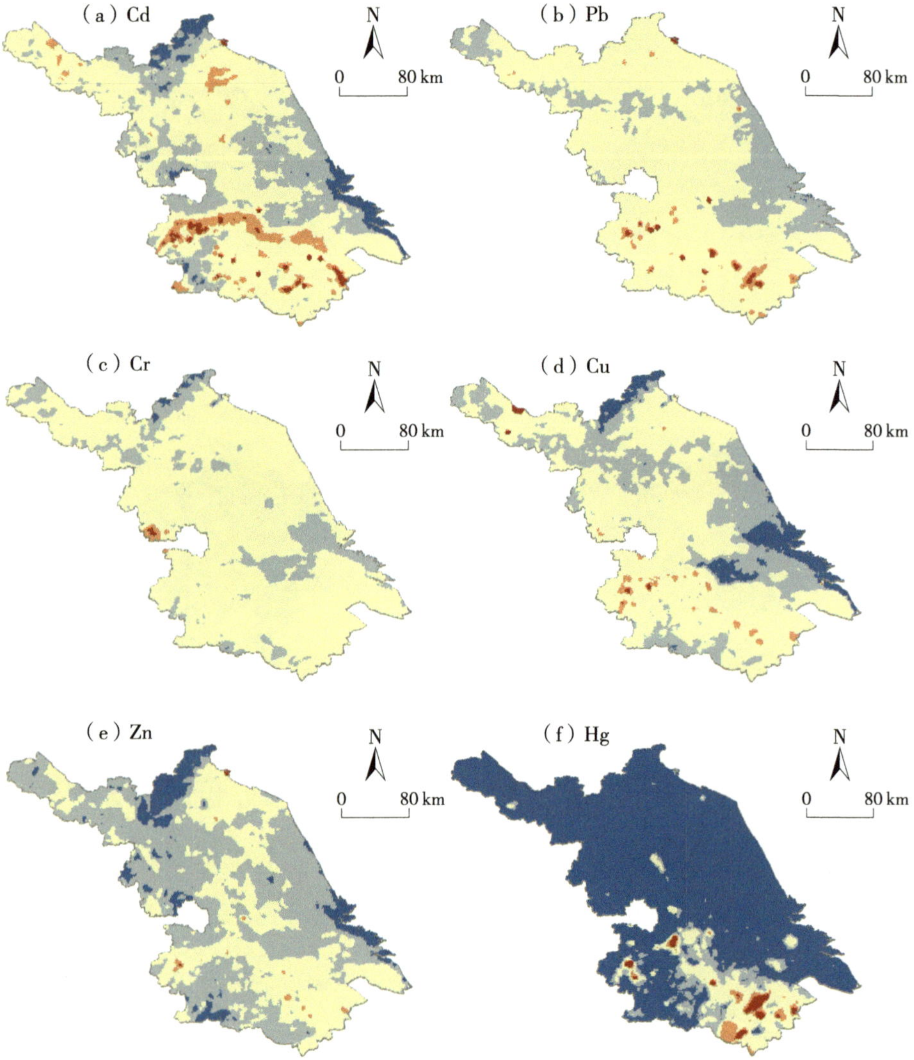

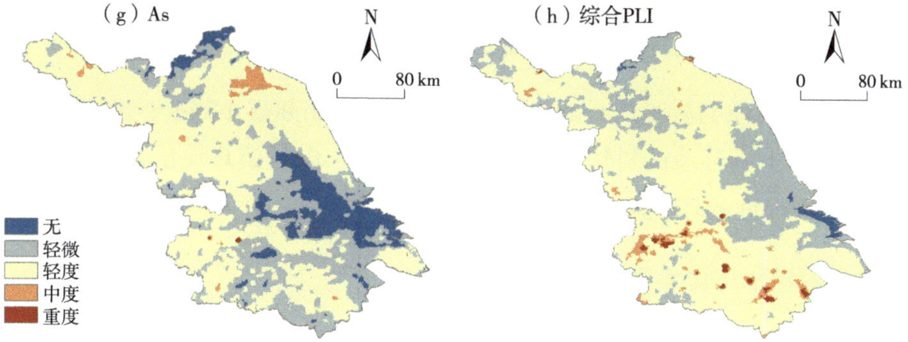

图 7.7　土壤重金属污染空间分布

从图 7.7 中可知，总体来看，7 种土壤重金属污染程度较为乐观，重度和中度污染出现的较少，除 Hg 外，均表现为大面积轻微和轻度污染。但是这 7 种重金属的单个污染指数呈不同的环境风险空间分布格局。

Cd 是污染程度和面积最大的元素，表现出区域性污染的特征。在江苏省的长江及两岸、太湖北岸出现中度和重度污染态势，带状成片富集，存在环境风险，需引起警惕。Pb 和 Cu 污染面积和污染程度是第二大和第三大的元素，有相似的污染分布格局。在南京、苏州、常州乡镇企业发达的工业园区呈现中度和重度污染态势。Hg 在苏州、无锡乡镇企业发达地区出现中度和重度的较高污染的区域，江苏省很大部分的村镇表现为无污染情况，基本属于清洁生产水平。Cr、Zn、As 在江苏省基本表现为轻微和轻度污染态势，其中，Cr 在铁山寺国家森林公园呈现重度污染，As 在连云港灌云县呈现中度污染。

由江苏省土壤重金属综合 PLI 空间分布可见，江苏省土壤重金属综合污染整体呈现出南高北低“苏南—苏中—苏北”递减的趋势，重度污染主要分布在南京、苏州、无锡、常州、镇江等城郊和乡镇工业园区，以及长江水域、宝华山国家森林公园等地。工业密集区成为重金属含量高和污染严重的区域。新兴工业园区的土壤重金属含量普遍高于老城区，说明乡镇工业发展导致了重金属污染空间格局分异。江苏省工业起步较早，乡镇的工业园区密集，城郊集中布局化工、冶金、发电、金属加工等企业，煤炭燃烧、工业排放、交通密集造成城镇建设用地的土壤重金属污染较重。

7.2.4 江苏省村镇环境质量空间差异

根据村镇环境质量的评价方法，对 2018 年江苏省 1 749 个镇的水环境、大气环境和土壤环境的村镇环境质量进行评估。以村镇环境质量为基础，客观反映村镇尺度的环境质量状态。

7.2.4.1 村镇水环境质量空间差异

江苏省的水环境形势较为严峻，村镇水环境质量平均为 0.53（图 7.8 和表 7.5），村镇水环境质量水平较高的地方分布于太湖、洪泽湖沿岸，南京的溧水区和高淳区、淮安的盱眙县和洪泽县等。村镇水环境质量在 0.55～0.59 的最多，占比为 21.91%。苏南地区和长江沿岸区域的化工密集，对江苏省水质影响较大，成为河流水质污染以及水环境超载的原因。

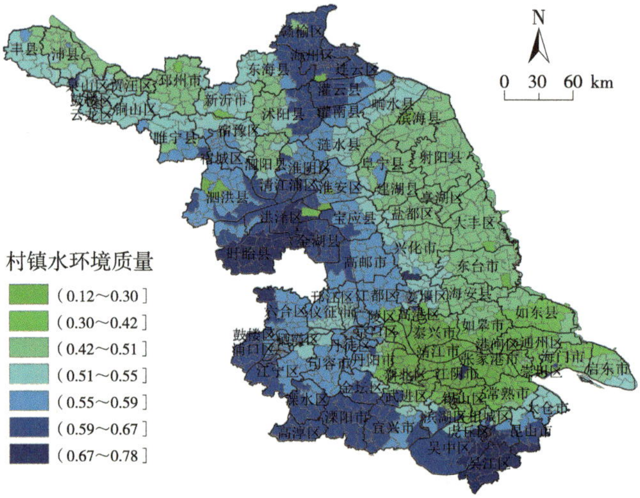

图 7.8 江苏省村镇水环境质量评价

表 7.5 江苏省村镇水环境质量评价结果

序号	村镇水环境质量	镇数 / 个	比例 /%
1	(0.12～0.30]	112	7.57
2	(0.30～0.42]	169	11.43

续表

序号	村镇水环境质量	镇数 / 个	比例 /%
3	（0.42～0.51］	301	20.35
4	（0.51～0.55］	246	16.63
5	（0.55～0.59］	324	21.91
6	（0.59～0.67］	229	15.48
7	（0.67～0.78］	98	6.63

7.2.4.2　村镇大气环境质量空间差异

江苏省村镇大气环境质量多在 0.09～0.76（图 7.9 和表 7.6），总体大气环境质量较好。村镇大气质量呈城郊村镇低质量的趋势，因此重点镇的工业污染排放强度较大。村镇大气环境质量在 0.27～0.38 的村镇分布最多，占比为 22.23%。大气污染物排放源以工业排放为主。高污染、高耗能的村镇工业较多，村镇工业企业的污染治理水平滞后，交通和道路扬尘，大气复合型污染突出。

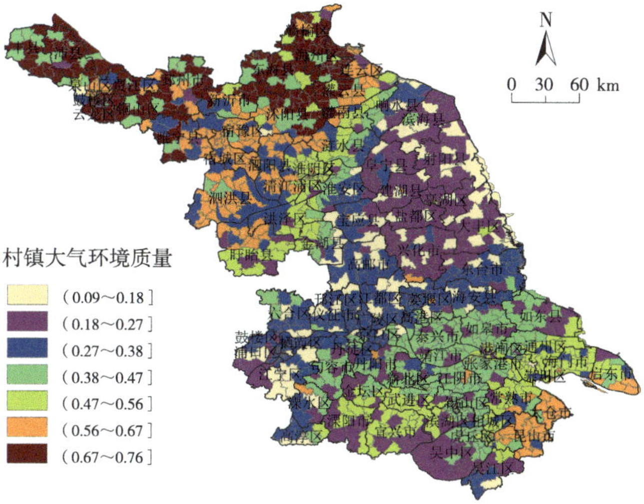

图 7.9　江苏省村镇大气环境质量评价

表 7.6　江苏省村镇大气环境质量评价结果

序号	村镇大气环境质量	镇数 / 个	比例 /%
1	（0.09～0.18］	82	5.94
2	（0.18～0.27］	218	15.79
3	（0.27～0.38］	307	22.23
4	（0.38～0.47］	280	20.28
5	（0.47～0.56］	122	8.83
6	（0.56～0.67］	168	12.17
7	（0.67～0.76］	204	14.77

7.2.4.3　村镇土壤环境质量空间差异

江苏省村镇土壤环境质量在 0.02～0.56（图 7.10 和表 7.7），总体村镇土壤环境质量较好，存在个别村镇超标的现象。村镇大气环境质量在 0.24～0.32 的村镇分布最多，占比为 25.74%。苏南地区村镇的土壤环境质量较低，苏北地区和沿海的村镇土壤环境质量较高。江苏省土壤重金属污染与乡村工业的发展具有空间一致性。众多乡村工业成为重金属排放的重要来源。

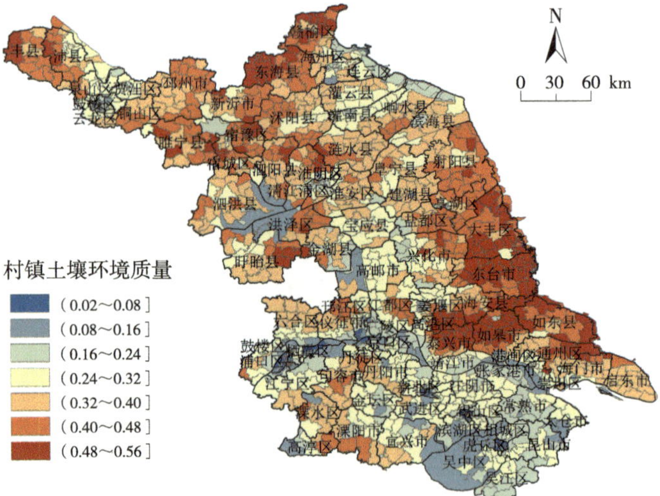

图 7.10　江苏省村镇土壤环境质量评价

表 7.7　江苏省村镇土壤环境质量评价结果

序号	村镇土壤环境质量	镇数 / 个	比例 /%
1	(0.02～0.08]	59	3.99
2	(0.08～0.16]	119	8.04
3	(0.16～0.24]	180	12.16
4	(0.24～0.32]	381	25.74
5	(0.32～0.40]	339	22.91
6	(0.40～0.48]	247	16.69
7	(0.48～0.56]	155	10.47

7.3　江苏省村镇农业发展功能的环境效应

7.3.1　化肥、农药施（使）用的时空演变

7.3.1.1　化肥施用量时空格局演变

江苏省的村镇化肥施用量总体呈先上升后下降的趋势（图 7.11），2005 年、2010 年和 2017 年江苏省村镇化肥施用量分别为 340.81 万 t、341.11 万 t 和 303.85 万 t。苏北地区的徐州、盐城、宿迁、连云港等化肥施用量较大，呈先上升后下降趋势，2017 年徐州市和盐城市化肥施用量最大，分别高达 58.70 万 t 和 19.62 万 t。这对江苏省村镇耕地的压力较大，农业面源污染的产生来源更多。苏南地区和苏中地区的苏州、常州、无锡、南京、镇江化肥施用量较小，呈逐年下降趋势。2017 年化肥施用量最小的是无锡市，为 5.07 万 t。

从江苏省县域空间格局演变来看（图 7.12），化肥施用量总体呈苏北地区向苏南地区递减的趋势，和粮食产量空间分布一致。苏中地区和苏南地区的兴化市、东台市、六合区、江宁区、宜兴市、海门市等呈现出化肥施用量显著下降的趋势。苏北地区的赣榆区、海州区、淮阴区、盱眙县等化肥施用量呈明显上升趋势。东台市化肥施用量下降幅度最大，达到 48.10%，从 2005 年的 9.70 万 t 下降到 2017 年的 5.03 万 t。海州区化肥施用量上升幅度最大，达到

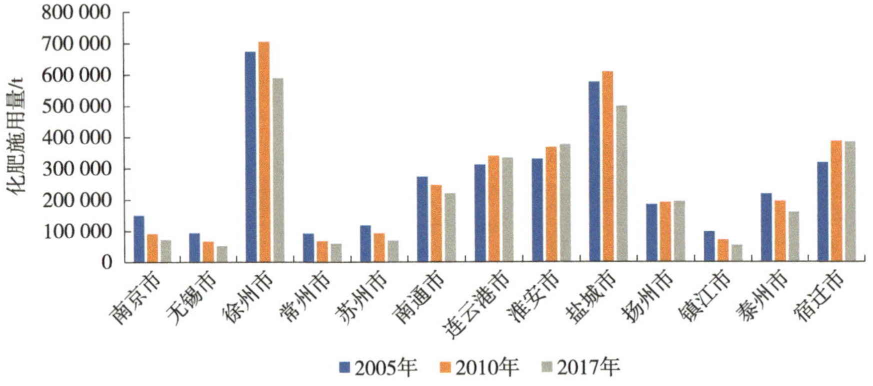

图 7.11　2005 年、2010 年和 2017 年江苏省化肥施用量变化

73.20%，从 2005 年的 2.98 万 t 上升到 2017 年的 5.17 万 t。苏北地区的化肥施用量比苏南地区高，主要有三方面原因，第一是自然因素，苏北地区平原多是潮土，有机质含量低，苏南地区土壤较为肥沃且施肥量少；第二是经济因素，苏南地区的乡镇工业较为发达，苏北地区从事农业生产的人员比例高，农业经营规模小，化肥易浪费；第三是文化社会因素，苏南地区的土地流转率较高，土地流转承包的专业规模种植户文化程度高，农业技术水平高，用高品质化肥替代散户用的低品质肥料，化肥施用率提高，因此化肥施用量减少。而苏北地区分散的农户会不计成本向农田施用过多化肥。

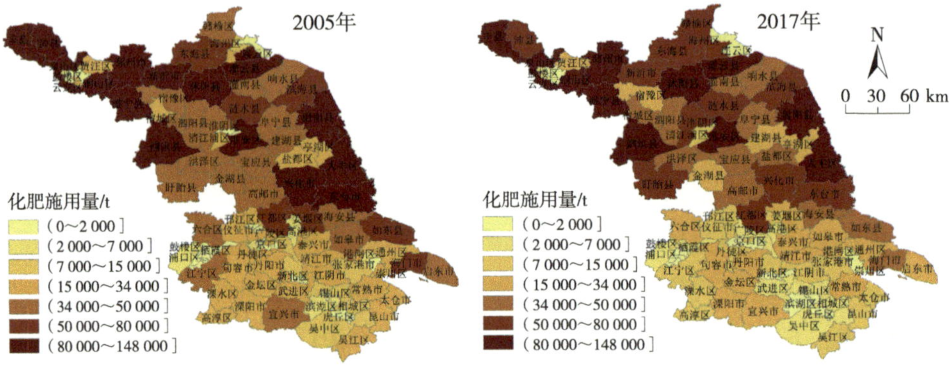

图 7.12　2005 年、2017 年江苏省化肥施用量空间分布

农民常常施用超出粮食作物本身所需要的化肥，这会产生大量的面源污染。化肥（磷肥、氮肥和钾肥等）的不合理和大量使用会造成面源污染，其

危害主要是破坏土壤结构和微生物多样性，过量的氮肥在硝化作用下释放氢离子，使土壤酸化，磷、氮、钾化学物质积累，破坏土壤微生物生物菌群，加速土壤生物流失，让土壤丧失耕种作用。过多的化肥施用，会使水溶性养分等被农田灌水和雨水冲刷淋溶到河流及地下水中，造成河流和地下水呈富营养化状态，河流水库坑塘出现鱼虾死亡的现象。农业生产中的氮肥只有 1/3 被植物吸收，2/3 随水土流失和大气蒸发进入河流湖泊，严重污染河流流域的水质。在调研中发现，有机肥、测土配方肥的面源污染较小，但并没有得到大规模推广使用。

7.3.1.2 农药使用量时空格局演变

江苏省农药使用量总体呈递降趋势（图 7.13），2005 年、2010 年和 2017 年农药使用量分别为 10.33 万 t、9.01 万 t、7.32 万 t。从各地市来看，2017 年，盐城市和徐州市的农药使用量最大，高达 1.34 万 t 和 0.98 万 t。苏州、常州、无锡、南京、镇江的农药使用量较少，呈明显的下降趋势。

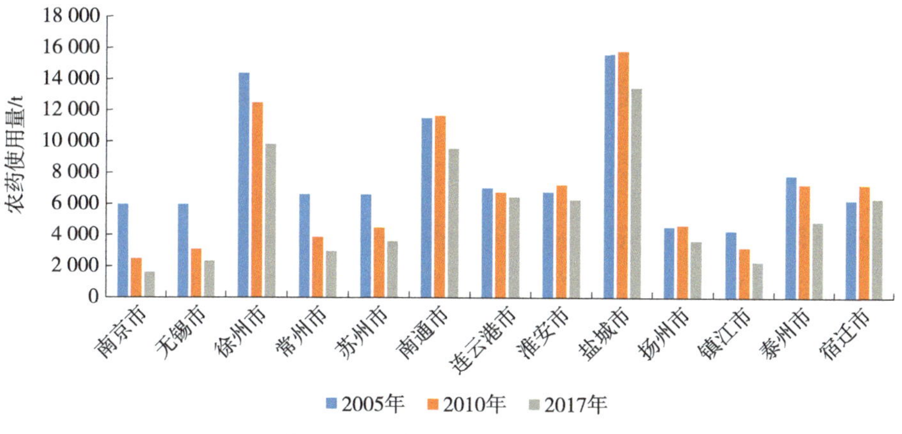

图 7.13 2005 年、2010 年和 2017 年江苏省农药使用量变化

从县域空间格局演变来看（图 7.14），2017 年江苏省农药使用量与化肥施用量不完全一致，这可能与不同村镇的农作物种植结构不一样有关。苏中地区和苏南地区的兴化市、东台市、如皋市、常熟市、宜兴市、溧阳市、江宁区、句容市、高邮市等均呈明显下降趋势，而苏北地区的东海县、滨海县、

淮阴区等呈显著上升趋势。兴化市的农药使用量下降幅度最大，2005—2017 年从 3 140 t 下降到 1 604 t，降幅为 48.92%。海州区农药使用量上升幅度最大，2005—2017 从 291 t 上升到 1 015 t，上升幅度高达 248.80%。

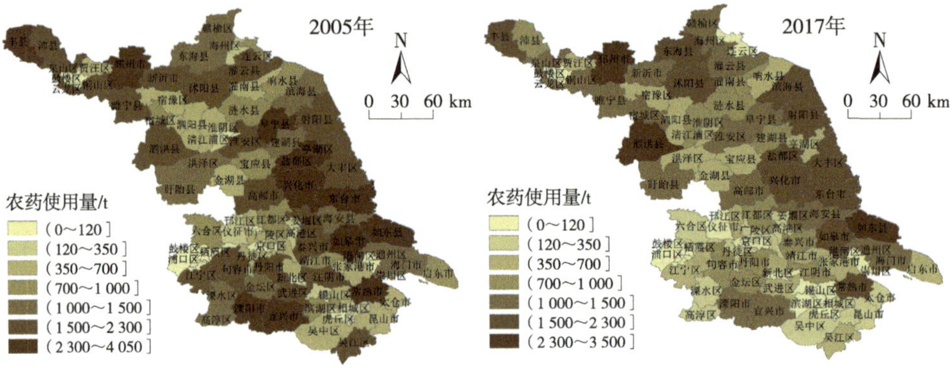

图 7.14　2005 年、2017 年江苏省农药使用量空间分布

长期不合理和过量使用农药，特别是高残留和高毒性的农药，会造成土壤质量恶化和污染，土壤功能遭到破坏，农作物的质量和产量下降。也会在杀死害虫的同时杀死它的益虫、益鸟天敌，破坏大自然的生态平衡，还会使得害虫具有抗药性，增加了农药的使用次数和数量，造成水体的有机物污染。

7.3.2　农业面源污染驱动因素定量解析

本书以河流湖泊的氨氮和生化需氧量浓度来代表农业面源污染（ANP）量，并运用 OLS 模型回归模拟，农业面源污染的排放模型回归结果见表 7.8。

表 7.8　农业面源污染驱动因素模型结果

变量名称	变量符号	氨氮排放模型	生化需氧量排放模型
村镇人口规模	VP	59.23^{**}（4.25）	5.43^{*}（2.57）
农业结构	AS	84.59（1.21）	102.46^{*}（1.89）
农业经济规模	AES	128.94^{**}（5.82）	84.09^{**}（5.73）
农业技术进步	ATP	-486.85^{*}（−0.98）	−563.42（−1.17）
种植结构	PS	-72.64^{*}（−1.83）	-15.93^{**}（−1.87）

续表

变量名称	变量符号	氨氮排放模型	生化需氧量排放模型
方程显著性	校正 R^2	0.76	0.71
	F 检验	487.26**	205.36**

注：**、* 分别表示 5% 和 10% 水平显著性统计。

江苏省的氨氮排放模型和生化需氧量排放模型估计效果总体可以，校正 R^2 分别为 0.76 和 0.71，说明模型中各影响因素解释了 76% 和 71%，F 值较大，通过检验，说明各因素对农业面源污染的影响是显著的。

农业经济规模的回归结果表明，农业经济规模对面源污染的影响系数为正，农业产值高，农业面源污染重。农业经济增长依赖于物质的投入。中国是世界上化肥施用强度最高、消费量最大的国家之一，农业在发展中其化肥和农药投入增加。江苏省的小麦化肥施用强度是 345.5 kg/hm^2，水稻的化肥施用强度是 468.3 kg/hm^2，均远远超过经济发达国家设定的化肥施用强度安全上限 225 kg/hm^2。农业生产部门依旧靠农药、化肥等化学产品使用来实现农业经济增长。过量的化肥和农药投入产生了较为严重的农业面源污染。粗放的农业经济增长模式，以及对于化肥和农药的过度依赖，增加了生态环境污染。

农业结构对农业面源污染的影响系数为正，且通过显著性检验。农业结构成为农业面源污染的影响因素之一。农业结构中种植业比例减小，养殖业比例增高，农户的经济效益增加。畜禽养殖业发展带来的粪尿排泄物增加，喂养的饲料流失，这些都是严重的环境压力且范围广、持续时间长。因此，在优化农业产业结构时，要兼顾生态环境效益和经济效益平衡。

种植结构和农业面源污染排放呈负相关，且通过显著性检验，说明粮食作物的比重对农业面源污染有负面影响。随着江苏省社会经济发展，种植结构发生改变，经济作物播种面积增加，水果、蔬菜和花卉播种面积迅速增加，传统的粮食作物播种面积下降。经济作物带来可观的收入，但是化肥和农药的使用量也增加，产生了严重的污染。根据《2018 年农作物科学施肥指导意见》，果树桃树建议施肥量是磷肥 8～10 kg/ 亩，氮肥 18～20 kg/ 亩。小麦建议施肥量是磷肥 6～8 kg/ 亩，氮肥 10～13 kg/ 亩。粮食播种比例下降，经济作物比例上升，加重了农业面源污染的情况。

江苏省村镇人口数量对农业面源污染正向影响最大，且通过显著性检验。村镇人口的数量是农业面源污染的因素之一。村镇人口是农业生产活动的主体，随着村镇人口的增加，人口的生产消费活动带来的环境污染也随之增加，在现有环境治理技术水平下，农村人口变多会使生活垃圾和污水增加，使农村的氮磷排放量增多。因此，村镇人口数量对于农业面源污染有正向促进作用。

农业技术进步与氨氮农业面源排放呈负相关，除去小部分会促进污染的非环境友好型的农业技术，总体上，农业技术进步对农业面源污染有减缓作用。污染治理技术可以有效治理面源污染，如将太湖蓝藻制作成有机肥。农户掌握更多的农业技术后可减少污染排放。江苏省土肥站推广的测土配方施肥技术，小麦的平均施氮肥量为 15.5 kg/ 亩，减少了 2 kg；水稻平均施用 18.2 kg/ 亩氮肥，减少了 2.8 kg。测土配方施肥技术的实施有效减少了氮肥使用，减少了农业面源污染。

7.4 江苏省村镇工业发展功能的环境效应

7.4.1 村镇企业不同工业结构污染排放强度

7.4.1.1 村镇工业企业污染物排放量

江苏省村镇工业企业废水排放中，废水以总氮、氨氮、石油为主（图 7.15）。乡镇工业企业废水排放行业以化学原料及化学制品制造业和纺织业最多，分别高达 8 445.2 t 和 8 084.64 t，这两个行业主要排放总氮和氨氮，分别占总废水排放量的 61.10% 和 31.72%。黑色金属冶炼及压延加工业排放量为第三，可达 6 912.63 t，其中石油类排量最大，占比为 75.66%，这与该产业的原材料是石油有关。石油类污染物排放量次大的是电力、热力生产及供应业。造纸及纸制品业废水排放量最小，主要排放总氮。

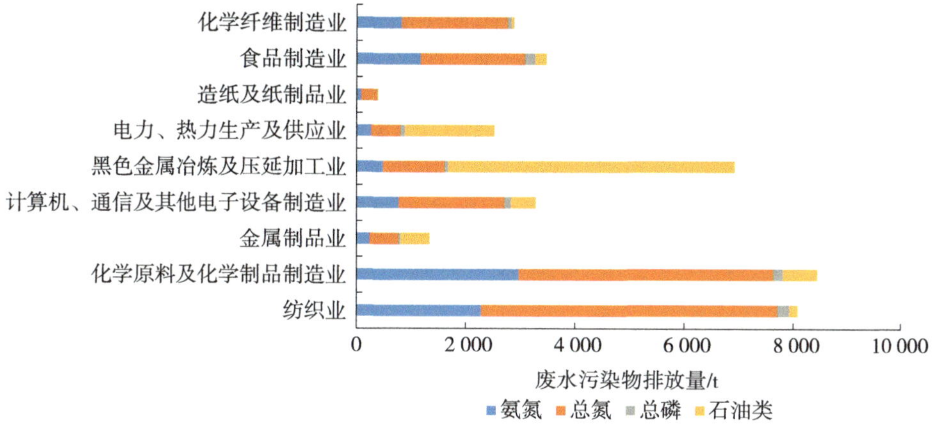

图 7.15　不同村镇工业结构废水污染物排放量

江苏省村镇工业企业废气排放量以二氧化硫和氮氧化物为主（图 7.16）。村镇工业企业废气污染物排放行业以电力、热力生产及供应业为主，最多达 310.08 万 t，其次是黑色金属冶炼及压延加工业和化学原料及化学制品制造业，废气排放量分别为 47.32 万 t 和 41.67 万 t。废气排放量较小的是造纸及纸制品业，金属制品业，食品制造业和计算机、通信及其他电子设备制造业，分别为 1.63 万 t、2.16 万 t、3.39 万 t 和 7.96 万 t。

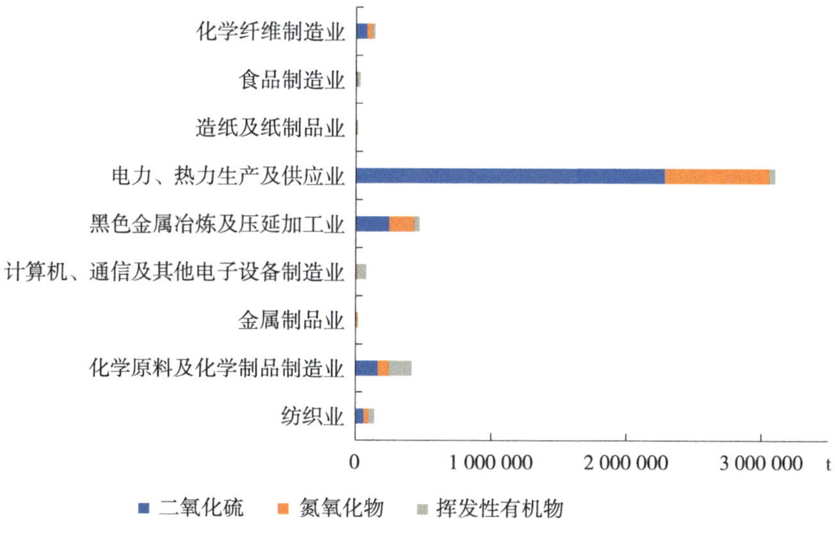

图 7.16　不同村镇工业结构废气污染物排放量

对于村镇工业企业污染物排放比例（图 7.17），以二氧化硫为主要污染物的企业是电力、热力生产及供应业，黑色金属冶炼及压延加工业和化学纤维制造业，分别占比为 73.58%、52.64% 和 58.42%。以氮氧化物为主要污染物的是金属制品业和黑色金属冶炼及压延加工业，占比分别为 39.06% 和 38.78%。以挥发性有机物为主要污染物的是计算机、通信及其他电子设备制造业，占比为 80.72%，其次是造纸及纸制品业和食品制造业，占比分别为 56.00% 和 54.74%。

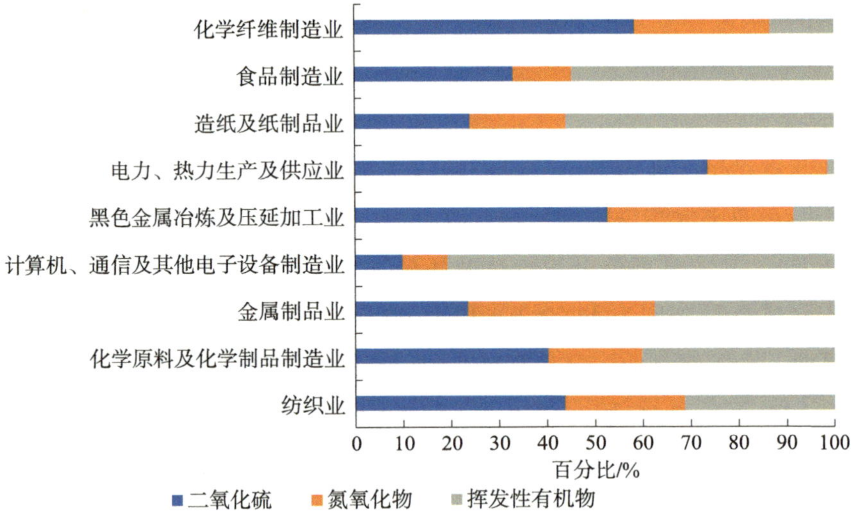

图 7.17　不同村镇工业结构废气污染物排放百分比

7.4.1.2　村镇工业企业污染物排放强度

本书用每万元工业产值的各污染物排放量的结果定义村镇工业企业污染物的排放强度。江苏省废水污染排放强度中，总氮、氨氮、石油类排放强度最高（图 7.18），分别为 0.067 kg/ 万元、0.030 kg/ 万元、0.017 kg/ 万元，挥发酚的污染强度较低。对于总氮排放强度，纺织业、化学纤维制造业、造纸及纸制品业污染强度较高，分别为 0.160 kg/ 万元、0.139 kg/ 万元、0.100 kg/ 万元。对于氨氮来说，同样是纺织业、化学纤维制造业、食品制造业排放强度较高。对于石油类来说，黑色金属冶炼及压延加工业和电力、热力生产及供应业的排放强度高。计算机、通信及其他电子设备制造业的各种废水污染物污染强度均最低，可见传统行业的废水污染强度较高。

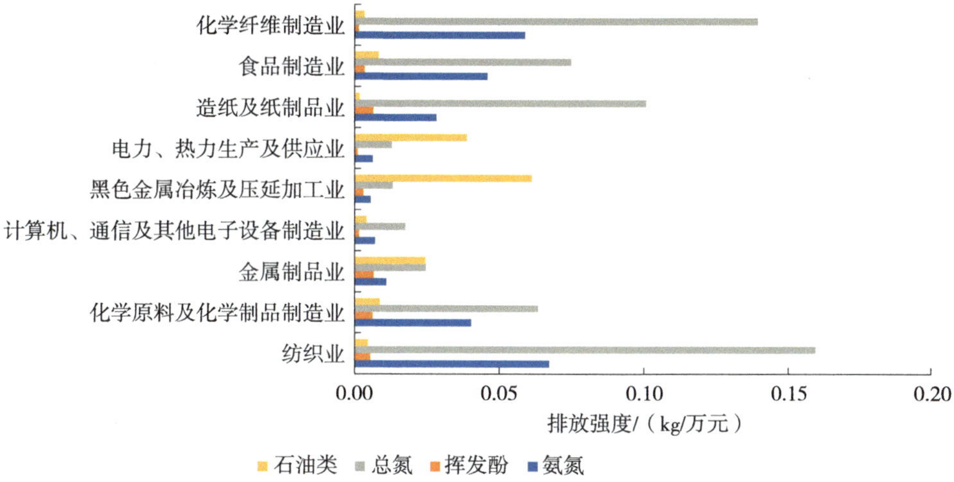

图 7.18　村镇工业结构废水污染物排放强度

对于废气排放强度，电力、热力生产及供应业的二氧化硫排放强度最高（图 7.19），高达 54.32 kg/ 万元；电力、热力生产及供应业的氮氧化物的排放强度也最高，高达 18.45 kg/ 万元。计算机、通信及其他电子设备制造业，金属制品业的废气排放强度最低，污染强度最小。

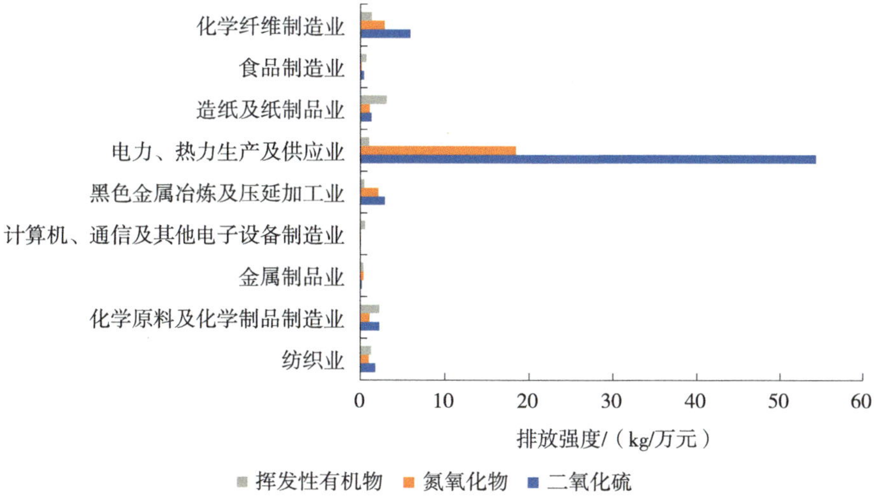

图 7.19　村镇工业结构废气污染物排放强度

7.4.1.3　村镇工业企业污染物排放空间格局

利用江苏省工业污染源普查数据，以废水中排放的氨氮和废气中排放的二氧化硫这两种排放量较大的特征污染物为典型，研究江苏省村镇工业污染物排放的空间格局。

江苏省村镇工业排污大户有显著的地域分异空间特征。村镇工业企业的氨氮排放和主要河流相关，呈现临河、临海、临湖、临城的分布格局（图 7.20）。沛县、邳州市、连云区、栖霞区等呈现高污染，最大的排污户排污 72.17 万 t。食品加工、纺织业、化工、造纸等都是排污大户。这些排污大户主要有水资源依赖型、城镇依赖型、农产品加工型和自然资源加工型四种类型。水资源依赖型，包括化工、造纸、化纤等，临河、临海、临湖分布，大丰化工园属于临海重污染；城镇依赖型，主要有农药、化肥、医药，也是水资源丰富的村镇；农产品加工型，有饮料、白酒、淀粉加工等；自然资源加工型，有煤炭开采加工、盐开采加工等。

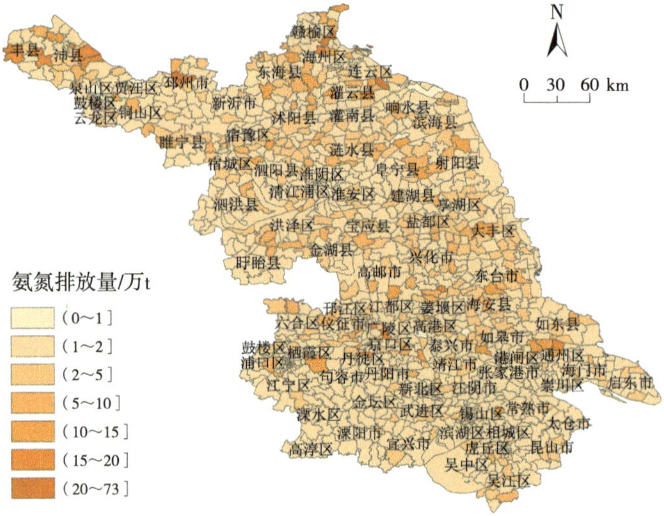

图 7.20　村镇工业氨氮排放量空间分布

江苏省的村镇工业二氧化硫排放呈现集聚的空间格局特征（图 7.21），具有临城、临湖的特征，沿长江和环太湖的栖霞区、丹阳市、张家港市、启东市二氧化硫排放量较高，达 3 486.24 t。此外，徐州市、连云港市、淮安市等城市周边的工业园区也是二氧化硫排放量高的地区。村镇工业企业二氧化硫排放主要是化工、电力、纤维、冶炼等产业。

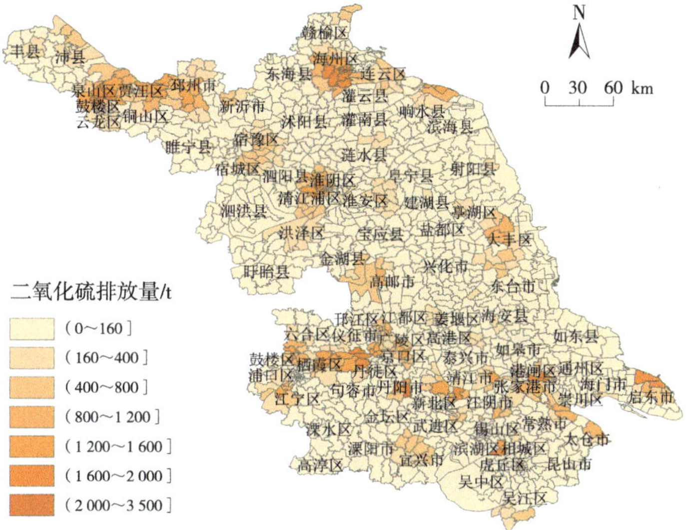

图 7.21　村镇工业二氧化硫排放量空间分布

7.4.2　村镇工业的土壤污染驱动定量解析

江苏省村镇工业企业样点共有 9 582 个，以计算机、通信及其他电子设备制造业，黑色金属冶炼及压延加工工业，化学原料及化学制品制造业为主，占工业总产值的 65.70%。村镇工业企业主要分布于苏锡常（“苏锡常都市圈”，位于长江三角洲，包括苏州、无锡、常州 3 市）和长江沿岸地区，并呈现向苏中地区和苏北地区梯次分布的格局。江苏省工业企业分布与土壤重金属综合污染负荷指数具有空间一致性，工业区重金属聚集现象明显（图 7.22）。

根据江苏省村镇不同类型企业周边 7 种重金属的污染指数值（CF）来评价不同乡村工业类型对周围土壤中重金属积累的影响。总体来看，乡镇工业企业对土壤中的重金属积累影响是明显的，大多数工业企业周围 7 种重金属元素 CF 值高于农田，表明工业活动有导致某些重金属在其周围积聚的趋势（表 7.9）。

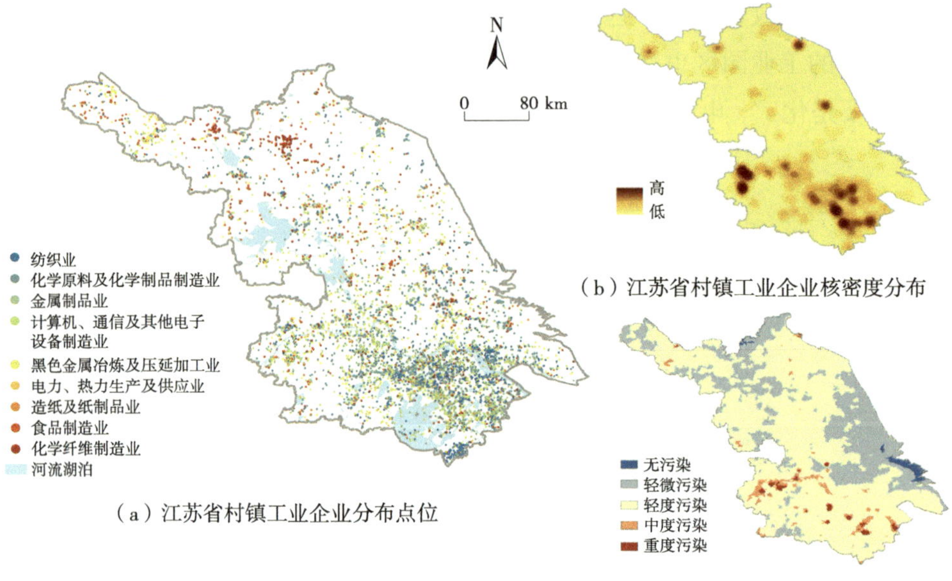

（a）江苏省村镇工业企业分布点位

（b）江苏省村镇工业企业核密度分布

（c）江苏省重金属污染综合指数

图 7.22　江苏省乡村工业企业分布与重金属污染情况对照

表 7.9　不同工业企业类型周边土壤重金属污染指数值

企业类型	样品数	Pb	Cd	Cu	Hg	As	Zn	Cr
化工类	389	11.392	2.690	2.326	3.903	1.151	1.935	1.381
电子类	325	2.248	1.545	1.738	5.428	0.976	1.336	1.421
冶金类	284	3.265	6.924	1.637	0.929	3.016	1.966	1.214
电镀类	106	2.181	1.985	1.750	3.229	1.131	1.306	1.422
造纸类	89	2.181	9.722	1.483	1.915	1.134	1.237	1.233
纺织印染类	207	2.571	2.447	2.186	2.008	1.130	1.452	1.307
食品加工类	113	2.594	1.636	1.436	6.707	0.757	1.548	0.999
农田	1 863	1.548	1.134	1.397	0.27	1.142	1.213	1.436

通过对同一元素在不同类型企业周围的土壤重金属污染指数对比发现，Pb 元素在化工类企业周围含量高达 11.39，属于重度污染；Cd 元素在造纸类和冶金类企业含量呈现明显高值；Cu 元素在化工类和纺织印染类企业中的污染指数最大；Hg 元素在食品加工类和电子类企业周围含量较高；As 元素和 Zn 元素在冶金类企业周围含量累积程度明显高于其他土壤；Cr 元素在不同企

业周围分布差异不明显。

通过对同一类型村镇企业周围的不同重金属污染指数值对比发现，化工类企业周围 Pb 元素和 Cu 元素污染指数较高；电子类企业周围 Hg 元素污染指数为 5.43，高于其他元素，属于重度污染；冶金类企业周围 Cd 元素、As 元素和 Zn 元素污染指数较高；造纸类企业周围的 Cd 元素污染指数高达 9.72，属于重度污染；印染类企业周围 Cu 元素污染指数较高，超过 2，表现为中度污染；电镀类和食品加工类企业周围元素无明显差异。村镇工业企业周围土壤多个元素的积累表明存在复合污染的可能性，因此，土壤治理时也应考虑复合污染的因素。

不同土壤重金属富集范围和程度主要受周边乡镇工业分布以及类型的影响。化工类、电子类、冶金类、电镀类、造纸类、纺织印染类和食品加工类等行业因为生产原料、生产产品、工艺流程、运营模式不同，排放的污染物种类不同，其对土壤的重金属积累的污染物种、污染程度和空间分布也存在差异。

印染类企业周围 Cu 元素累积明显，这与燃料中含有铜盐金属络合活性染料有关。Hg 元素是电子产品生产过程中的主要原料，Hg 的存放和生产过程会释放 Hg 元素，导致土壤中 Hg 含量增加，因此 Hg 元素在电子类企业周边富集显著。Cd 和 Se 是造纸生产中常用的颜料成分，造纸生产中 Cd 元素的浓度达到 5.27 mg/kg，因此造纸类企业周围的 Cd 重度污染。As 元素常与 Zn 元素共生，它们来自金属冶炼，自然界的 As 常以硫化物形式存在于煤炭和金属矿石中，含 As 的气溶胶大气通过汗湿沉降使冶金类企业土壤发生 As 和 Zn 污染，煤炭燃烧和钢铁冶炼是 As 和 Zn 的主要来源。Pb 元素来源于交通污染，与含铅汽油的燃烧和平衡轮胎铅块磨损有关，Pb 也来自化工产业，江苏省化工产业是支柱产业，占工业产值的 57.34%，同时化工园区交通道路密集，来往车辆频繁，这些因素共同导致了土壤重金属中 Pb 的累积。

7.5　基于系统动力学的村镇发展的环境效应模拟

本节主要利用系统动力学的方法，解析村镇发展的环境效应相互作用，阐述村镇的人类活动对村镇环境系统的干预强度，识别影响村镇环境质量的社会经济驱动因子，研究江苏省村镇的农业发展、人口增长、工业发展等产生的水环境、大气环境、土壤环境污染排放对环境生态系统造成的胁迫效应，建立村镇社会经济结构与村镇环境质量之间的动态响应联系及因果反馈，确定其内在的定量关系。建立不同发展模式情景的实施结果分析模型，通过设计不同的发展模式，探索不同方案之下江苏省村镇环境质量的情况，研究未来村镇环境承载情况和变化趋势，选定最优的村镇发展功能和模式。

7.5.1 系统动力学模拟村镇环境效应的理论和技术路线

基于系统动力学的模拟仿真（SD 模型）方法，利用江苏省村镇的发展和环境污染基础数据，明确人口子系统、环境子系统、经济子系统等参数（图 7.23），定量测算江苏省村镇环境能承载的发展规模和模式，研判村镇发展功能环境效应的可行性。通过调整模型之中的参数，使得模型更贴近江苏省村镇发展的现实情况。

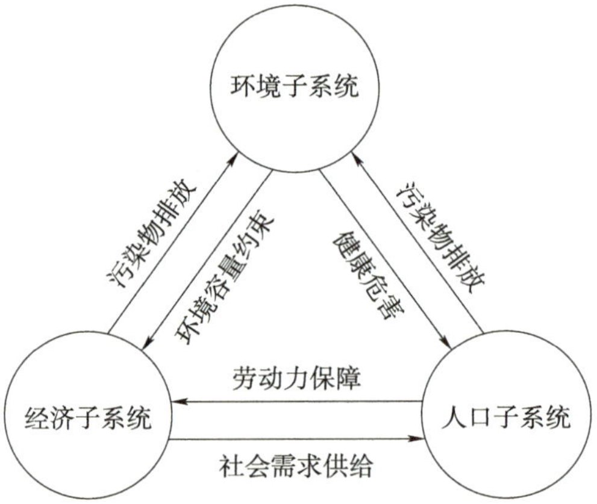

图 7.23　子系统因果关系

人口子系统中，人口增长会增加资源消耗和环境负荷，劳动力增加拉动经济增长，但对大气、水、土壤等环境系统具有危害。环境系统和经济系统的反馈对于人口迁移和增长又具有抑制和促进作用。

经济子系统主要研究经济总量，以及产业结构与大气、水、土壤污染排放之间的定量互馈相互作用，在大气、水、土壤环境质量的约束下，还研究经济产业发展的路径和模式。

环境子系统用来研究水、大气、土壤污染发生机制和环境质量测算，污染物从排放到进入环境系统、削减、变化等过程，并分析村镇不同功能和要素发展对环境质量变化的耦合过程和机制。

本研究建立系统动力学模型的主要步骤包括（图 7.24）：明确研究目标和研究对象指标；确定系统动力学模型系统因果关系；建立系统动力学模型流程图，测试模型实用性；代进模型需要的经济、农业、工业、水环境、大气环境等数据；编订模型方程，敲定模型的参数；对模型进行真实性检验；设定多种情形，不同发展状态下污染物的排放量和环境质量阈值。

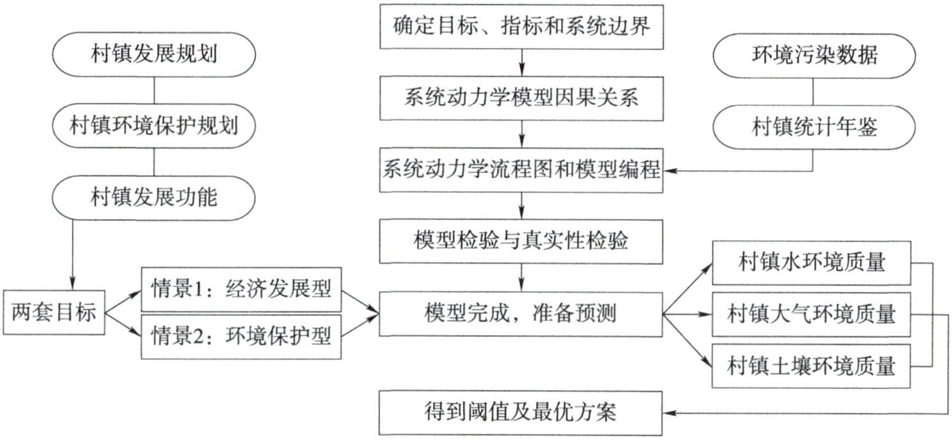

图 7.24　系统动力学模型技术流程

7.5.2　江苏省村镇环境质量 SD 模型结构和因果关系

村镇环境是一个巨大而复杂的系统，它和村镇发展的产业、人口、社会、经济都有密切关系。根据 SD 模型的实际设计需要，将江苏省村镇分成农业、工业、人口、水环境、大气环境和土壤环境六个子系统（图 7.25）。其中，工业、农业、人口属于村镇发展系统，大气环境、水环境和土壤环境子系统制约村镇发展，这三个子系统是制约系统。工业子系统主要研究工业产值、工业废水排放量、氨氮排放量与水污染、大气污染、土壤污染的关系；农业子系统主要研究化肥施用和农药使用对水污染的影响；人口子系统主要研究城市和农村人口的总量、增长量、生活污水排放量和水污染之间的关系；水环境、大气环境和土壤环境子系统主要研究村镇农业、工业、生活子系统污染排放量和测算的村镇环境质量之间的定量关系。

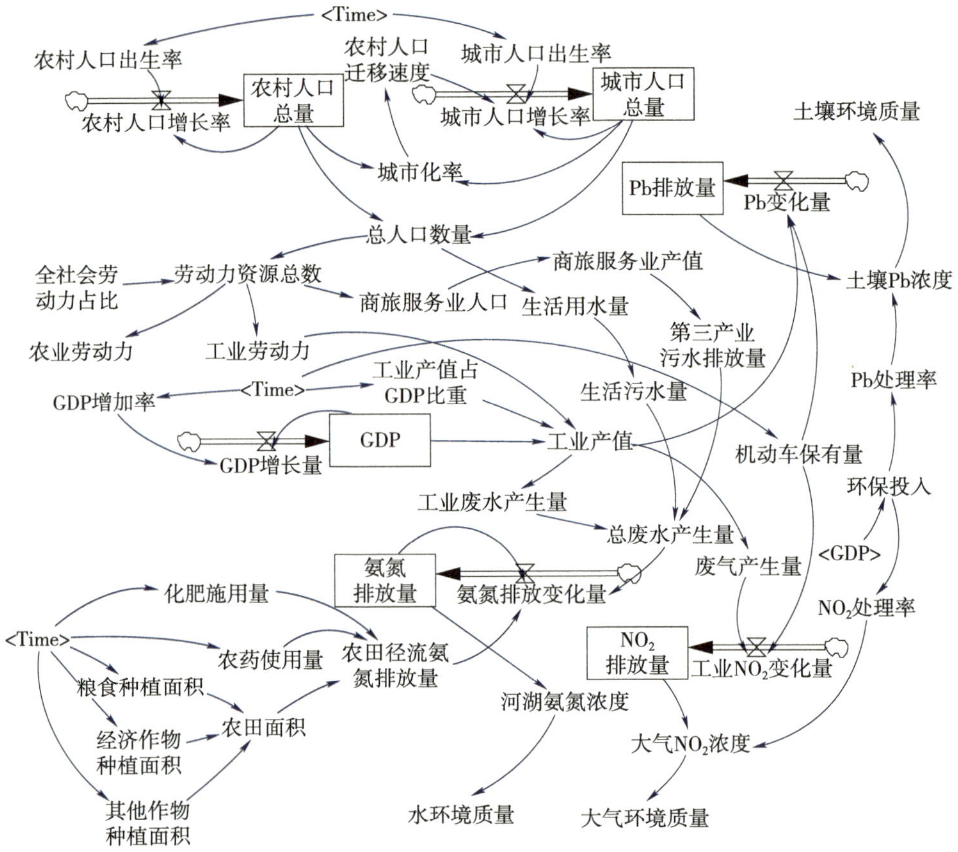

图 7.25　江苏省村镇环境质量 SD 因果图

人口子系统。人口是生活污水的主要来源，也是推动经济发展的劳动力主力。农村人口零散的生活污水排放使得水环境压力大。人口子系统包括村镇人口、城市人口、人口增长率、城市化率等几个变量。

工业子系统。村镇工业子系统包括化工、纺织、冶炼、电力、食品等行业。村镇工业发展过程中产生大量的废水、废气，氨氮排放和 NO_2 排放，进而影响河流和大气中的氨氮浓度和 NO_2 浓度，影响水环境质量和大气环境质量。同时，商旅服务业也会有污水排放。

农业子系统。农业生产系统包含种植业和养殖业两种主要来源，结合江苏省村镇农业发展现状，农业子系统主要研究粮食、蔬菜、水果、油料种植化肥施用和农药使用对农田径流氨氮排放量的影响，还有畜禽养殖业和水产养殖业的水污染排放量。

水环境、大气环境和土壤环境子系统。随着村镇工业和农业的发展，水环境、大气环境和土壤环境能容纳的污染物有固定的容量，根据前面对村镇污染物浓度的分析，选择水污染物中的氨氮、大气污染物中的 NO_2 和土壤污染物中的 Pb 元素作为研究对象，研究点源和非点源排放与环境污染物浓度变化的关系，并测算对村镇水环境质量、大气环境质量和土壤环境质量影响的大小。

7.5.3 村镇环境效应 SD 模型变量和方程

本书构建环境质量系统动力学是以实地数据为基础，主要模拟工业发展、农业发展、人口、水环境、大气环境和土壤环境几个子系统之间的反馈和作用。由于复杂的现实系统不能完全将所有因素联系和作用纳入模型，因此要对模型进行简化处理，在模型中围绕子系统的要素内部反馈关系，梳理相关变量，剔除无关变量，确保系统动力学的有效性。

7.5.3.1 状态变量

农村人口总量 =INTEG（农村人口增长量，3 756.18）

城市人口总量 = INTEG（城市人口增长量，3 832.06）

GDP=INTEG（GDP 增长量，18 769.3）

Pb 排放量 = INTEG（Pb 变化量，26.5）

氨氮排放量 =INTEG（氨氮排放变化量，273）

NO_2 排放量 =INTEG（工业 NO_2 变化量，137.3）

7.5.3.2 速率变量

农村人口增长量 = 农村人口总量 × 农村人口出生率

城市人口增长量 = 城市人口总量 ×（农村人口迁移速度 + 城市人口出生率）

GDP 增长量 = GDP × GDP 增加率

Pb 变化量 = 工业产值 /60 000+ 机动车保有量 /1 000

氨氮排放变化量 = 氨氮排放量 × [-（农田径流氨氮排放量 + 总废水产生量）/1 000]

工业 NO_2 变化量 = 机动车保有量 /30+ 废气产生量 /1 000

7.5.3.3 辅助变量

农村人口迁移速度 = 城市化率 ×0.01

城市化率 = 城市人口总量 /（农村人口总量 + 城市人口总量）

总人口数量 = 农村人口总量 + 城市人口总量

劳动力资源总数 = 总人口数量 × 全社会劳动力占比

农业劳动力 = 劳动力资源总数 /4.720 45

工业劳动力 = 劳动力资源总数 /2.413 4

商旅服务业人口 = 劳动力资源总数 /2.753 2

第三产业污水排放量 = 商旅服务业产值 /10 000

工业产值 = GDP × 工业产值占 GDP 比重 + 工业劳动力 /10 000

总废水产生量 = 工业废水产生量 + 生活污水量 + 第三产业污水排放量

农田面积 = 经济作物种植面积 + 粮食种植面积 + 其他作物种植面积

农田径流氨氮排放量 = 化肥施用量 /200+ 农药使用量 /5+ 农田面积 /8 000

大气 NO_2 浓度 = NO_2 排放量 ×NO_2 处理率

土壤 Pb 浓度 = SMOOTH（Pb 排放量 ×Pb 处理率）

7.5.3.4 常量

全社会劳动力占比 =0.6%。

7.5.4 村镇环境效应模型灵敏性分析

根据已经建好的模型，使用 Vensim 软件对模型的灵敏度进行检验。通过调整模型的可控参数，验证农田种植和工业产值占 GDP 比重的变化对水环境质量、大气环境质量和土壤环境质量的影响，从而实现对模型灵敏度的分析。采样次数为 420 次，用均匀的概率分析来采样检验，并对灵敏度进行分析说明。

随着农业种植面积在 6 500 hm^2、7 500 hm^2、8 900 hm^2 变化，工业产值占 GDP 比重也在 0.1、0.5 和 0.9 变化，村镇水环境质量有 50% 在 0.09～0.35 变化（图 7.26），有 75% 在 0.08～0.35 变化，有 95% 在 0.07～0.36 变化，有 100% 与 95% 相似，也在 0.07～0.36 变化。2018 年以后，农业种植和工业产值比例对水环境影响不大。2018 年至 2030 年，村镇水环境质量保持不变，因为水环境质量已经很差。

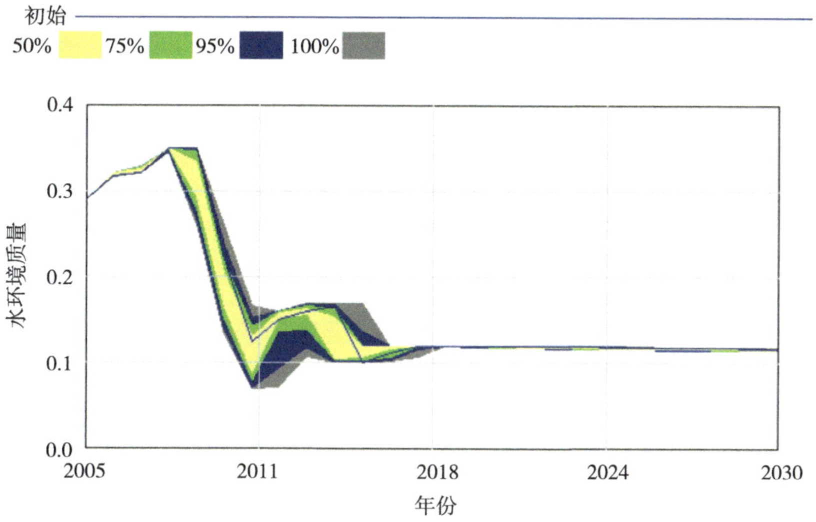

图 7.26　村镇水环境质量灵敏度分析

村镇大气环境质量变化范围在 0.4～1.1（图 7.27）有 50% 在 0.5～0.6 变化，有 75% 可能在 0.45～0.65 变化，有 95% 可能在 0.4～0.65 变化，有 100% 可能在 0.4～0.65 变化。到 2030 年，随着村镇农业和工业发展，大气环境质量呈下降趋势。

村镇土壤环境质量变化范围在 0.22～0.3（图 7.28），有 50% 可能在 0.22～0.25 变化，有 75% 可能在 0.22～0.26 变化，有 95% 可能在 0.22～0.28 变化，有 100% 可能在 0.22～0.3 变化。到 2030 年，土壤环境质量随着农业和工业发展，呈逐年下降趋势。

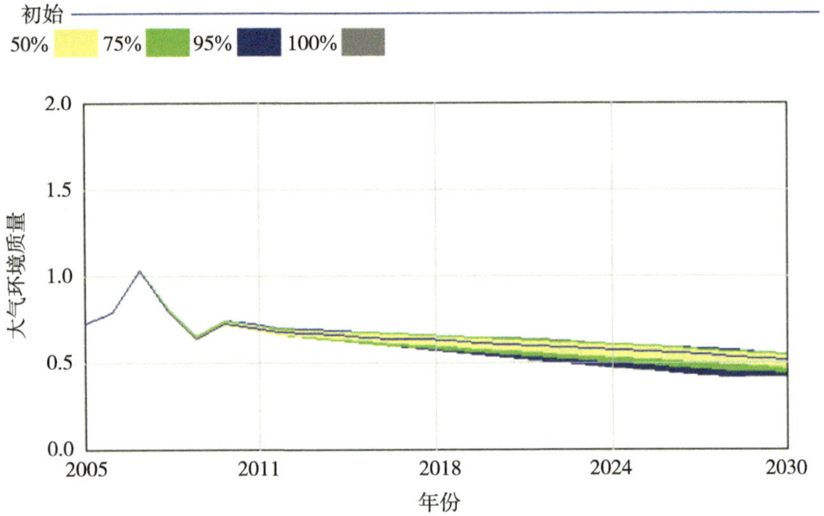

图 7.27　村镇大气环境质量灵敏度分析

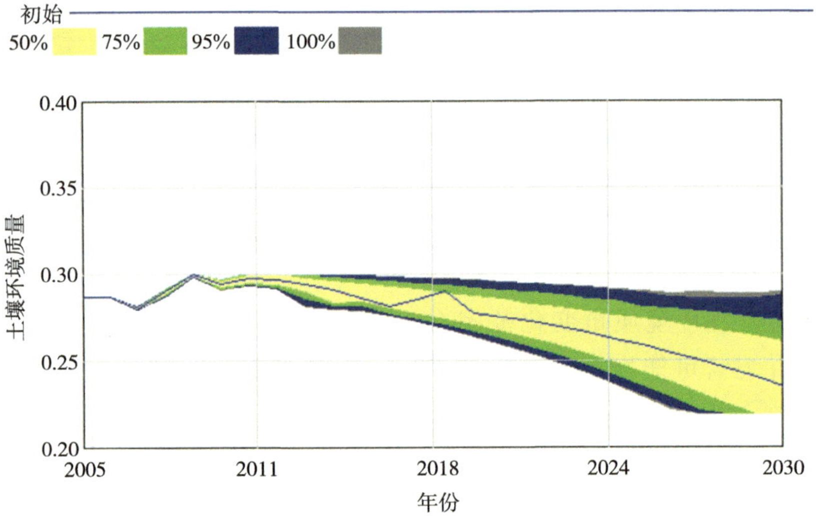

图 7.28　村镇土壤环境质量灵敏度分析

经检验和分析，模型基本可以描述村镇环境质量的真实情况，是可靠和有效的，可以用于村镇环境质量未来情况变化的仿真，并对中长期发展模式进行模拟分析，在模型反馈中进行进一步修正，提高模型模拟的可靠性和准确性。

7.5.5 村镇环境效应情景仿真模拟与分析

利用 Vensim 软件建立村镇环境效应的系统模型，以 2005 年和 2030 年为时间边界。将 2005 年各相关数据作为变量初始数值，时间间隔是 1 年，对 2005—2030 年的江苏省村镇的水环境、大气环境和土壤环境质量进行预测和模拟，分析江苏省村镇环境质量的影响因素和大小，为江苏省村镇发展与环境协调发展提供路径参考。

7.5.5.1 村镇水环境质量情景仿真模拟

方案一是按照现状发展，现有发展模式持续不变，模型中的各参数也保持现有状态。村镇水环境质量下降并趋于不变（图 7.29 和图 7.30）。到 2030 年，GDP 增加到 21.85 万亿元，工业总产值达到 10.92 万亿元，工业劳动力达到 1 890.17 万人，工业废水产生量为 10.35 万 t，总废水产生量为 34.45 万 t，氨氮排放量为 1.22 万 t。农业耕作面积为 750 万 hm^2，农田径流氨氮排放量为 2.73 万 t，河流的氨氮浓度从 0.91 mg/L 下降到 0.41 mg/L。村镇水环境质量从 2005 年的 0.303 下降到 2030 年的 0.145。

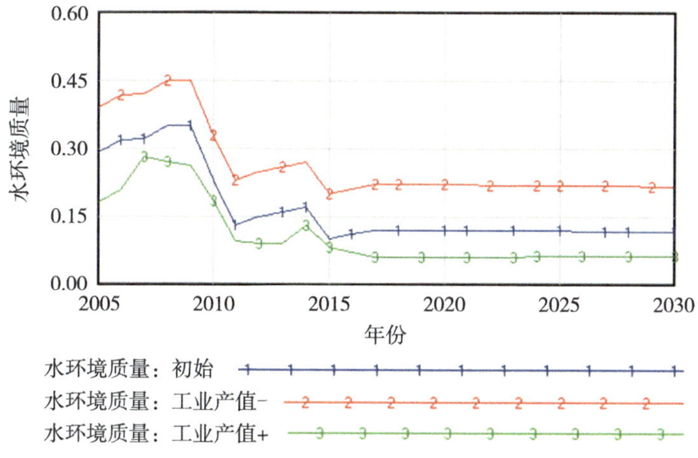

图 7.29 不同乡村工业产值的水环境质量模拟

方案二是以环境保护为导向，从环保角度限制乡村工业的发展，工业发展速度放缓，污水处理能力也得到提升。到 2030 年，GDP 增加到 20.40 万亿元，工业总产值达到 9.5 万亿元，工业劳动力达到 1 886.53 万人，工业废水产生量为 9.85 万 t，总废水产生量为 33.51 万 t，氨氮排放量为 1.05 万 t。农业耕作面积为 640 万 hm^2，农田径流氨氮排放量为 2.54 万 t，河流氨氮浓度为 0.39 mg/L。村镇水环境质量从 2005 年的 0.41 下降到 2030 年的 0.22。

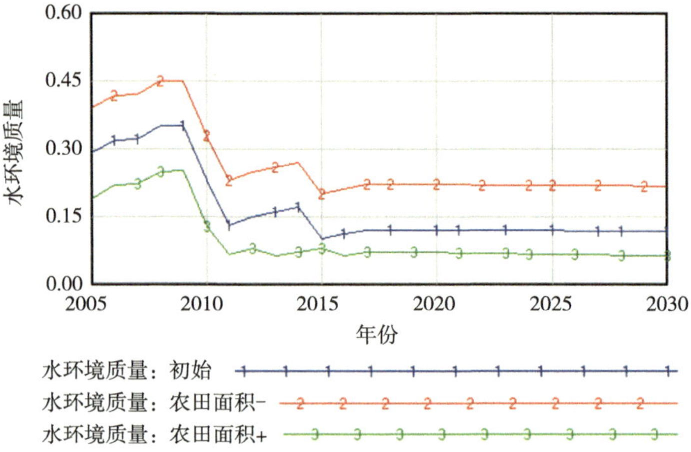

图 7.30　不同农田种植面积的水环境质量模拟

方案三是充分发挥江苏省的乡村工业特色，利用本身的乡村工业基础，加大设施投资，带动经济和就业发展。到 2030 年，GDP 增加到 22.94 万亿元，工业总产值达到 11.32 万亿元，工业劳动力达到 1 902.77 万人，工业废水产生量为 11.97 万 t，总废水产生量为 35.12 万 t，氨氮排放量为 1.41 万 t。农业耕作面积为 1 250 万 hm^2，农田径流氨氮排放量为 2.87 万 t，河流氨氮浓度为 0.42 mg/L。村镇水环境质量从 2005 年的 0.16 下降到 2030 年的 0.075。

7.5.5.2　村镇大气环境质量情景仿真模拟

方案一是保持现有的发展模式和速度，模型参数也不变。村镇大气环境质量呈先上升后下降的趋势（图 7.31 和图 7.32）。NO_2 排放量是 156.53 万 t，NO_2 污染物的处理率为 87.74%，大气中 NO_2 浓度为 0.044 1 mg/m^3，工业废气产生量为 84.79 万 t。村镇大气环境质量从 2005 年的 0.75 下降到 2030 年的 0.51。

方案二是工业发展速度放缓，大气环境污染程度较大幅度下降，大气环境质量得到相应改善。NO_2 排放量是 148.07 万 t，NO_2 污染物的处理率为 91.81%，大气中 NO_2 浓度为 0.039 7 mg/m^3，工业废气产生量为 78.24 万 t。村镇大气环境质量从 2005 年的 0.98 下降到 2030 年的 0.84。

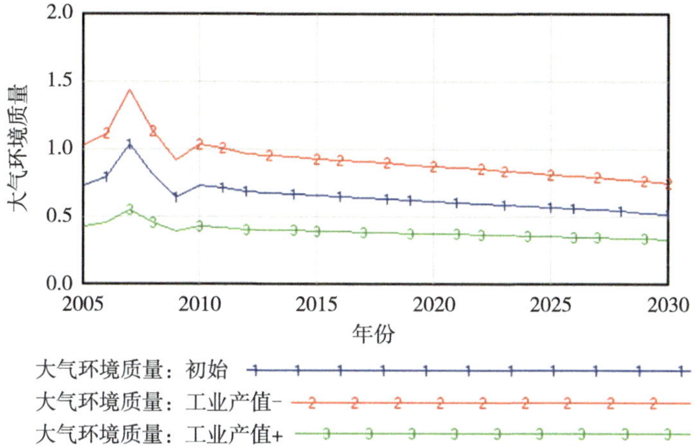

图 7.31　不同乡村工业产值的大气环境质量模拟

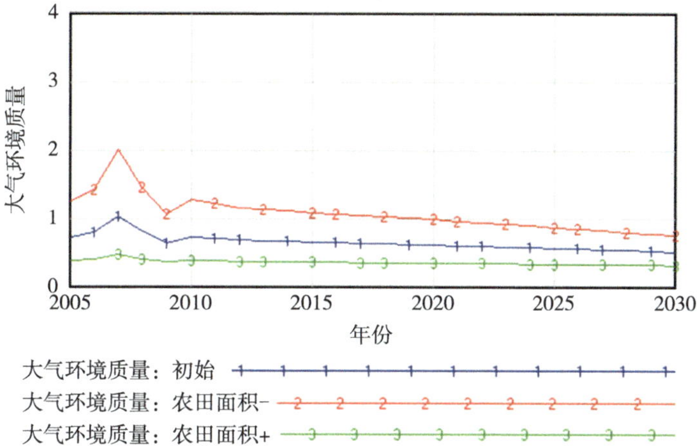

图 7.32　不同农田种植面积的大气环境质量模拟

方案三是乡村工业发展和经济增长保持较大的增幅和速度，盲目的工业和经济发展会带来负面效应，使得大气污染物排放量增加。NO_2 排放量是 158.75 万 t，NO_2 污染物的处理率为 85.34%，大气中 NO_2 浓度为 0.046 8 mg/m^3，工业废气产生量为 92.18 万 t。村镇大气环境质量从 2005 年的 0.39 下降到 2030 年的 0.31。

7.5.5.3 村镇土壤环境质量情景仿真模拟

方案一是保持现有村镇发展的产业结构和模式，模型中的参数保持现有值。村镇土壤环境质量呈不断下降趋势（图 7.33 和图 7.34）。Pb 的处理率是 0.885，Pb 的排放量为 40.27 万 t，Pb 在土壤中的浓度为 26.98 mg/L。化肥施用量为 250.67 万 t。村镇土壤环境质量从 2005 年的 0.28 下降到 2030 年的 0.24。

方案二是放缓乡村工业和经济发展速度，减少高消耗和高污染的重工业，削减工业重金属污染排放量。Pb 的处理率是 0.914，Pb 的排放量为 37.74 万 t，Pb 在土壤中的浓度为 20.99 mg/L。化肥施用量为 235.17 万 t。村镇土壤环境质量从 2005 年的 0.39 下降到 2030 年的 0.32。

方案三是充分发展乡村工业，提高第二产业占 GDP 的比重，污染物的处理率偏低。Pb 的处理率是 0.789，Pb 的排放量为 43.18 万 t，Pb 在土壤中的浓度为 31.70 mg/L。化肥施用量为 276.33 万 t。村镇土壤环境质量从 2005 年的 0.19 下降到 2030 年的 0.12。

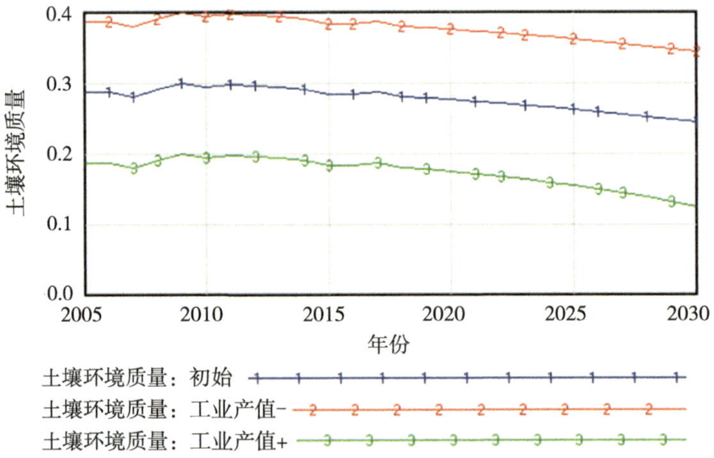

图 7.33　不同乡村工业产值的土壤环境质量模拟

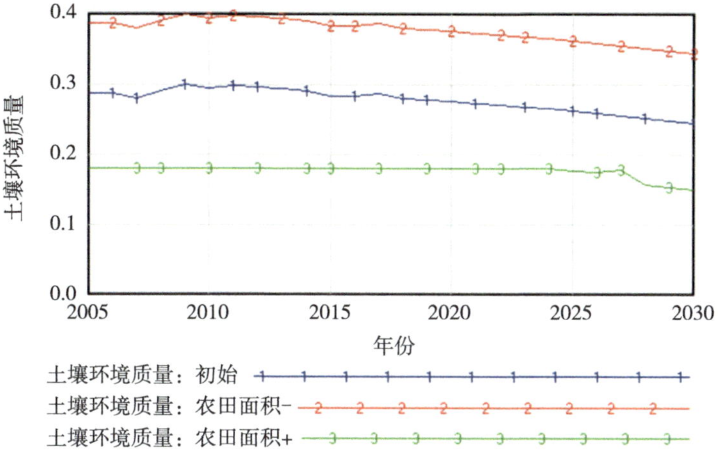

图 7.34　不同农田种植面积的土壤环境质量模拟

7.6　本章小结

本章以江苏省村镇的大气、水、土壤环境质量空间格局为特征，对江苏省村镇环境质量进行评价，以污染排放过程为衔接，研究村镇的农业发展和工业发展对环境的影响，农业从化肥、农药使用的变化情况，定量分析农业面源污染的影响因素。工业从乡镇企业不同的工业结构的废气和废水的排放强度，研究不同工业企业与土壤污染元素的定量关系。利用系统动力学模型对村镇发展和村镇环境质量之间的关系进行模拟，揭示不同功能村镇发展的环境效应。

江苏省县域 $PM_{2.5}$ 的污染最严重，年均值都已超过二级浓度限值 35 μg/m^3。NO_2 污染形成以苏南地区为中心的相对高浓度区，这主要与苏南地区乡镇工业企业发达有关。江苏省的村镇氨氮指标浓度呈现苏南地区高于苏北地区的特征。化学需氧量以长江沿岸、洪泽湖及周边地区污染为主。生化需氧量以长江沿岸、环太湖北部、苏南地区污染为主。江苏省土壤中 7 种重金属空间分布呈现出带状、岛状格局，Cd、Cr、Cu 和 Zn 含量的空间分布格局相似，呈现沿长江带状分布、沿太湖周边岛状分布的空间格局。江苏省的水环境形势较为严峻，村镇平均水环境质量为 0.53，苏南地区和长江沿岸地区的化工密集，对江苏省水质影响较大，成为河流水质污染以及水环境超载的原因。

江苏省村镇大气环境质量多在 0.09～0.76，总体大气环境质量较好。村镇大气质量呈城郊村镇低质量的趋势。江苏省村镇土壤环境质量在 0.02～0.56，总体村镇土壤环境质量较好。江苏省土壤重金属污染与乡村工业的发展具有空间一致性。

江苏省的村镇化肥施用量总体呈先上升后下降的趋势，化肥施用量总体呈现苏北地区向苏南地区递减的规律，和粮食产量空间分布一致。农药使用量总体呈递降趋势，农药的使用和不同村镇的农作物种植结构不一样有关。农民常常使用超出粮食作物本身所需要的化肥和农药量，产生大量的面源污染和有机物污染。氨氮排放模型和生化需氧量排放模型结果显示，农业经济规模、农业结构、村镇人口数量与面源污染正相关，种植结构和农业技术进步与面源污染负相关。

江苏省村镇工业企业废水排放中，废水以总氮、氨氮、石油为主。村镇工业企业废水排放行业以化学原料及化学制品制造业和纺织业为最多。江苏省村镇工业企业废气排放量以二氧化硫和氮氧化物为主。村镇工业企业废气污染物排放行业以电力、热力生产及供应业为最多。计算机、通信及其他电子设备制造业的各种废水和废气的污染物污染强度均最低，可见传统行业的污染强度较高。村镇工业企业的氨氮排放量和主要河流相关，呈现临河、临海、临湖、临城的分布格局。食品加工业、纺织业、化工业、造纸业等都是排污大户，主要有水资源依赖型、城镇依赖型、农产品加工型和自然资源加工型四种类型工业企业。印染类企业周围 Cu 元素累积明显，Hg 元素在电子类企业周边富集显著，造纸类企业周围的 Cd 元素重度污染，As 元素常与 Zn 元素共生，主要来自金属冶炼，Pb 元素来源于交通污染和化工产业。

根据系统动力学模型，将江苏省村镇环境质量分成农业、工业、人口、水环境、大气环境和土壤环境 6 个子系统。主要模拟工业发展、农业发展、人口、水环境、大气环境和土壤环境几个子系统之间的反馈和作用。使用 Vensim 软件对模型的灵敏度进行检验，模型基本可以描述村镇环境质量的真实情况，是可靠和有效的。利用村镇环境效应的系统模型，以 2005 年和 2030 年为时间边界，对 2005—2030 年江苏省村镇的水环境、大气环境和土壤环境质量进行预测和模拟，村镇水环境质量下降并趋于不变；村镇大气环境质量呈先上升后下降的趋势；村镇土壤环境质量呈不断下降趋势。

第八章

村镇发展功能与环境质量耦合及优化调控路径解析

村镇的功能演化带来的环境影响有一定的规律。不同功能的村镇面临的发展问题和乡村振兴路径各有分异，不同功能村镇发展对环境的压力和对环境质量的影响也有区别。因此，需要揭示村镇发展功能与环境质量的耦合关系，总结归纳两者的协调模式及其典型特征分析，并针对村镇发展功能的各自特点，制定环境质量范围内的调控政策和发展模式。坚持生态效益和社会经济效益协调的准则，突出村镇功能的发展方向，构建合理的环境友好型振兴模式，构建良好的生态安全网络格局下的村镇可持续发展。

8.1 江苏省村镇发展功能与环境质量耦合关系

江苏省不同的村镇发展功能对环境污染响应有差异，本书针对村镇发展多种功能与环境质量耦合分析评价，根据前文研究的江苏省村镇发展功能的一级和二级分类以及环境质量空间分异，计算得到江苏省村镇发展功能与环境质量耦合关系的一级和二级分区，为归纳总结不同发展功能与环境质量耦合协调模式的典型特征提供科学依据。

8.1.1 江苏省村镇发展一级功能与环境质量耦合

江苏省村镇功能发展与环境质量耦合分类以农产品供给功能为主（图 8.1 和表 8.1），农产品供给功能—低环境质量耦合模式主要分布于沿海村镇，共计 244 个村镇，占比为 21.40%；农产品供给功能—高环境质量耦合模式主要分布于苏北地区的徐州市、宿迁市等，共计 365 个村镇，占比为 32.02%。经济发展功能村镇主要位于苏南地区的苏州市、无锡市等村镇，对应的低环境质量和高环境质量占比分别为 3.60% 和 5.44%，高环境质量主要分布于太湖的沿岸地区，低环境质量主要分布于江阴市、张家港市等村镇。社会保障功能村镇主要分布于县城，社会保障功能与低环境质量和高环境质量耦合，占比分别为 8.25% 和 12.02%，低环境质量主要位于苏南地区的城区、城郊村镇，高环境质量主要位于苏北地区的城区、城郊村镇。生态保育功能与低环境质量和高环境质量耦合，占比分别为 6.67% 和 10.61%，主要位于南京市、无锡市南部的村镇。

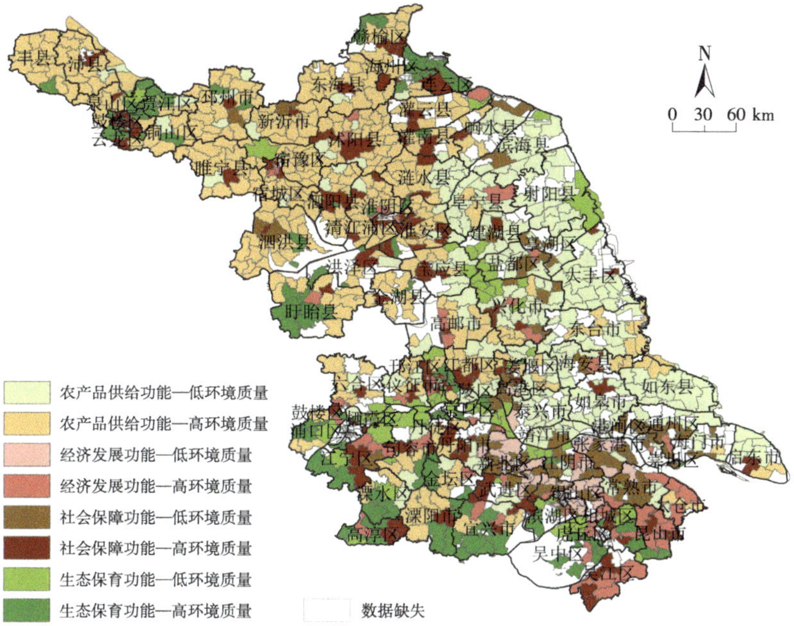

图 8.1　江苏省村镇一级功能与环境质量耦合

表 8.1　江苏省村镇一级功能与环境质量耦合

序号	分类名称	镇数 / 个	占比 /%
1	农产品供给功能—低环境质量	244	21.40
2	农产品供给功能—高环境质量	365	32.02
3	经济发展功能—低环境质量	41	3.60
4	经济发展功能—高环境质量	62	5.44
5	社会保障功能—低环境质量	94	8.25
6	社会保障功能—高环境质量	137	12.02
7	生态保育功能—低环境质量	76	6.67
8	生态保育功能—高环境质量	121	10.61

8.1.2　江苏省村镇发展二级功能与环境质量耦合

江苏省村镇发展二级功能以粮食生产功能为主（图 8.2 和表 8.2），粮食生产功能—低环境质量村镇共有 171 个，占比为 15.00%，主要分布于沿海村镇；粮食生产功能—高环境质量村镇共有 254 个，占比为 22.28%，主要分布于苏北地区的徐州市、宿迁市、连云港市等村镇。江苏省村镇发展二级功能居住功能次之，居住功能—低环境质量和居住功能—高环境质量分别有 93 个和 135 个，占比分别为 8.16% 和 11.84%，位于城区和城郊。第三大的发展功能是工业生产功能，工业生产功能—低环境质量和工业生产功能—高环境质量占比分别为 2.63% 和 3.86%，主要位于苏南地区。江苏省的生物多样性功能和水源涵养功能也是主要功能，村镇生物多样性功能—低环境质量、生物多样性功能—高环境质量占比分别为 3.95% 和 5.88%。村镇水源涵养功能—低环境质量、水源涵养功能—高环境质量占比分别为 5.00% 和 7.63%。

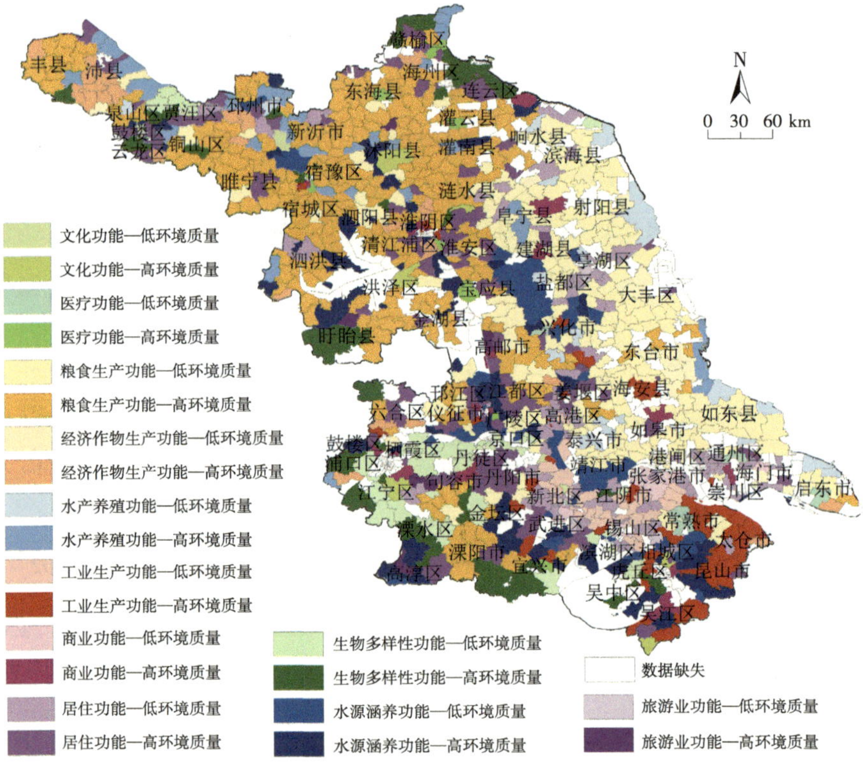

图 8.2　江苏省村镇二级功能与环境质量耦合

表 8.2　江苏省村镇二级功能与环境质量耦合

序号	分类名称	镇数 / 个	占比 /%
1	粮食生产功能—低环境质量	171	15.00
2	粮食生产功能—高环境质量	254	22.28
3	经济作物生产功能—低环境质量	17	1.49
4	经济作物生产功能—高环境质量	26	2.28
5	水产养殖功能—低环境质量	20	1.75
6	水产养殖功能—高环境质量	30	2.63
7	工业生产功能—低环境质量	30	2.63
8	工业生产功能—高环境质量	44	3.86
9	商业功能—低环境质量	10	0.88
10	商业功能—高环境质量	17	1.49
11	旅游业功能—低环境质量	4	0.35
12	旅游业功能—高环境质量	6	0.53
13	居住功能—低环境质量	93	8.16
14	居住功能—高环境质量	135	11.84
15	文化功能—低环境质量	5	0.44
16	文化功能—高环境质量	6	0.53
17	医疗功能—低环境质量	6	0.53
18	医疗功能—高环境质量	10	0.88
19	生物多样性功能—低环境质量	45	3.95
20	生物多样性功能—高环境质量	67	5.88
21	水源涵养功能—低环境质量	57	5.00
22	水源涵养功能—高环境质量	87	7.63

8.2　村镇发展功能与环境质量耦合协调模式分析

江苏省村镇发展受城市化、工业化、资源禀赋、能人素质、经济基础等外部和内部的驱动力综合影响，在村镇环境承载力范围内，根据不同的功能，因地制宜地发展相应的产业模式，成为乡村振兴的核心方式。不同功能指向和不同类型的村镇发展面临的环境问题存在差异。村镇可持续发展模式要同时反映区域特征，要符合功能定位要求，也要在村镇环境质量基础上。因此，本书在功能主导、环境制约、区域性的综合视角下，梳理村镇发展功能与环境质量耦合协调模式，丰富乡村振兴的创新方法，具有实践参考价值。

8.2.1 农业发展功能与环境质量耦合协调模式

8.2.1.1 规模生态农业发展模式

规模生态农业发展模式利用本底资源禀赋和传统基础经济，以专业化合作社方式，借助土地流转，发展规模种植和特色养殖，培育特色和主导农产品（图 8.3）。采用“公司 + 合作社 + 农户”“合作社 + 农户”“基地 + 农民”的众多乡镇发展模式。规模化种植中每亩农田的化肥和农药使用强度较低，农业面源污染较少。随着规模经营的增大，农户会进行更多的农业技术培训，增强了农场经营的管理能力，也增加了农户收入。

无锡宜兴市杨巷镇“杨巷大米”在大米产销技术协会引导下，采用“公司 + 协会 + 农户”的模式，高标准种植 8 000 亩优质水稻。将物联网技术贯穿到水稻的种植、管理、加工包装和销售运输全过程，通过稻米产业融合示范项目，种植绿色有机大米。机械化种植和收割、使用有机肥和测土配方肥等解决了家庭承包经营土地碎片化带来的收益低和污染大的问题，也解放了生产力，并给农户增收，效果显著。

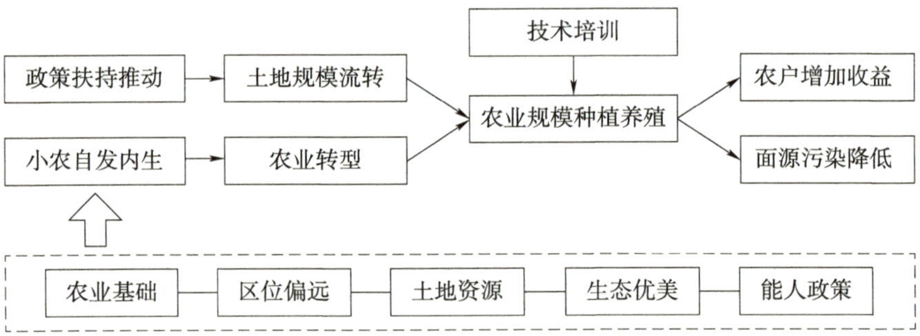

图 8.3　特色生态农业发展模式

8.2.1.2　城市近郊多功能农业发展模式

城市近郊多功能农业发展模式，是指发挥农业的多功能，包括采摘农业、休闲农业、观光农业、体验农业等，以应对城市居民需要的高质量游憩休闲体验的诉求（图 8.4）。该发展模式是将城市发展和农业种植养殖融合的现代农业模式，需要有自然和人文条件，包括有很大的城市居民农产品消费市场；距离城市较近，公共基础设施完善，经济基础较好，交通方便；农业资源有地域特色，土地集约化和规模化水平高。在区位优势和城市人口消费拉动下，城郊的体验农业、采摘、旅游度假和休闲游憩等多种农业模式发展，农业生产单一功能逐渐向服务、消费型转换。利用畜禽粪便与秸秆发酵生产的有机肥，解决了养殖业粪便污染和秸秆燃烧污染问题，起到了保护土壤，提高农产品质量，降低农作物农药残留的作用，使得游客获取了健康绿色的有机农产品。

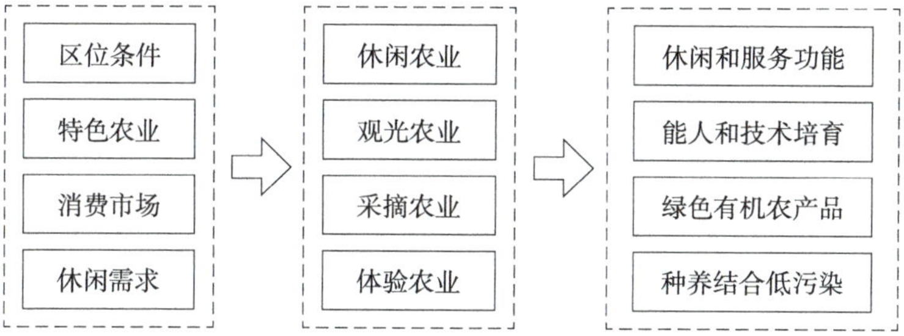

图 8.4　城市近郊多功能农业发展模式

8.2.2　经济发展功能与环境质量耦合协调模式

8.2.2.1　乡村工业企业驱动的新苏南模式

乡村工业企业驱动的方式，是指通过整理村镇的劳动力和土地要素，基于本地经济产业基础，发展乡村工业，带动村镇的设施、经济、教育等综合提升（图 8.5）。乡村工业将乡村地域、农民和企业融于一体，推动村镇城市化、工业化和产业化，实现企业—村镇—产业良性循环。苏南模式是典型的农村经济模式，是依托上海引进先进技术和人才，通过发展乡村工业实现非农化的过程。20世纪90年代，“村村点火”的苏南乡村工业格局转为以外向开发区为主的新苏南模式，该模式集中于乡镇工业园区。“工业企业和产业空间主导”成为工业功能主导村镇的特征，形成工业反哺农业、乡村融入城市的发展模式，进而提升了村镇建设、生态治理和生活水平等。新苏南模式下，以绿色发展为指引，工业园区由村村冒烟的粗放、污染型的发展模式转为高新技术上市企业。

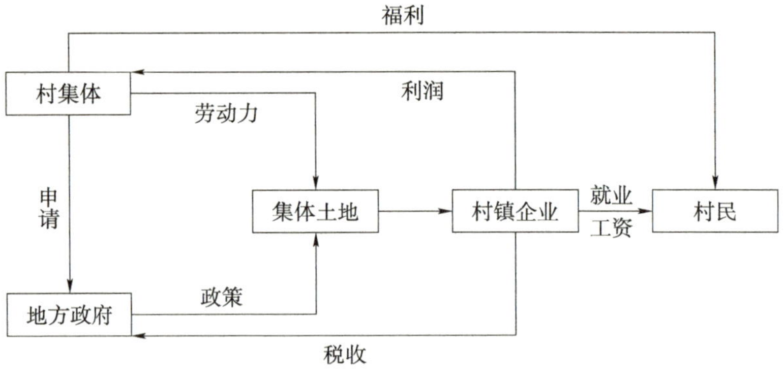

图8.5　乡村工业企业驱动的新苏南模式

苏南地区乡镇企业改制后变成特色的企业类型，以“江阴板块”的上市公司最具有代表性。江苏省江阴市新桥镇，人口6万多，是全球最大的毛纺产业基地，以毛纺服装产业为主导，以机械装备、商贸流通、生态农林、新能源、低碳环保等产业为主，阳光集团和海澜集团成为支柱企业。2017年，该地完成地区生产总值186.3亿元，农民人均收入超过42 000元。新桥镇域实施“三集中”建设，即工业向园区集中、农业向规模经营集中和农民居住向镇区集中，新桥镇建成社区睦邻中心，镇区集中居住率超过90%。“飞马水城”欧洲城中有骑马、赏马项目，可体验马文化。新桥镇成为集高端面料供应、时尚服装设计生产、精品文化生态旅游于一体，兼具时尚、文艺气质的花园城镇。

8.2.2.2　田园综合体发展模式

田园综合体发展模式是以农民合作社为承载体，融合现代农业、休闲旅游、田园社区等为一体的乡村综合发展模式，通过旅游带动农业发展，实现三产融合，具有经济、游憩、文化、养生、教育和环保等多种功能（图 8.6）。通过组合优化劳动力、资金、土地、技术等生产要素，由“土地 + 劳动力”的分散经营转换成“土地 + 劳动力 + 技术 + 资本 + 规模 + 管理”的现代化农业发展模式，实现了农业向规模化、专业化、标准化、品牌化和集约化发展，集投资、生产、加工、经营管理、销售流通和科研于一体。新型社区有集中的生活污水收集和处理设施，这降低了村镇的环境污染。田园综合体是以自然生态环境为基础保障，以村镇环境质量为前提，以农民合作社为载体，以农业发展方向为导向，以村庄建设的片区为依托来开发单元，政府、企业、村集体和农民四个主体相互指导和协调，集休闲旅游、新型社区和农业园区于一体的复合型多功能发展综合体。

无锡田园东方属于“特色资源 + 特色产业 + 农业观光体验”的“生态 + 农业 + 文旅”田园综合体模式，它位于无锡市阳山区阳山镇，包括田园社区、休闲文旅和现代农业。阳山镇作为中国水蜜桃之乡，以水蜜桃种植作为特色基础产业，并开展了果品加工、桃木生产等第二产业，依托上亿年死火山大阳山自然资源和清代安阳书院等人文资源，衍生出火山温泉、书院文化、水蜜桃采摘等文化休闲产业。

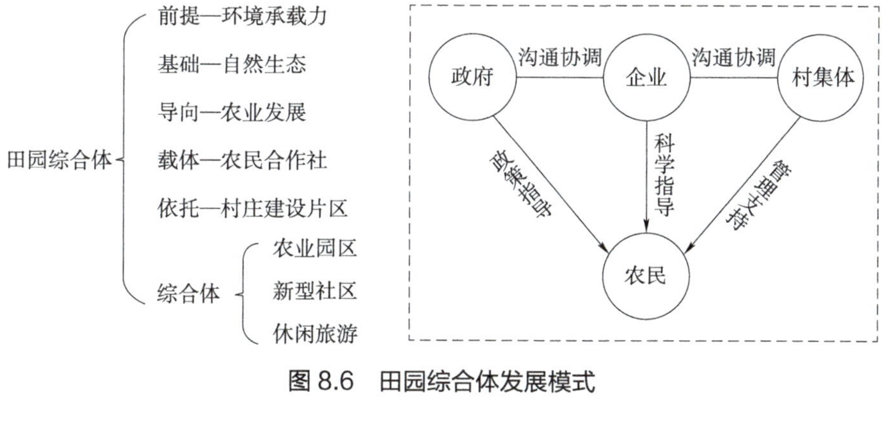

图 8.6　田园综合体发展模式

8.2.3　社会保障功能与环境质量耦合协调模式——“文化 +”振兴模式

文化振兴模式，是指强化文化的引领作用，深度挖掘历史民间文化，提倡传统乡风民俗和浓厚的农家风情，提高乡村的风味人情，推动乡村文化资源转向文化经济、乡村美丽经济的多元综合探讨。

宜兴市丁蜀镇紫砂陶制作历史已有200多年。村镇有600户人家，80%从事紫砂陶瓷的生产经营工作。2009年建起了全国首家以紫砂陶瓷为合作内容、以手工业为基础的农民专业合作社——西望紫砂陶瓷专业合作社。合作社以“村+合作社+基地+农户”为合作经营模式，使紫砂工艺产业化经营水平和农民组织化程度得到迅速提高，成为远近闻名的紫砂专业村和宜兴农民富裕村。合作社邀请中央美院、清华美院的老师进村讲课，成立创业基地吸引高校毕业生进驻设计，社员们每年赴美、英、日、韩等国家或在国内一线城市集体办展。紫砂产品人均收入增长到了10万元。以“文化+”为切入点，通过探索乡村传统文化行业的经营模式，促进文化产业和传统行业融合发展，发掘保护利用紫砂等文化遗产，把乡村产业与传统物质文化遗产、非物质文化遗产等人文基础相结合，成为宜兴打开乡村振兴之门的一把新“钥匙”。宜兴将进一步推进乡村基础设施建设、服务业配套设施建设，打造精品乡村文化产业，进一步促进乡村经济、文化的和谐发展与振兴。

8.2.4 生态保育功能与环境质量耦合协调模式

8.2.4.1 “易地搬迁+”模式

易地搬迁是扶贫脱贫的重要方法，通过改善村民的生活条件，实现村镇的发展和城市化。“易地搬迁+”主要有“易地搬迁+土地整治”“易地搬迁+农村改革”“易地搬迁+生态旅游”“易地搬迁+基础设施”等模式，以实现乡村振兴和村民的安居乐业（图8.7）。“易地搬迁+”发展模式适合生态环境脆弱、生态保育功能低、生存条件恶劣和自然灾害频繁的村镇，或者是人口流失多和产业凋零的村镇。

江苏省无锡市环太湖200 m生态防护林建设、生态林绿化工程，要求沿岸的农户易地搬迁。沿太湖岸线200 m纵深及贡湖水源保护区内的村庄予以搬迁，并改造为生态涵养林地，村庄拆迁安置、复绿和搬迁前村庄污水处理达标排放。集中安置失地农民，解决动迁农民的生活、改善社区环境、提升社区配套和帮助创业，改善民生。

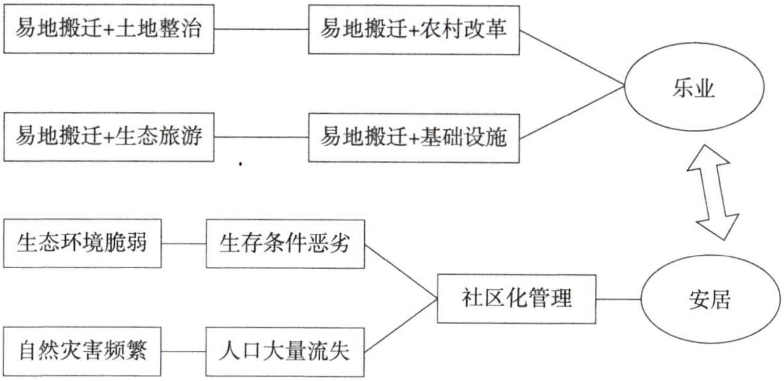

图 8.7 “易地搬迁 +”模式

8.2.4.2 森林乡村模式

森林乡村成为乡村振兴的创新模式。国家林业和草原局制定《乡村绿化美化行动方案》，提出要建成 2 万个美丽宜居和特色鲜明的森林乡村。森林乡村建设内容主要包括增加乡村生态绿量，保护自然生态，治理山水林田湖草系统，发展生态绿色产业，提高绿化质量，修复生态环境，对乡村振兴有积极推进作用（图 8.8）。森林乡村集生态观光休闲和森林康养功能于一体，包括建设乡村的绿化景观路、庭院绿化示范区、公共休闲绿地、水源涵养林地和绿色生态富民产业，形成了乡村美化绿化新模式。

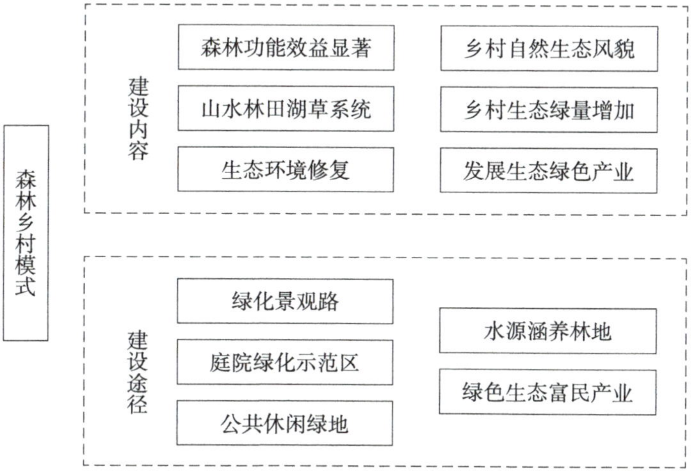

图 8.8 森林乡村模式

东台市新街镇成为国家森林乡村典型。该地盐碱地植树造林是绿化的难题，因地处沿海滩涂和历史上黄河夺淮而在盐城境内形成大片盐碱地，曾给东台市造林工作带来困扰。国家森林乡村要求乡村自然生态风貌保存完好，乡土田园特色突出，森林氛围浓郁，森林功能效益显著，涉林产业发展良好，人居环境整洁。东台市新街镇东临黄海，林业种植面积却高达 3 800 亩，绿化覆盖率为 65%，跻身中国慢生活休闲体验区。乡村各具特色、各美其美，因地制宜开展围村林、防护林、乡村公园、庭院绿化及小微湿地建设，形成“村外绿树环绕，道路林木成荫、庭院花果飘香”的田园美景。开展的淋盐爽碱、疏通水系、改良土壤、开拓育苗等工作，使得该区域土壤含盐量由 4‰ 下降到 2‰，有机质不断增加，适生条件不断改善，引种枫杨、刺槐、紫穗槐等乡土树种，造林成活率也逐年提高。国家森林乡村成为盐城市发展涉林产业的新名片。

8.3 不同村镇发展功能可持续发展优化调控路径解析

8.3.1 经济发展功能村镇可持续发展优化路径

8.3.1.1 优化工业功能村镇的产业结构

江苏省的村镇企业总量大，但是布局散乱、个体规模小，没有形成集聚和规模经济。村镇企业作为跨国公司的供应商，处于全球价值链的底端和低层次环节，与本土企业产业关联度低。村镇工业走的是“高消耗、高投入、高污染”的粗放发展道路，将污染企业成本转嫁到社会成本上，低成本竞争污染环境。

对于工业功能的村镇，乡村工业在发展中解决环境污染问题应纳入工业增长决策中的重要因素。优化工业结构、整合空间布局和提升技术水平是转变工业经济增长方式的途径。工业结构的演变依次经历劳动密集的轻工业、资本密集的重工业、高度加工化、高技术密集型产业四个阶段。重工业阶段对环境造成的污染最多，随着工业结构的优化和升级，污染降低，符合库兹涅茨曲线理论。江苏省未来要转型为经济效益好、环境污染少、技术含量高的新型工业产业结构。在功能区划时，将村镇工业企业划入工业园区的集聚区，集中生产和污染处理，实现乡村工业适度集中的共处设施共享的集聚经济，改变小而散的档次不高、产业同质化、污染重的乡村工业格局。减少污染密集型产业而增加清洁型产业，提高村镇经济中三产比例，从而优化乡村工业结构，从源头上降低污染企业的占比。支持与鼓励企业增加科技创新投入，引进环境友好型科学技术，引导工业企业从污染密集型和资源消耗型向环境友好型转变。

8.3.1.2　村镇产业空间布局模式

村镇的产业空间布局受交通条件、生产条件、市场条件、劳动力和生产方式共同影响。生产条件包括土壤、水资源、气候等，适合不同的农作物。因此，本书构建的是混合式产业布局，充分考虑到了农民生活的舒适性（图 8.9）。畜牧业会产生有浓重气味的排泄物，要与农民生活区隔离，其两者中间增加产业Ⅰ类。畜牧业和道路要保持距离，这样游客在道路观光时可以提高舒适度，因此，道路和畜牧业添加了产业Ⅱ类。重工业要与居住区隔离，分布在交通线附近。

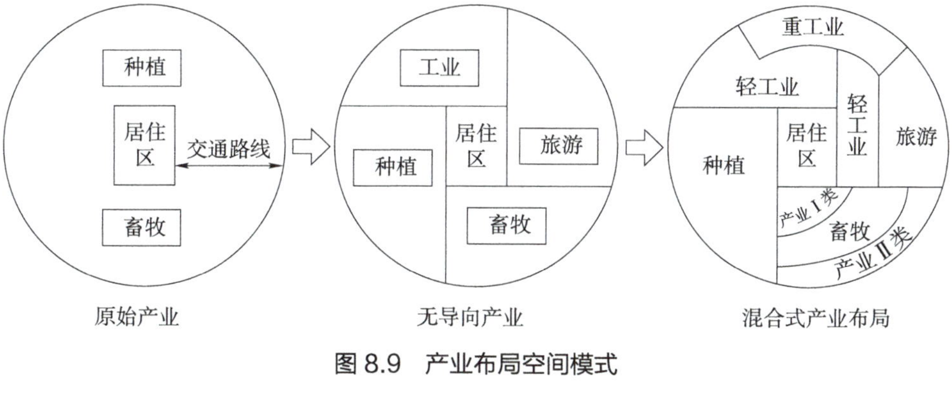

图 8.9　产业布局空间模式

江苏省的乡村工业发展多采用“绿色车间”的做法。“绿色车间”是将农业生产看成“车间”，保证农业空间不会被工业完全侵蚀。工业空间一般在中心村，农业受到工业反哺。乡村工业的快速增长，使得村镇产业空间具有“工业空间＋农业空间”的分异现象。随着乡村工业向镇中心集中，以及农业的产业化和规模化经营，乡村的产业空间从以村域为主演变为以镇域为主，呈现出不同的功能。以村域或镇域为主的产业空间分化包括服务业空间点状、工业空间块状、农业空间面状（图 8.10）。

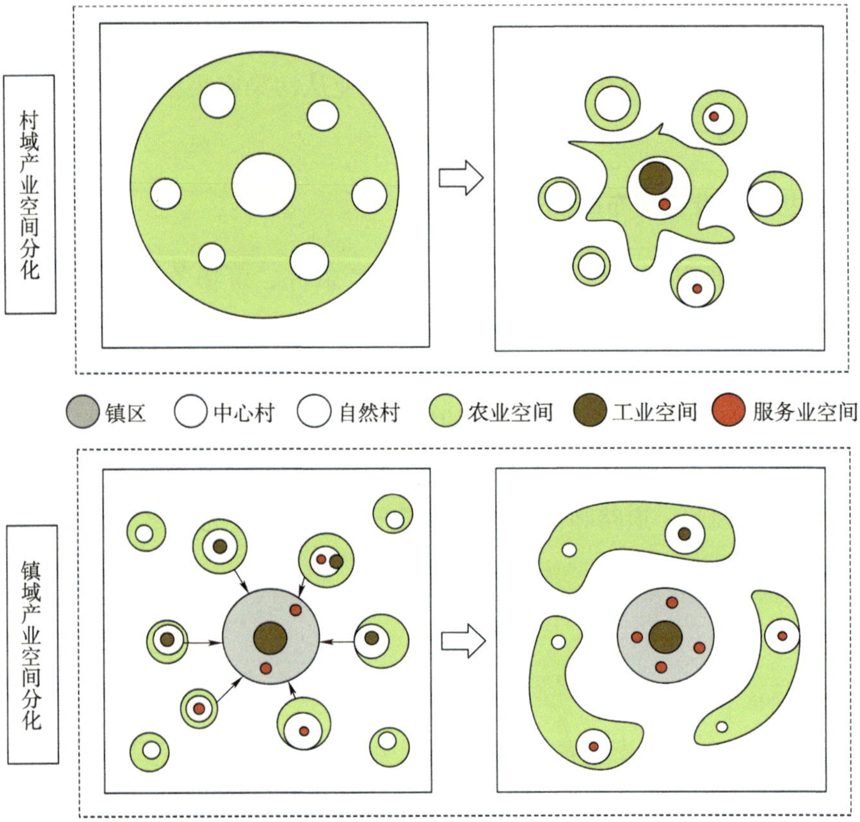

图 8.10　以村域和镇域为主的产业空间分化

落实“三集中”空间优化策略。“三集中”策略，是指工业向园区集中，耕地向规模经营集中，农民向社区集中，实现“产业集群化”“人口集中化”和“土地集约化”（图 8.11）。江苏省村镇工业企业存在“遍地开花”的现象，造成资源效率低、经济效益低和环境污染等问题，通过对工业园区规划建设，拆小厂，整治分散的小型工业空间，引导企业向工业园区集中，促进产业集群。“工业集聚产业，产业集聚人口，人口带动村镇”，人口集中居住能节建设用地，以家庭为单位的农村人口转移定居方式，可以降低垃圾、交通等公共服务成本。集中居住促进超市、餐饮、民宿等服务业的功能增加。土地集约化可以推行农村土地承包经营权流转，实现“承包权归农户、经营权归受让方，所有权归集体”的“三权分离”政策，使耕地向经营大户、种植能手、农业合作社等流转。发挥工业对农业空间的内推力，实现产、供、销一体的生产经营方式，农民可以提高土地收入，并从效益低下的小农中解放出来，到工厂务工或自主经商以提升生活水平。

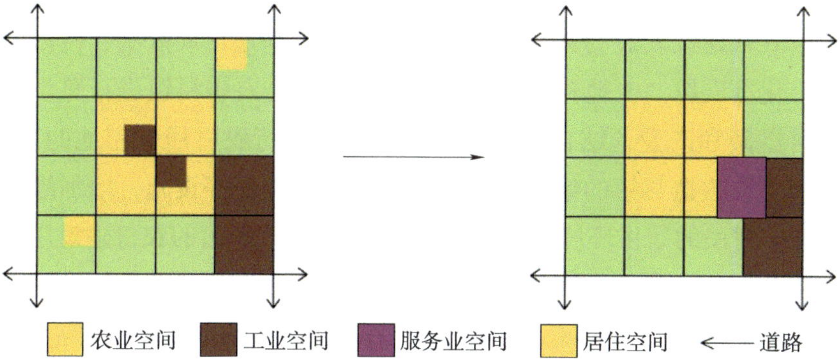

图 8.11 “三集中”空间优化示意图

8.3.2 农产品供给功能村镇可持续发展调控对策

8.3.2.1 农业规模化和产业化经营发展

江苏省存在普遍的人多地少的矛盾，农民的人均耕地较少，传统农业种植收益低，抵抗自然灾害和市场风险能力低，农民每年收入不稳定。促进规模化和集约化种植是农业发展方向。农业兼业化特征显著，使得农村务农的人员减少，适当地集中耕地，用租种承包的方式让土地大量流转，发展专业化和特色化农业生产基地，根据市场的需求，发展养殖业、渔业和种植业多种类型。以农业市场带动农业生产的组织方式，推进农业产业化经营。江苏省已出现“公司 + 农户”“公司 + 经济合作社 + 农户”“能人带动 + 农户”“经济合作组织 + 农户”等多种农业组织经营模式。扶持龙头企业，培养农业产业化组织，延伸农业产业生产链，推动农业物流运输、农产品加工业发展，建设“风险共担、利益共享”的机制，提高农业产业化水平和高效发展动力，促使农民增收和农业增效。延伸农业产业链，发展蔬菜种植、花卉种植等高经济附加值的劳动密集型的现代农业。通过农产品加工、包装、运输等非农业产业链条，突破区位优势，发展都市观光农业和特色农业，加强农业和乡村工业的融合，形成生活、生态和生产多功能模式。

8.3.2.2 开展村镇“增减挂钩”的土地整治

运用城市和乡村的“增减挂钩”的政策，开展村镇的土地整治工作，成为江苏省农村建设发展的选择。现有农村存在宅基地布局散乱、侵占农业耕地、空心化等问题，土地资源浪费较多。因此，需要多村镇进行科学规划布局，整合空间和产业，结合地形和水文条件，进行农村居民用地的集约化、规范化布置，改造村镇的给排水、道路、卫生、教育等设施，增加绿化公共空间，改善村民的居住环境。“增减挂钩”政策将节约出的农村建设用地指标用于城市化和工业建设。农村居民安置包括异地改造、村庄整体搬迁、缩并自然村、建设中心村、社区化整理模式。资金筹措包括村集体自筹、市场主导和政府安排等。

8.3.2.3 发展绿色农业和面源污染“4R”治理

在本研究中发现，农药化肥、畜禽养殖是总磷和总氮的主要贡献源，也是驱动氮磷排放模型中的活跃因素。江苏省化肥施用强度达 348 kg/hm^2，大于国家的指导值（225 kg/hm^2），化肥施用超过农作物实际需求量。因此，应加强测土推广配方施肥技术发展，该技术对于减氮效果较好。提倡商品有机肥、生物农药等一些环境友好型的农业方法技术，并对其给予价格补贴。经济鼓励能让农民有更高的积极性投入到农业面源污染防治中。对于养殖大户，鼓励沼液和沼渣还田、有机肥生产、生物发酵床等技术，提高畜禽粪便的综合利用率，对于分散养殖户实行粪便集中处理以实现专业收集和无害处理，实践种养结合循环发展的理念。

农业发展具有周期长、见效慢的特点，农业生态化和清洁化需要长时间和稳定倾斜的扶持机制。如前文所言，土地流转制度会引导农业规模化，种植大户的化肥施用强度远小于小农散户。调整信贷力度和方向，可大力支持农业规模化和生态化的项目。工业发达村镇，应制定工业反哺农业的鼓励政策，开展“一帮一”的技术和资金支持活动，或者引导农产品加工业发展，实现工业向农业延伸。农村的生活污水处理设施建设和运营费用应纳入财政预算。在调研中发现，大量农村虽然建设和覆盖了生活污水处理小型设施，但会因每年需要大量运营费用，个人或者村集体无法承担而导致弃用处理设施，生活污水依然直接散乱排放。

江苏省农业面源污染治理“4R”技术（图 8.12）包括削减源头（Reduce）、阻断过程（Retain）、再利用（Reuse）、生态修复（Restore）。从削减污染物的源头着手，根据污染物的汇聚过程进行阻断，对养分再利用，减少污染物进入河流的量，对河流湖泊水体生态进行修复，最终达到改善水质的目标。

采用新型的按需施肥技术，用稻—绿肥轮作、稻—闲轮作减少化肥的投入，使用肥料增效剂和土壤改良剂固定土壤养分。对畜禽养殖可以用生物发酵床养殖方法；对水产养殖，可以用新的投饵方式，循环用水。这些方法都可以削减污染物源头。阻断过程可以用生物和物理方法对污染物进行净化和拦截。比如生态拦截沟渠、人工湿地塘、生态护岸边坡等方法。对于达到排放目标水质的农村生活污水可以回灌到农田，让植物和土壤吸附，减少化肥投入。生态修复是最后一道屏障。河岸带滨水湿地恢复、沉水植物、生态浮床组合净化等技术较常见。

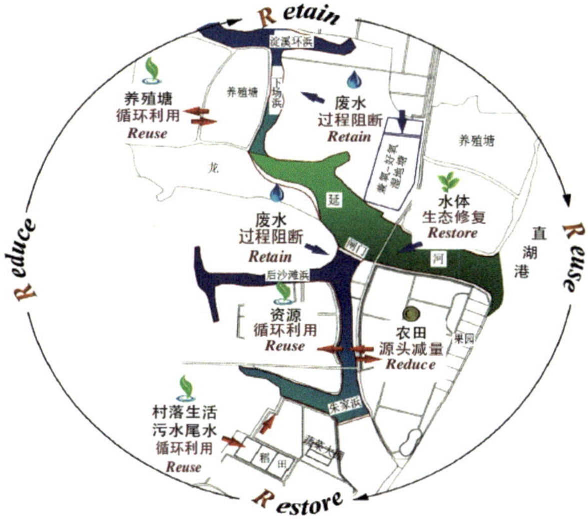

图 8.12　农业面源污染治理“4R”技术

8.3.3 社会保障功能村镇发展引导方向

8.3.3.1 促进村镇基础设施布局和建设

江苏省现在的村镇尤其是苏北地区的基础设施还不是特别完善，应加强村庄的功能划分和规划，与生态环境规划、土地利用、产业布局规划相衔接，构建村镇生态景观格局。开展基础设施布局和建设，包含黑臭河道整治、生活污水排污系统改善、道路和公交布局、电力物流完善、高标准农田和水利设施配套建设等。同步推进城市基础设施向农村延展，实现村村有幼儿园、小学、医疗卫生站、养老院、银行等基础设施。加强村镇文化设施建设，包括文化活动室、健身广场设备等，引导农民丰富文化生活，开展健康的文化娱乐活动。改善自然生态环境和人文历史传统村落，修葺农民的生活区。保护村庄的古建筑和古村落，显示各个村庄的特色。

8.3.3.2 加强村镇环境综合整治

村镇环境综合整治包括每家每户和集体公共物品环境整治。每家每户的环境整治包括厕所改造和危房改造，遵从农民的意愿。集体公共物品环境整治包括道路建设、垃圾处理、清洁能源、清洁田园等。形成“户收集、村集中、镇转运、县城处理”的垃圾收集清理体系。推进河道、村落、道路、公园、庭院的绿化工程建设。推进秸秆和粪便的沼气工程建设，提升液化气使用比例，实现立体农业生态化循环的发展。清洁田园需要平整农田和沟壑，使农耕道路畅通，及时清理农耕道路的秸秆、垃圾和土堆，实现农田树林的网格化，便于整治管理。

8.3.4 生态保育功能村镇发展与保护协调措施

8.3.4.1 强化村镇生态过程调控和规划

生态保育功能的村镇需要从生态过程分析、调控角度，判断生态功能的健康度、问题、干扰机制，以及合理的调控手段和方案（表 8.3）。生态功能的村镇要根据不同的生态过程分析，确定生态建设需求，明确生态干扰原因，规划建设方案方法，实现村镇生态多功能综合提升。水土流失型的村镇，主要存在植被退化、土壤流失等问题，需要对山体进行植被修复。水源涵养的村镇，主要问题是过量的营养物质进入了湖泊和河流，要进行多种生态植被缓冲带建设。生物多样性保护的村镇，主要存在物种的生境破碎化，生物扩散繁衍受阻等问题，需要进行森林重建和生态网络规划。雨洪灾害的村镇，主要存在防洪通道堵塞、防洪标准低等问题，需要提高防洪标准，疏通排水体系。

表 8.3　村镇生态过程分析和调控方案

序号	生态建设需求	干扰原因和生态过程	调控方案
1	水土流失控制	山体过陡、植被退化、土壤流失	山体植被修复、防滑坡工程
2	水源涵养保护	过量的营养物质进入水体	多种生态植被缓冲带建设
3	雨洪灾害防范	防洪通道堵塞、防洪标准低	提高防洪标准和疏通排水体系
4	生物多样性保护	生境破碎化、生物扩散繁衍受阻	森林重建和生态网络规划

8.3.4.2　完善村镇协同发展的生态补偿机制

生态补偿是利益方的利益调整和均衡过程，是对各方进行适当的生态补偿，促使他们积极维护生态保育，保持区域生态安全（表 8.4）。对于江苏省水网密集的村镇，中小型的流域生态补偿是最主要的形式。生态农业是村镇的主要行业，因此要加强发展生态农业的相关生态补偿。村镇要进行内部绿化景观建设，相对应地进行景观绿化补偿机制，用于建设美丽乡村。

表 8.4　生态补偿类型和内容

序号	补偿类型	补偿内容
1	流域生态补偿	水资源补给的效益补偿；流域水污染治理的补偿；流域生态湿地保育补偿
2	耕地保护补偿	基本农田建设效益补贴；土地复耕补偿；农用地转成建设用地税收
3	村镇景观绿化补偿	村镇景观绿化效益补偿；村镇环境综合整治补偿
4	重要湿地保护补偿	湿地生态效益经济补偿；湿地环境污染治理补贴

续表

序号	补偿类型	补偿内容
5	生态农业补偿	生态农业生态效益补偿；生态农业技术补贴
6	森林保护补偿	森林的经济效益补偿；林业资源占用税收

补偿经费有“造血类”和“输血类”这两大类（图 8.13）。“造血类”是补偿资金用项目支撑的方式助力受偿方，让其形成自己发展的机制和能力，实现受偿方与生态保育之间的平衡，成为生态补偿的主要方式。“输血类”以补偿经费直接支付的方式，包括财政补贴、损失补偿和政策贷款等，但未能直接解决生态环境保护问题。苏南地区异地开发并以工业反哺农业，以及农民分红的补偿方式，建设生态保护和保育的长效机制值得推广。

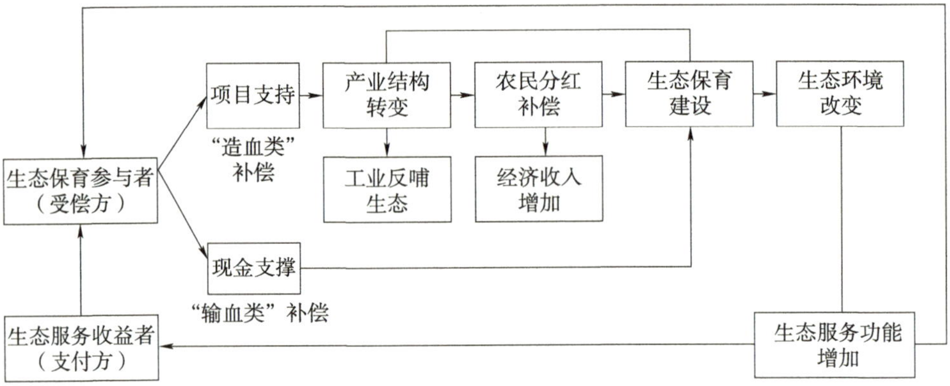

图 8.13　生态补偿机制

8.3.4.3　构建生态安全格局网络

江苏省特别是苏南地区的田园水乡在快速城市化和工业化的“空间拷贝”侵蚀下，破坏了乡村生态机理环境，乡村特征和生态本底在逐渐缺失。以天然的植被、水塘、农田等生态基质斑块和人工建设生态环境一同构建村镇“图—建”机理。采用“先底后建”的思路，梳理本底的湖、林、田、水的生态机理脉络，采用工程技术疏通河流、恢复湿地和大块林地，构建生态网络格局，恢复生态机理和破碎化的空间（图 8.14）。采用自然和人工相结合的方式，增加密闭植物林，减少建设异质性景观，兼顾农业生产、生态和观赏相结合的作用。以“斑块—基质—廊道”为本底，增加绿色基础设施和景观基础设施建设，增加生态网络弹性构建。

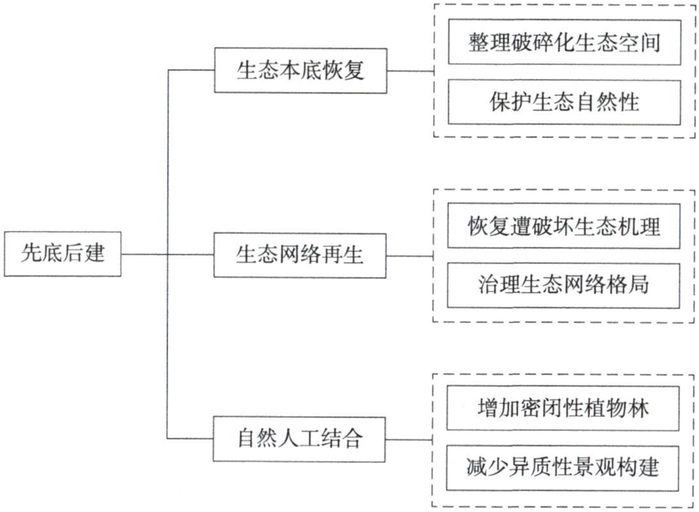

图 8.14 “先底后建”思路的生态安全格局网络

8.4 本章小结

对江苏省村镇发展一级和二级功能与环境质量进行耦合分析，并归纳总结出规模生态农业发展模式、城市近郊多功能农业发展模式、乡村工业企业驱动的新苏南模式、田园综合体发展模式、“文化 +”振兴模式、“易地搬迁 +”模式、森林乡村模式等耦合协调发展模式。

研究不同功能村镇环境质量优化与调控路径解析，包括经济发展功能村镇环境质量优化路径、农产品供给功能村镇环境质量调控对策、社会保障功能村镇发展引导方向和生态保育功能村镇发展与保护协调措施。主要的优化调控路径包括优化工业功能村镇产业结构、村镇产业空间布局模式、农业规模化和产业化经营发展、开展村镇“增减挂钩”的土地整治、发展绿色农业和面源污染“4R”治理技术、促进村镇基础设施布局和建设、加强村镇环境综合整治、强化村镇生态过程调控和规划、完善村镇系统发展的生态补偿机制和构建生态安全格局网络。

第九章

结论和展望

9.1 本书主要结论

（1）通过深化村镇地域系统的内涵研究，从空间演变、功能分区、驱动机制、环境效应四个方面，构建村镇发展功能机理及环境效应的理论解析框架。

村镇体系一般经历零散分布—发展—集聚—重构过程。村镇具有经济发展、农产品供给、生态保育和社会保障四种功能，且往往具备多功能，以某种功能为主导。村镇多个功能阶段循环往复发展，从而形成逻辑斯蒂曲线“S”型增长。村镇发展的影响因素分为内生型因素和外生型因素。内生型因素包括经济地理区位、自然资源环境基础、历史经济基础、人力资本和社会资本、传统文化特质等。外生型因素包括政府制度政策、市场需求、社会发展进程、技术进步等。村镇发展水平经过缓慢平稳、快速上升和平稳发展三个阶段。对应的村镇环境质量经过缓慢平稳、快速变差、逼近承载阈值和环境质量回升的过程。村镇发展与环境质量形成相互反馈的关系。村镇发展与环境质量形成“S”型曲线的耦合图谱。随着村镇功能的演变，村镇环境质量呈现波浪式先下降后上升的规律。

（2）揭示了 2005—2017 年江苏省村镇核心功能要素人口、经济、土地、农业等时空演变特征，基于问卷调查和典型分析村镇的农民生活、农业生产和环境污染特征，归纳江苏省村镇发展功能要素的动态过程和规律。

江苏省村镇人口具有总量大、密度大、下降缓慢的特点，人口密度苏北地区高、苏南地区低。村镇从业人口波动下降，总体上向乡村工业转移，非农化加快。苏北地区以农业生产为主，苏南地区以工业生产为主，从业以“农忙务农、农闲务工”和“离土不离乡”，半工半农为主要特征。农民人均纯收入增长速度快，农民生活从小康迈入富足阶段，村镇集体经济改善。江苏省粮食产量进入波动上升且稳定阶段，粮食生产规模不断增大。江苏省蔬菜产量最高，其次是稻谷、小麦和水果。江苏省乡镇工业的主导产业从服装纺织、化工、机械等转变为电子电器、计算机通信、化工等行业，总体上从劳动密集型产业转为资本密集型产业。

调研问卷结果显示，江苏省村民职业更倾向于以打工、务农、经商为主，非农产业就业吸引力大，外出务工普遍。参与调查的农户中人均月收入以3 000～5 000元收入为最多。农民土地流转使农业规模化经营趋势明显。参与调查的农户所在村镇的48.53%的水体出现富营养化现象，1/3的土地肥力发生下降，畜禽粪便带来的面源污染严重。

（3）建立村镇发展功能识别指标体系和方法，并识别江苏省乡镇尺度的村镇经济发展、农产品供给、生态保育、社会保障主导功能，提出江苏省村镇发展功能一级和二级分类方案。

建立了江苏省村镇主导功能划分指标和方法，并把江苏省村镇划分为农产品供给、经济发展、社会保障和生态保育四大主导功能类型。农产品供给功能主要位于苏北地区和城市的远郊县，该类功能村镇农业生产发达，有良好的农作物生产条件。经济发展主导功能村镇主要位于苏南地区和城市近郊的村镇，工业发展功能的价值占经济发展功能的主导。社会保障主导功能类主要分布于苏南地区、沿江的城市周边，以重点镇、城郊村为主，城市公共服务易于辐射和延伸至村镇。江苏省生态保育主导功能村镇主要分布在沿海湿地、长江、太湖沿岸等水源涵养和生物多样性丰富的区域。

将江苏省村镇分类进一步细化为11个二级功能分类，包括粮食生产功能、经济作物生产功能、水产养殖功能、工业生产功能、商业功能、旅游业功能、居住功能、文化功能、医疗功能、生物多样性功能和水源涵养功能。

村镇发展功能更替受到环境约束力、资源支持力、农户自发力和文化根植力四种内在驱动力，以及工业化驱动力、城市辐射力、市场影响力和政策推动力四种外在驱动力影响。进一步揭示了经济发展功能、农产品供给功能、社会保障功能和生态保育功能四种主要功能类型村镇发展功能演进机制。

（4）提出村镇发展的内生型和外生型影响因素，定量分析了各影响因素对江苏省农业功能型和工业功能型村镇发展的作用机理。

村镇发展受内生型和外生型的影响因素共同作用。内生型因素包括经济地理区位、自然资源环境基础、历史经济基础、人力资本、社会资本和传统文化特征。外生型因素包括政府政策制度、市场需求、社会发展进程技术进步等。各种要素、各类子系统和各影响因素之间相互作用、相互反馈，推动不同类型村镇发展的动态有序演化。

农产品供给功能村镇发展受到地形条件、土地资源、劳动力资源、能人推动、经济基础、市场区位共同影响和作用。经济发展功能村镇发展受到能人带动、劳动力资源、政府政策、土地资源、河流湖泊水网、交通条件、经济基础、环境规制不同的影响和驱动机理。区位条件、基础设施、交通条件和政府政策对社会保障功能村镇发展有不同影响。自然条件、基础设施、河流湖泊、能人作用、环境规制对生态保育功能村镇有不同的作用机理。

（5）研究江苏省村镇的大气、水、土壤环境质量空间格局特征，结合污染排放的空间差异，定量分析农业发展功能和工业发展功能村镇发展的环境效应。开展了江苏省村镇环境质量评价、村镇发展与环境质量关系情景模拟预测研究。

江苏省空气质量逐年好转，$PM_{2.5}$ 为首要污染物。NO_2 形成以苏南地区为中心的相对高浓度区。长江沿岸、环太湖北部、苏南地区水体污染相对严重。土壤重金属高浓度呈沿长江带状分布，沿太湖周边岛状分布的空间格局。江苏省环境质量的空间格局与乡镇工业发展的空间格局一致。

江苏省的村镇化肥施用量总体呈现苏北地区向苏南地区递减的规律，和粮食产量空间分布一致。农民常常施用超出粮食作物本身所需要的化肥和农药量，由此产生大量面源污染和有机物污染。氨氮排放和生化需氧量排放模拟结果显示，农业经济规模、农业结构、村镇人口数量与面源污染呈正相关，种植结构和农业技术进步与面源污染呈负相关。

村镇工业废水排放以化学原料及化学制品制造业和纺织业为最多，并呈现临河、临海、临湖、临城高排放的分布格局。村镇工业废气污染物排放行业以电力、热力生产及供应业为最多。计算机、通信及其他电子设备制造业的各种废水和废气的污染物污染强度均最低，传统行业的污染强度较高。印染类企业周围 Cu 元素累积明显，Hg 元素在电子类企业周边富集，造纸类企业周围的 Cd 元素重度污染，As 元素常与 Zn 元素共生，主要来自金属冶炼，Pb 元素来源于交通污染和化工产业。

构建质量系统动力学模型，模拟了工业发展、农业发展、人口、水环境、大气环境和土壤环境几个子系统之间的反馈和作用。对 2005—2030 年的江苏省村镇发展与水环境、大气环境和土壤环境效应进行预测和模拟，村镇水环境质量呈下降并趋于不变的趋势，村镇大气环境质量呈先上升后下降的趋势，村镇土壤环境质量呈不断下降趋势。

（6）提出不同功能村镇发展与环境质量耦合及优化调控路径解析。

通过对江苏省村镇发展一级和二级功能与环境质量进行耦合分析，归纳提出规模生态农业发展模式、城市近郊多功能农业发展模式、乡村工业企业驱动的新苏南模式、田园综合体发展模式、“文化+”振兴模式、“易地搬迁+”模式、森林乡村模式等村镇可持续发展模式，以及各种模式的协调机制和思路。

根据环境质量的要求，提出经济发展功能村镇发展路径优化、农产品供给功能村镇发展调控对策、社会保障功能村镇发展引导方向和生态保育功能村镇发展与保护协调措施。优化调控路径包括优化工业功能村镇产业结构、工业空间布局模式、农业规模化经营和农业产业化发展，开展村镇“增减挂钩”的土地整治、农业面源污染治理“4R”技术，促进村镇基础设施布局和建设，加强村镇环境综合整治，强化村镇生态过程调控和规划，完善村镇系统发展的生态补偿机制和构建生态安全格局网络等。

9.2 本书主要贡献

本书通过理论和实证分析，尝试能在以下三个方面有所创新。

（1）采用综合的研究视角，研究村镇功能的形成与演化规律。对村镇发展功能分类及形成驱动机理进行研究，一定程度上丰富了乡村地理学的研究。将环境质量、环境污染和不同类型的村镇发展相结合，拓展了乡村地理学向环境效应的延伸，也丰富了环境经济地理学理论在乡村地域的应用。

（2）以乡镇尺度为主，从社会、经济、环境、空间多维度，从“要素—结构—功能—机理—效应”多层面的研究思路，解析村镇发展类型和功能演进规律与机制。研究了村镇发展要素结构和村镇功能的关系，建立了村镇功能识别的指标体系，揭示了村镇发展功能分异时空格局及其趋势机理，建立了环境污染空间特征基于村镇功能响应关系、环境质量与村镇功能耦合等定量分析模型，层层递进，是人地关系研究在村镇层面的有益探索，在村镇发展功能与环境质量耦合等方面有所创新。

（3）采用多种数据采集与野外调查的方法，利用村域、镇域、县域多年的农村普查统计数据，结合典型村域的问卷调查和深度访谈，具有一定新颖数据的累积贡献。运用计量模型方法定量分析村镇污染的经济影响因素，可为江苏省村镇可持续发展和乡村振兴战略提供科学参考与支撑。

9.3 未来研究展望

受作者水平和数据资料限制，本研究还有很多不足，还有一些重要问题亟待进一步研究。

（1）村镇地域类型和功能是一个复杂且多样的系统工程。本书初步揭示了江苏省的村镇发展类型和功能时空演变格局特征机制，但是理论和方法仍需要进一步条理化和系统化。类型和功能分区划分的指标体系、权重、标准，以及和功能的空间关系耦合技术仍需要完善。理论和方法仍需要进一步条理化和系统化。还需要增加典型村镇的样本量调研，拓展和细化村镇的类型和功能，如综合发展型、劳务输出型等。

（2）构建和研制科学合理的综合性计量模型和实证，完善村镇发展的影响因素模型，引入社会因素、政策因素、农民认知等变量，对大量村级数据进行验证，与日韩和欧美等国家的驱动机理进行对比分析，总结不同类型村镇发展的成长机制、共性机理和路径依赖，提出普适性的理论模型。

（3）村镇发展功能格局演变是人文因素和自然因素的综合结果，村镇的环境容量和质量对于不同类型的村镇发展也有重要的约束作用。因此，解析村镇各要素变化与污染要素的相互作用机理十分重要。运用系统动力学搭建综合模型，评估村镇环境质量不同约束状态下的不同功能村镇发展状态并进行情景模拟预测。对村镇发展与环境效应的定量关系进一步验证，并提出村镇可持续发展的战略思路、优化调控和保障措施。

参考文献

Amit Cohen I, Sofer M, 2017. Integrated rural heritage landscapes: The case of agricultural cooperative settlements and open space in Israel[J]. Journal of Rural Studies, 54: 98–110.

Bański J, Wesołowska M, 2010. Transformations in housing construction in rural areas of Poland's Lublin region—Influence on the spatial settlement structure and landscape aesthetics[J]. Landscape and Urban Planning, 94(2): 116–126.

Björklund J, Limburg K E, Rydberg T, 1999. Impact of production intensity on the ability of the agricultural landscape to generate ecosystem services: An example from Sweden[J]. Ecological Economics, 29(2): 269–291.

Bournaris T, Moulogianni C, Manos B, 2014. A multicriteria model for the assessment of rural development plans in Greece[J]. Land Use Policy, 38: 1–8.

Cao G Z X G, 2008. Investigation on emission factors of particulate matter and gaseous pollutants from crop residue burning[J]. Journal of Environmental Sciences, 20(1): 50–55.

Chen R, Ye C, Cai Y, et al, 2014. The impact of rural out-migration on land use transition in China: Past, present and trend[J]. Land Use Policy, 40: 101–110.

Chen X, Cui Z, Fan M, et al, 2014. Producing more grain with lower environmental costs[J]. Nature, 514(7523): 486–489.

De Groot R S, Wilson M A, Boumans R M J, 2002. A typology for the classification, description and valuation of ecosystem functions, goods and services[J]. Ecological Economics, 41(3): 393–408.

Dinda S, 2004. Environmental kuznets curve hypothesis: A survey[J]. Ecological Economics, 49(4): 431–455.

Djanibekov N, van Assche K, Bobojonov I, et al, 2012. Farm restructuring and land consolidation in Uzbekistan: New farms with old barriers[J]. Europe-Asia Studies,

64(6): 1101–1126.

Domon G, 2011. Landscape as resource: Consequences, challenges and opportunities for rural development[J]. Landscape and Urban Planning, 100(4): 338–340.

Fan C C, 2005. Interprovincial migration, population redistribution, and regional development in China: 1990 and 2000 census comparisons[J]. The Professional Geographer, 57(2): 295–311.

Fan J, Li P, 2009. The scientific foundation of major function oriented zoning in China[J]. Journal of Geographical Sciences, 19(5): 515–531.

Gong J, Jian Y, Chen W, et al, 2019. Transitions in rural settlements and implications for rural revitalization in Guangdong Province[J]. Journal of Rural Studies.

Holmes J, 2006. Impulses towards a multifunctional transition in rural Australia: Gaps in the research agenda[J]. Journal of Rural Studies, 22(2): 142–160.

Inwood S M, Sharp J S, 2012. Farm persistence and adaptation at the rural–urban interface: Succession and farm adjustment[J]. Journal of Rural Studies, 28(1): 107–117.

King P, Annandale D, Bailey J, 2003. Integrated economic and environmental planning in Asia: A review of progress and proposals for policy reform[J]. Progress in Planning, 59(4): 233–315.

Krivokapic-Skoko B, Reid C, Collins J, 2018. Rural cosmopolitism in Australia[J]. Journal of Rural Studies, 64: 153–163.

Li Y, Fan P, Liu Y, 2019. What makes better village development in traditional agricultural areas of China? Evidence from long-term observation of typical villages[J]. Habitat International, 83: 111–124.

Li Y, Long H, Liu Y, 2015. Spatio-temporal pattern of China's rural development: A rurality index perspective[J]. Journal of Rural Studies, 38: 12–26.

Li Y, Wang J, Liu Y, et al, 2014. Problem regions and regional problems of socioeconomic development in China: A perspective from the coordinated development of industrialization, informatization, urbanization and agricultural modernization[J]. Journal of Geographical Sciences, 24(6): 1115–1130.

Li Y, Westlund H, Zheng X, et al, 2016. Bottom-up initiatives and revival in the face of rural decline: Case studies from China and Sweden[J]. Journal of Rural Studies, 47: 506–513.

Liu Y, Chen Y, Long H, 2011. Regional diversity of peasant household response to new countryside construction based on field survey in eastern coastal China[J]. Journal of Geographical Sciences, 21(5): 869-881.

Liu Y, Long H, Chen Y, et al, 2016. Progress of research on urban-rural transformation and rural development in China in the past decade and future prospects[J]. Journal of Geographical Sciences, 26(8): 1117-1132.

Long H, Liu Y, Wu X, et al, 2009. Spatio-temporal dynamic patterns of farmland and rural settlements in Su-Xi-Chang region: Implications for building a new countryside in coastal China[J]. Land Use Policy, 26(2): 322-333.

Long H, Tu S, Ge D, et al, 2016. The allocation and management of critical resources in rural China under restructuring: Problems and prospects[J]. Journal of Rural Studies, 47: 392-412.

Long H, Zou J, Liu Y, 2009. Differentiation of rural development driven by industrialization and urbanization in eastern coastal China[J]. Habitat International, 33(4): 454-462.

Long H, Zou J, Pykett J, et al, 2011. Analysis of rural transformation development in China since the turn of the new millennium[J]. Applied Geography, 31(3): 1094-1105.

Marsden T, 1995. Beyond agriculture? Regulating the new rural spaces[J]. Journal of Rural Studies, 11(3): 285-296.

Marsden T, 2010. Mobilizing the regional eco-economy: Evolving webs of agri-food and rural development in the UK[J]. Cambridge Journal of Regions, Economy and Society, 3(2): 225-244.

Marsden T, Sonnino R, 2008. Rural development and the regional state: Denying multifunctional agriculture in the UK[J]. Journal of Rural Studies, 24(4): 422-431.

Masuda J R, Garvin T, 2006. Place, culture, and the social amplification of risk[J]. Risk Analysis, 26(2): 437-454.

Murdoch J, 2000. Networks—a new paradigm of rural development? [J]. Journal of Rural Studies, 16(4): 407-419.

Nelson P B, 2001. Rural restructuring in the American West: Land use, family and class discourses[J]. Journal of Rural Studies, 17(4): 395-407.

Olfert M R, Partridge M D, 2010. Best practices in Twenty-First-Century rural development and policy[J]. Growth and Change, 41(2): 147–164.

Owens T, 2004. External support during the transition phase: Roles for humanitarian aid and development assistance from a village perspective[J]. World Development, 32(10): 1711–1733.

Panayotou T, 1997. Demystifying the environmental kuznets curve: Turning a black box into a policy tool[J]. Environment and Development Economics, 2(4): 465–484.

Plieninger T, Dijks S, Oteros-Rozas E, et al, 2013. Assessing, mapping, and quantifying cultural ecosystem services at community level[J]. Land Use Policy, 33: 118–129.

Qiao J, Kong Y, Li X, 2008. Analysis of types and changes of village-level economy in rural Gongyi city, Henan Province since 1990[J]. Chinese Geographical Science, 18(2): 101–108.

Qiao J, Lee J, Ye X, 2016. Spatiotemporal evolution of specialized villages and rural development: A case study of Henan Province, China[J]. Annals of the American Association of Geographers, 106(1): 57–75.

Rounsevell M D A, Pedroli B, Erb K, et al, 2012. Challenges for land system science[J]. Land Use Policy, 29(4): 899–910.

Rozelle S, Boisvert R N, 1995. Control in a dynamic village economy: The reforms and unbalanced development in China's rural economy[J]. The Journal of Development Economics, 46(2): 233–252.

Siciliano G, 2012. Urbanization strategies, rural development and land use changes in China: A multiple-level integrated assessment[J]. Land Use Policy, 29(1): 165–178.

Swanson K E, Kuhn R G, Xu W, 2001. Environmental policy implementation in rural China: A case study of Yuhang, Zhejiang[J]. Environmental Management, 27(4): 481–491.

Terluin I J, 2003. Differences in economic development in rural regions of advanced countries: An overview and critical analysis of theories[J]. Journal of Rural Studies, 19(3): 327–344.

Tian G, Qiao Z, Gao X, 2014. Rural settlement land dynamic modes and policy implications in Beijing metropolitan region, China[J]. Habitat International, 44: 237–246.

Tu S, Long H, 2017. Rural restructuring in China: Theory, approaches and research prospect[J]. Journal of Geographical Sciences, 27(10): 1169–1184.

Vaishar A, Zapletalová J, 2009. Small towns as centres of rural micro-regions[J]. European Countryside, 1(2): 70-81.

Verburg P H, Chen Y, Veldkamp T A, 2000. Spatial explorations of land use change and grain production in China[J]. Agriculture, Ecosystems & Environment, 82(1): 333-354.

Vias A C, 2004. Bigger stores, more stores, or no stores: Paths of retail restructuring in rural America[J]. Journal of Rural Studies, 20(3): 303-318.

Wang J, Chen Y, Shao X, et al, 2012. Land-use changes and policy dimension driving forces in China: Present, trend and future[J]. Land Use Policy, 29(4): 737-749.

Wang M, Webber M, Finlayson B, et al, 2008. Rural industries and water pollution in China[J]. Journal of Environmental Management, 86(4): 648-659.

Wiggering H, Dalchow C, Glemnitz M, et al, 2006. Indicators for multifunctional land use—Linking socio-economic requirements with landscape potentials[J]. Ecological Indicators, 6(1): 238-249.

Willemen L, Hein L, van Mensvoort M E F, et al, 2010. Space for people, plants, and livestock? Quantifying interactions among multiple landscape functions in a dutch rural region[J]. Ecological Indicators, 10(1): 62-73.

Woods M, 2010. Rural geography: Blurring boundaries and making connections[J]. Progress in Human Geography, 33(6): 849-858.

Woods M. New directions in rural studies?[J]. Journal of Rural Studies, 2012, 28(1): 1-4.

Yangang F, Jisheng L, 2014. The modification of North China quadrangles in response to rural social and economic changes in agricultural villages: 1970-2010s[J]. Land Use Policy, 39: 266-280.

白丹丹，乔家君，2015. 服务型专业村的形成及其影响因素研究——以河南省王公庄为例 [J]. 经济地理，35(3): 145-153.

鲍琨，逄勇，孙瀚，2011. 基于控制断面水质达标的水环境容量计算方法研究——以殷村港为例 [J]. 资源科学，33(2): 249-252.

车裕斌，2008. 典型村落经济社会转型及发展趋势 [J]. 广西民族大学学报（哲学社会科学版）(3): 7-13.

陈华文，刘康兵，2004. 经济增长与环境质量：关于环境库兹涅茨曲线的经验分析 [J]. 复旦学报（社会科学版）(2): 87-94.

陈江龙，曲福田，2006. 农地非农化与粮食安全：理论与实证分析 [J]. 南京农业大

学学报 (2): 103-107.

陈敏鹏，陈吉宁，赖斯芸 . 中国农业和农村污染的清单分析与空间特征识别 [J]. 中国环境科学，2006(6): 751-755.

陈然，姚小军，闫超，等，2012. 基于 GIS 和组合赋权法的农村生态功能适宜性评价及管制分区——以义乌市岩南村为例 [J]. 长江流域资源与环境，21(6): 720-725.

陈锡文，2005. 当前我国的农业、农村和农民问题 [J]. 生产力研究 (10): 115-116.

陈晓键，陈宗兴，1994. 乡村聚落地理研究的国外动态与国内趋势 [J]. 世界地理研究 (1): 72-79.

陈烨烽，王艳慧，赵文吉，等，2017. 中国贫困村致贫因素分析及贫困类型划分 [J]. 地理学报，72(10): 1827-1844.

窦同宇，汤庆园，宾津佑，等，2018. 村域尺度下的贫困空间格局及形成机理研究——以湖南省凤凰县为例 [J]. 地域研究与开发，37(6): 155-159.

段学军，邹辉，陈维肖，等，2019. 长江经济带形成演变的地理基础 [J]. 地理科学进展，38(8): 1217-1226.

段学军，张予，于露，2011. 长江沿江国家战略发展区功能识别与培育 [J]. 长江流域资源与环境，20(7): 783-789.

樊杰，2018.“人地关系地域系统”是综合研究地理格局形成与演变规律的理论基石 [J]. 地理学报，73(4): 597-607.

樊杰，2007. 我国主体功能区划的科学基础 [J]. 地理学报 (4): 339-350.

樊杰，2008.“人地关系地域系统”学术思想与经济地理学 [J]. 经济地理 (2): 177-183.

樊杰，1996. 中国农村工业化的经济分析及省际发展水平差异 [J]. 地理学报 (5): 398-407.

范业婷，金晓斌，项晓敏，等，2019. 江苏省土地利用功能变化及其空间格局特征 [J]. 地理研究，38(2): 383-398.

费频频，杨京平，2011. 杭嘉湖水网平原村域水环境污染及其负荷分析 [J]. 环境科学与技术，34(4): 104-109.

费孝通，1999. 苏南乡村发展的新趋势 [J]. 中国乡镇企业 (11): 4-6.

高更和，石磊，2011. 专业村形成历程及影响因素研究——以豫西南 3 个专业村为例 [J]. 经济地理，31(7): 1165-1170.

葛继红，周曙东，2011. 农业面源污染的经济影响因素分析——基于1978—2009年的江苏省数据 [J]. 中国农村经济 (5): 72-81.

谷晓岩，李凤英，张燕，2009. 两维图论聚类法在农业区划中的应用——以山东省十七地市为例 [J]. 安徽农学通报（上半月刊），15(3): 62-64.

郭焕成，1988. 乡村地理学的性质与任务 [J]. 经济地理 (2): 125-129.

郭焕成，陆翔兴，卢丽君，等，1990. 黄淮海地区乡村发展研究 [J]. 地理研究 (2): 130-137.

郭焕成，姚建衢，任国柱，1992. 中国农业类型划分的初步研究 [J]. 地理学报 (6): 507-515.

郭艳军，刘彦随，李裕瑞，2012. 农村内生式发展机理与实证分析——以北京市顺义区北郎中村为例 [J]. 经济地理，32(9): 114-119.

韩智勇，费勇强，刘丹，等，2017. 中国农村生活垃圾的产生量与物理特性分析及处理建议 [J]. 农业工程学报，33(15): 1-14.

何浩然，张林秀，李强，2006. 农民施肥行为及农业面源污染研究 [J]. 农业技术经济 (6): 2-10.

何磊，2011. 中国乡村—城镇转型的经济学分析 [D]. 西安：西北大学 .

贺艳华，范曙光，周国华，等，2018. 基于主体功能区划的湖南省乡村转型发展评价 [J]. 地理科学进展，37(5): 667-676.

胡艳霞，周连第，李红，等，2011. 北京密云水源地村级尺度生态安全承载力分析 [J]. 中国农学通报，27(23): 221-226.

黄国勤，2019. 我国乡村生态系统的功能、问题及对策 [J]. 中国生态农业学报，27(2): 177-186.

黄季焜，刘莹，2010. 农村环境污染情况及影响因素分析——来自全国百村的实证分析 [J]. 管理学报，7(11): 1725-1729.

黄献军，1990. 专业村是农村商品生产发展的新起点——湖南省益阳农村150个专业村的调查 [J]. 经济体制改革 (4): 89-91.

纪忠义，王周超，王纯明，等，2014. 辽宁农村环境卫生状况及影响因素分析 [J]. 中国公共卫生，30(9): 1212-1214.

贾卓，初雪，李晨曦，等，2018. 基于CNKI数据库文献计量的产业集聚环境效应研究 [J]. 生态环境学报，27(12): 2367-2376.

姜涛，黄晓芳，2009. 国内外乡村发展政策经验及对武汉市的启示 [J]. 规划师，

25(9): 49-53.

蒋海兵，徐建刚，2013. 江苏淮河流域工业点源负荷空间分布特征研究 [J]. 长江流域资源与环境，22(6): 742-749.

蒋海兵，徐建刚，商硕，2010. 江苏沿海乡镇经济差异的空间分析 [J]. 经济地理，30(6): 998-1004.

金其铭，1990. 乡村地理学 [M]. 南京：江苏教育出版社 .

金其铭，陆玉麒，1986. 县域集镇体系研究 [J]. 地理研究 (2): 21-26.

靳诚，陆玉麒，2009. 基于县域单元的江苏省经济空间格局演化 [J]. 地理学报，64(6): 713-724.

李伯华，周鑫，刘沛林，等，2018. 城镇化进程中张谷英村功能转型与空间重构 [J]. 地理科学，38(8): 1310-1318.

李娟，2010. 四川丘陵区农村生态环境污染状况及影响因素研究 [D]. 成都：四川农业大学 .

李立，2012. 传统农区不同种植模式对土壤重金属污染的影响 [J]. 生态环境学报，21(10): 1756-1762.

李平星，陈雯，孙伟，2014. 经济发达地区乡村地域多功能空间分异及影响因素——以江苏省为例 [J]. 地理学报，69(6): 797-807.

李婷婷，龙花楼，2015. 基于“人口—土地—产业”视角的乡村转型发展研究——以山东省为例 [J]. 经济地理，35(10): 149-155.

李小建，2005. 经济地理学中的农户研究 [J]. 人文地理 (3): 1-5.

李小建，罗庆，杨慧敏，2013. 专业村类型形成及影响因素研究 [J]. 经济地理，33(7): 1-8.

李小建，周雄飞，郑纯辉，等，2012. 欠发达区地理环境对专业村发展的影响研究 [J]. 地理学报，67(6): 783-792.

李新，滕颖，陆平，2005. 苏南城镇化过程中的环境污染及防治对策 [J]. 苏州科技学院学报 (3): 6-10.

李新艳，李恒鹏，杨桂山，等，2016. 江浙沪地区农村生活污水污染调查 [J]. 生态与农村环境学报，32(6): 923-932.

李秀芬，朱金兆，顾晓君，等，2010. 农业面源污染现状与防治进展 [J]. 中国人口・资源与环境，20(4): 81-84.

李亚婷，潘少奇，苗长虹，2014. 中原经济区县际经济联系网络结构及其演化特

征 [J]. 地理研究，33(7): 1239-1250.

李阳，夏显力，廖允成，2011. 陕西省村域经济发展的特征和制约因素及政策建议 [J]. 农业现代化研究，32(3): 311-314.

李裕瑞，刘彦随，龙花楼，2012. 黄淮海典型地区村域转型发展的特征与机理 [J]. 地理学报，67(6): 771-782.

李裕瑞，刘彦随，龙花楼，等，2013. 大城市郊区村域转型发展的资源环境效应与优化调控研究——以北京市顺义区北村为例 [J]. 地理学报，68(6): 825-838.

李裕瑞，尹旭，2019. 镇域发展研究进展与展望 [J]. 经济地理，39(7): 1-8.

李赞红，阎建忠，花晓波，等，2014. 不同类型农户撂荒及其影响因素研究——以重庆市 12 个典型村为例 [J]. 地理研究，33(4): 721-734.

李智，张小林，李红波，等，2017. 基于村域尺度的乡村性评价及乡村发展模式研究——以江苏省金坛市为例 [J]. 地理科学，37(8): 1194-1202.

梁晨霞，王艳慧，徐海涛，等，2019. 贫困村空间分布及影响因素分析——以乌蒙山连片特困区为例 [J]. 地理研究，38(6): 1389-1402.

梁流涛，2009. 农村生态环境时空特征及其演变规律研究 [D]. 南京：南京农业大学 .

梁流涛，王岩松，刘桂英，2011. 农村发展中的环境问题及其形成机制研究——以山东省王景河村为例 [J]. 地域研究与开发，30(6): 89-93.

廖岳华，罗岳平，赵晓军，2011. 关于开展农村环境质量监测的思考与实践 [J]. 农业环境与发展，28(3): 74-79.

林柄全，谷人旭，严士清，等，2017. 企业家行为与专业村形成及演变的关系研究——以江苏省宿迁市红庙板材加工专业村为例 [J]. 经济地理，37(12): 17-24.

林明水，林金煌，程煜，等，2018. 省域乡村旅游扶贫重点村生态脆弱性评价——以福建省为例 [J]. 生态学报，38(19): 7093-7101.

刘锐，1985. 农业地域类型分区方法初探——以京、津、唐地区为例 [J]. 西南农学院学报 (2): 27-31.

刘煦，2016. 基于农业生产方式变迁影响下的村庄空间演进研究 [D]. 西安：西安建筑科技大学 .

刘彦随，2019. 新时代乡村振兴地理学研究 [J]. 地理研究，38(3): 461-466.

刘彦随，2018. 中国新时代城乡融合与乡村振兴 [J]. 地理学报，73(4): 638-650.

刘彦随，陈聪，李玉恒，2014. 中国新型城镇化村镇建设格局研究 [J]. 地域研究与开发，33(6): 1-6.

刘彦随，刘玉，翟荣新，2009. 中国农村空心化的地理学研究与整治实践 [J]. 地理学报，64(10): 1193-1202.

刘彦随，龙花楼，张小林，等，2011. 中国农业与乡村地理研究进展与展望 [J]. 地理科学进展，30(12): 1498-1505.

刘莹，魏国学，黄季焜，2014. 基于农村卫生环境污染的库兹涅茨曲线的实证分析 [J]. 南京农业大学学报（社会科学版），14(3): 23-28.

刘玉，刘彦随，郭丽英，2013. 基于 SOFM 的环渤海地区乡村地域功能分区 [J]. 人文地理，28(3): 114-120.

刘玉，刘彦随，郭丽英，2011. 乡村地域多功能的内涵及其政策启示 [J]. 人文地理，26(6): 103-106.

刘自强，李静，鲁奇，2008. 乡村空间地域系统的功能多元化与新农村发展模式 [J]. 农业现代化研究 (5): 532-536.

刘自强，周爱兰，鲁奇，2012. 乡村地域主导功能的转型与乡村发展阶段的划分 [J]. 干旱区资源与环境，26(4): 49-54.

龙花楼，2012. 论土地利用转型与乡村转型发展 [J]. 地理科学进展，31(2): 131-138.

龙花楼，刘彦随，邹健，2009. 中国东部沿海地区乡村发展类型及其乡村性评价 [J]. 地理学报，64(4): 426-434.

龙花楼，屠爽爽，2017. 论乡村重构 [J]. 地理学报，72(4): 563-576.

龙花楼，邹健，李婷婷，等，2012. 乡村转型发展特征评价及地域类型划分——以“苏南—陕北”样带为例 [J]. 地理研究，31(3): 495-506.

鲁莎莎，刘彦随，秦凡，2019. 环渤海地区农业地域功能演进及其影响因素 [J]. 地理学报，74(10): 2011-2026.

陆大道，2002. 关于地理学的“人—地系统”理论研究 [J]. 地理研究 (2): 135-145.

陆玉麒，林康，张莉，2007. 市域空间发展类型区划分的方法探讨——以江苏省仪征市为例 [J]. 地理学报 (4): 351-363.

罗小龙，许骁，2015.“十三五”时期乡村转型发展与规划应对 [J]. 城市规划，39(3): 15-23.

罗雅丽，张常新，刘卫东，等，2015. 镇村空间结构重构相关理论研究述评 [J]. 地域研究与开发，34(4): 48-53.

马晓冬，李全林，沈一，2012. 江苏省乡村聚落的形态分异及地域类型 [J]. 地理学报，67(4): 516–525.

毛丹，2008. 村庄的大转型 [J]. 浙江社会科学 (10): 2–13.

毛祺，彭建，刘焱序，等，2019. 耦合 SOFM 与 SVM 的生态功能分区方法——以鄂尔多斯市为例 [J]. 地理学报，74(3): 460–474.

牛方曲，封志明，刘慧，2019. 资源环境承载力综合评价方法在西藏产业结构调整中的应用 [J]. 地理学报，74(8): 1563–1575.

牛文元，2012. 可持续发展理论的内涵认知——纪念联合国里约环发大会 20 周年 [J]. 中国人口·资源与环境，22(5): 9–14.

牛文元，2008. 可持续发展理论的基本认知 [J]. 地理科学进展 (3): 1–6.

欧阳志云，王如松，2000. 生态系统服务功能、生态价值与可持续发展 [J]. 世界科技研究与发展 (5): 45–50.

乔家君，李亚静，2014. 专业村集聚的空间表达——以河南省专业村为例 [J]. 经济地理，34(6): 142–148.

乔家君，刘嘉俊，谢淼，2011. 欠发达农区村域空心化特征及其微观机理——以兰考县三个村为例 [J]. 人文地理，26(6): 98–102.

乔家君，杨家伟，2013. 中国专业村研究的新近进展 [J]. 人文地理，28(5): 76–80.

乔家君，张羽佳，2014. 农业型专业村发展的时空演化——以河南省南阳市专业村为例 [J]. 经济地理，34(4): 131–138.

乔家君，赵德华，李小建，2008. 工业发展对村域经济影响的时空演化——基于巩义市回郭镇 21 个村的调查分析 [J]. 经济地理 (4): 617–622.

乔伟峰，戈大专，高金龙，等，2019. 江苏省乡村地域功能与振兴路径选择研究 [J]. 地理研究，38(3): 522–534.

秦源泽，邹志荣，管丽娟，等，2010. 区域乡村景观规划体系研究初探 [J]. 西北林学院学报，25(5): 207–211.

仇方道，朱传耿，佟连军，等，2009. 淮海经济区县域经济差异变动的空间分析 [J]. 地理科学，29(1): 56–63.

冉光和，张林，田庆刚，2014. 城乡统筹进程中农村空心化形成机理、现状与治理——基于重庆市 54 个村 1236 户农户的调查 [J]. 农村经济 (5): 3–8.

任国平，刘黎明，孙锦，等，2018. 基于 GRA 和 TOPSIS 模型的都市郊区乡村景观多功能定位 [J]. 地理研究，37(2): 263–280.

石忆邵，1990. 中国乡村地区功能分类初探——以山东省为例 [J]. 经济地理 (3): 20-26.

史秋洁，刘涛，曹广忠，2017. 面向规划建设的村庄分类指标体系研究 [J]. 人文地理，32(6): 121-128.

宋永永，薛东前，米文宝，等，2017. 宁夏限制开发生态区村域发展的模式与机理 [J]. 经济地理，37(4): 167-175.

谭雪兰，欧阳巧玲，于思远，等，2017. 基于 CiteSpace 中国乡村功能研究的知识图谱分析 [J]. 经济地理，37(10): 181-187.

谭雪兰，于思远，陈婉铃，等，2017. 长株潭地区乡村功能评价及地域分异特征研究 [J]. 地理科学，37(8): 1203-1210.

唐承丽，贺艳华，周国华，等，2014. 基于生活质量导向的乡村聚落空间优化研究 [J]. 地理学报，69(10): 1459-1472.

唐丽霞，左停，2008. 中国农村污染状况调查与分析——来自全国 141 个村的数据 [J]. 中国农村观察 (1): 31-38.

屠爽爽，龙花楼，李婷婷，等，2015. 中国村镇建设和农村发展的机理与模式研究 [J]. 经济地理，35(12): 141-147.

屠爽爽，龙花楼，张英男，等，2019. 典型村域乡村重构的过程及其驱动因素 [J]. 地理学报，74(2): 323-339.

汪晓春，2018. 乡村规划体系构建研究 [D]. 哈尔滨：哈尔滨工业大学 .

王景新，2011. 村域经济转型发展态势与中国经验 [J]. 中国农村经济 (12): 4-13.

王军霞，徐菲，刘瑞民，等，2017. 我国畜禽养殖总量空间热点分析及主要污染物核算 [J]. 农业环境科学学报，36(7): 1316-1322.

王晓君，吴敬学，蒋和平，2017. 中国农村生态环境质量动态评价及未来发展趋势预测 [J]. 自然资源学报，32(5): 864-876.

王永生，刘彦随，2018. 中国乡村生态环境污染现状及重构策略 [J]. 地理科学进展，37(5): 710-717.

王勇，李广斌，2011. 苏南乡村聚落功能三次转型及其空间形态重构——以苏州为例 [J]. 城市规划，35(7): 54-60.

吴传钧，1991. 论地理学的研究核心——人地关系地域系统 [J]. 经济地理 (3): 1-6.

吴理财，吴孔凡，2014. 美丽乡村建设四种模式及比较——基于安吉、永嘉、高淳、江宁四地的调查 [J]. 华中农业大学学报（社会科学版）(1): 15-22.

吴娜琳，李二玲，李小建，2013. 特色种植专业村空间扩散及影响因素分析——以河南省柘城县辣椒种植为例 [J]. 地理研究，32(7): 1303-1315.

吴绍华，周生路，张红富，等，2008. 经济发展梯度影响下的江苏农用地土壤重金属含量分布格局 [J]. 地理科学 (3): 412-418.

吴湘玲，1994. 运用区位地租促进农业发展 [J]. 陕西师范大学学报（自然科学版）(1): 67-70.

夏宁丽，2014. 湖南省乡村地域多功能性评价及发展决策 [D]. 长沙：湖南师范大学 .

肖武，隋涛，王鑫，等，2018. 巢湖流域典型农田土壤重金属污染评价与地理探测分析 [J]. 农业机械学报，49(7): 144-152.

谢高地，张彩霞，张昌顺，等，2015. 中国生态系统服务的价值 [J]. 资源科学，37(9): 1740-1746.

谢臻，张凤荣，陈松林，等，2019. 中国乡村振兴要素识别与发展类型诊断——基于 99 个美丽乡村示范村的信息挖掘分析 [J]. 资源科学，41(6): 1048-1058.

杨东升，2006. 中国西部地区的农村经济发展与自然生态环境的可持续性研究 [J]. 经济科学 (2): 5-12.

杨国玉，郝秀英，2005. 关于农业规模经营的理论思考 [J]. 经济问题 (12): 42-45.

杨慧敏，罗庆，李小建，等，2016. 生态敏感区农户多维贫困测度及影响因素分析——以河南省淅川县 3 个村为例 [J]. 经济地理，36(10): 137-144.

杨金龙，2013. 农村生活垃圾治理的影响因素分析——基于全国 90 村的调查数据 [J]. 江西社会科学，33(6): 67-71.

杨忍，2019. 广州市城郊典型乡村空间分化过程及机制 [J]. 地理学报，74(8): 1622-1636.

杨忍，陈燕纯，龚建周，2019. 转型视阈下珠三角地区乡村发展过程及地域模式梳理 [J]. 地理研究，38(3): 725-740.

杨忍，刘彦随，龙花楼，等，2015. 中国乡村转型重构研究进展与展望——逻辑主线与内容框架 [J]. 地理科学进展，34(8): 1019-1030.

杨兴宪，刘毅，牛树海，等，2006. 我国区域发展中的生态环境特征分析 [J]. 长江流域资源与环境 (2): 264-268.

姚龙，刘玉亭，2014. 乡村发展类型与模式研究评述 [J]. 南方建筑 (2): 44-50.

于峰，2006. 环境库兹涅茨曲线研究回顾与评析 [J]. 经济问题探索 (8): 4-12.

于水，2007. 乡村治理与农村公共产品供给问题研究 [D]. 南京：南京农业大学 .

于文金，邹欣庆，朱大奎，2006. 江苏沿海滩涂地区农户经济行为研究 [J]. 中国人口·资源与环境 (3): 124-129.

于战平，2006. 论社会主义新农村建设模式 [J]. 世界农业 (10): 4-7.

余侃华，2011. 西安大都市周边地区乡村聚落发展模式及规划策略研究 [D]. 西安：西安建筑科技大学 .

曾菊新，蒋子龙，唐丽平，2009. 中国村镇空间结构变化的动力机制研究 [J]. 学习与实践 (12): 49-54.

曾尊固，陆诚，1989. 江苏省乡村经济类型的初步分析 [J]. 地理研究 (3): 78-84.

张富刚，刘彦随，2008. 中国区域农村发展动力机制及其发展模式 [J]. 地理学报 (2): 115-122.

张京祥，张小林，张伟，2002. 试论乡村聚落体系的规划组织 [J]. 人文地理 (1): 85-88.

张敏，顾朝林，2002. 农村城市化：“苏南模式”与“珠江模式”比较研究 [J]. 经济地理 (4): 482-486.

张小林，1998. 乡村概念辨析 [J]. 地理学报 (4): 79-85.

张小林，1999. 乡村空间系统及其演变研究——以苏南为例 [M]. 南京：南京师范大学出版社 .

张小林，盛明，2002. 中国乡村地理学研究的重新定向 [J]. 人文地理 (1): 81-84.

张志强，孙成权，程国栋，等，1999. 可持续发展研究：进展与趋向 [J]. 地球科学进展 (6): 589-595.

赵霞，朱巧楠，2014. 农户对农村环境的满意度及影响因素研究——基于 1080 个农户调研数据的计量分析 [J]. 河北大学学报（哲学社会科学版），39(1): 32-37.

赵毅，张飞，李瑞勤，2018. 快速城镇化地区乡村振兴路径探析——以江苏苏南地区为例 [J]. 城市规划学刊 (2): 98-105.

周国华，贺艳华，唐承丽，等，2011. 中国农村聚居演变的驱动机制及态势分析 [J]. 地理学报，66(4): 515-524.

周侃，蔺雪芹，申玉铭，等，2011. 京郊新农村建设人居环境质量综合评价 [J]. 地理科学进展，30(3): 361-368.

朱竑，郭春兰，2009. 本土化与全球化在村落演化中的响应——深圳老福音村的死与生 [J]. 地理学报，64(8): 967-977.